Record Linkage

T0326458

Europäische Hochschulschriften
Publications Universitaires Européennes
European University Studies

Reihe V
Volks- und Betriebswirtschaft

Série V   Series V
Sciences économiques, gestion d'entreprise
Economics and Management

Bd./Vol. 3062

PETER LANG
Frankfurt am Main · Berlin · Bern · Bruxelles · New York · Oxford · Wien

Josef Schürle

Record Linkage

Zusammenführung von Daten auf Basis des Modells von Fellegi und Sunter

PETER LANG
Europäischer Verlag der Wissenschaften

Bibliografische Information Der Deutschen Bibliothek
Die Deutsche Bibliothek verzeichnet diese Publikation in der
Deutschen Nationalbibliografie; detaillierte bibliografische
Daten sind im Internet über <http://dnb.ddb.de> abrufbar.

Zugl.: Tübingen, Univ., Diss., 2004

Gedruckt auf alterungsbeständigem,
säurefreiem Papier.

D 21
ISSN 0531-7339
ISBN 3-631-52472-2

© Peter Lang GmbH
Europäischer Verlag der Wissenschaften
Frankfurt am Main 2004
Alle Rechte vorbehalten.

Printed in Germany 1 2 3 4 5   7

www.peterlang.de

Vorwort

Gegenstand der Arbeit ist die automatisierte Zusammenführung von Daten mit dem Ziel, Einheiten, welche in verschiedenen Datensätzen enthalten sind, zu identifizieren. Die Motivation für eine derartige Vorgehensweise kann vielfältig sein. So ist ein mögliches Ziel, verschiedene Informationsquellen wie Datenbanken oder Register zu einer zu vereinen. Oder es kann angestrebt werden, aus vorhandenen Daten zusätzliche Informationen zu gewinnen und somit eine aufwendige und teure primärstatistische Erhebung zu vermeiden. In manchen Bereichen - beispielsweise bei der Erforschung von Krankheitsverläufen - ist eine primärstatistische Informationsgewinnung oft gar nicht möglich. Durch die Verknüpfung verschiedener Datensätze wird in diesen Fällen ein Zugang zu den gewünschten Informationen überhaupt erst realisierbar.

Das zugrunde gelegte wahrscheinlichkeitstheoretische Modell von Fellegi und Sunter ist sehr allgemein formuliert und kann somit vielfältig eingesetzt werden. Es ermöglicht dem Anwender darüber hinaus, die Qualität der Ergebnisse über vorzugebende Fehlerwahrscheinlichkeiten zu steuern. Neben der Darstellung der in der Literatur üblichen Deutung wird das Modell im Sinne der klassischen Testtheorie betrachtet, die Optimalität der Entscheidungsfunktion von Fellegi und Sunter bewiesen und die Entscheidungsfunktion erweitert, so daß die Flexibilität bezüglich der Wahl der Fehlerwahrscheinlichkeiten erhöht wird. Es werden für die Anwendung des Modells notwendige Vorarbeiten diskutiert und die wahrscheinlichkeitstheoretischen Auswirkungen des sogenannten „Blockens" besprochen. In einem weiteren Kapitel wird auf die Schätzung der Modellparameter unter Anwendung des EM Algorithmus eingegangen. Hierbei werden zwei Ansätze präsentiert: ein in der Literatur weit verbreitetes Modell unter Annahme von bedingter Unabhängigkeit und ein im Rahmen dieser Arbeit entwickeltes Verfahren unter Berücksichtigung von Abhängigkeiten. Schließlich wird noch die Möglichkeit erörtert, die so gewonnenen Schätzer unter Zuhilfenahme der Häufigkeitsverhältnisse in den Daten zu verallgemeinern. Die Qualität der Ergebnisse wird anhand der Resultate einer ausführlichen Simulationsstudie dargestellt und diskutiert. Hieraus können wesentliche Erkenntnisse für die Anwendung abgeleitet werden.

Die Arbeit entstand während meiner Zeit als wissenschaftlicher Angestellter am Lehrstuhl für Statistik, Ökonometrie und Unternehmensforschung an der Universität Tübingen. Ich möchte meinen akademischen Lehrern Herrn Professor Dr. Dr. h.c. Dr. h.c. Eberhard Schaich und Herrn Professor Dr. Gerd Ronning für ihre Unterstützung in dieser Zeit danken. Ebenso möchte ich Herrn PD Dr. Siegfried Gabler dafür danken, daß er mich auf diesen äußerst interessanten Themenkomplex aufmerksam gemacht hat, sowie allen, die mich bei der Fertigstellung der Arbeit tatkräftig unterstützt haben. Meinem Kollegen Herrn Dipl.-Mathematiker Michael Merz möchte ich einen besonderen Dank für seine permanente Diskussionsbereitschaft und freundschaftliche Verbundenheit aussprechen. Seine Hinweise haben wesentlich zur Entfaltung meiner Gedanken beigetragen. Für interessante und lehrreiche persönliche und wissenschaftliche Gespräche möchte ich Herrn Dr. Robert Jung, Herrn Professor Dr. Roman Liesenfeld und Herrn Akademischen Direktor a.D. Dr. Rolf Wiegert danken. Darüberhinaus gilt mein Dank allen Kolleginnen und Kollegen an der Wirtschaftswissenschaftlichen Fakultät für die Schaffung einer guten Arbeitsatmosphäre.

Tübingen, Februar 2004   Josef Schürle

Inhaltsverzeichnis

Tabellenverzeichnis

Symbolverzeichnis

Kapitel 1

Gegenstand der Arbeit

1.1 Kurzer thematischer Überblick

Gegenstand der vorliegenden Arbeit ist die automatisierte Zusammenführung von Datensätzen auf Basis des wahrscheinlichkeitstheoretischen Modells von *Fellegi und Sunter* (1969). Bekannt ist die Thematik in der englischsprachigen Literatur unter dem Begriff *Record Linkage*. Die folgende Definition aus *Fellegi* (1997) beschreibt den Sachverhalt auf einfache Weise.

> „There is a single record as well as a file of records and all records relate to some entities: persons, businesses, addresses, etc. Record Linkage is the operation that, using the identifying information contained in the single record, seeks another record in the file referring to the same entity."

Fellegi (1997), S. 3

Ziel ist es, identische Einheiten zu identifizieren. Gelegentlich wird Record Linkage auch als *Exact Matching* bezeichnet. Dadurch soll der Unterschied zum sogenannten *Statistical Matching* deutlich gemacht werden. Hierbei geht es darum, Einheiten mit realistischen Eigenschaften zu bilden. Es muß sich bei verknüpften Einheiten nicht notwendigerweise um dieselben handeln (vgl. *Winkler* 1995, S. 356). Beide Ansätze haben gemeinsam, daß in den betrachteten Datensätzen eine ausreichende Anzahl an gemeinsamen Merkmalen enthalten sein muß. Auf Basis dieser Merkmale können dann Vergleiche vorgenommen und Entscheidungen getroffen werden. Der Begriff Record Linkage wird im weiteren auch mit *Datenverknüpfung* übersetzt.

Die Anwendungsgebiete von Record Linkage-Verfahren sind vielfältig. Sie lassen sich in mindestens fünf verschiedene Kategorien einteilen.

1. **Eliminierung von Duplikaten in einem Datensatz:**

   Hierzu wird ein Datensatz mit sich selbst verknüpft (vgl. z.B. *Winkler* 2001a).

2. **Kombination von Datensätzen:**

   Zwei Datensätze sollen zu einem zusammengefaßt werden, so daß kein Element doppelt vorliegt. Ein Beispiel ist die Zusammenlegung von Registern (vgl. *Fürnrohr, Rimmelspacher und von Roncador* 2002, S. 309) bzw. Datenbanken (vgl. *Neiling und Müller* 2001, S. 2).

3. **Gewinnung von Informationen über die Zusammenhänge von Variablen:**

   Enthalten zwei Datensätze unterschiedliche Variablen, so können durch Betrachtung der gemeinsamen Elemente Informationen über die Zusammenhänge zwischen den Variablen gewonnen werden. Ein wesentliches Einsatzgebiet stellt die medizinische Forschung dar (vgl. z.B. *Beebe* 1985, *Boruch und Stromsdorfer* 1985 und *Baldwin, Acheson und Graham* 1987). Durch Verknüpfung von aktuellen Krankendaten mit Daten aus der Vergangenheit lassen sich unter Umständen Risikofaktoren für das Zustandekommen bestimmter Krankheiten bestimmen. Durch die Verknüpfung können statistische Informationen gewonnen werden, welche ansonsten lediglich auf Basis aufwendiger Kohortenstudien ermittelt werden könnten (vgl. *Howe und Lindsay* 1981, S. 97).

4. **Identifikation von Elementen in übergeordneten Populationen:**

   Anhand bestimmter Eigenschaften können Einheiten in übergeordneten Populationen identifiziert werden. Ein Beispiel hierfür ist die Identifikation von Stichprobeneinheiten in einem Register bei der Anwendung von Verfahren der gebundenen Hochrechnung (vgl. *Winkler* 1995, S. 355). Die Problematik kann allgemein als Identifikation von Objekten in einer Datenbank interpretiert werden. Ein weiteres Beispiel hierfür ist das Auffinden von Büchern in einer Literatur-Datenbank (vgl. z.B. *Neiling* 1998, S. 2ff und *Neiling und Lenz* 2000, S. 3ff).

5. **Sicherung des Datenschutzes:**

   Ursprünglich sind Record Linkage-Verfahren zur Identifikation von Einheiten konzipiert. Sie lassen sich jedoch auch dazu verwenden, zu prüfen, ob eine Re-Identifikation von anonymisiertem Datenmaterial möglich ist. Somit können die Verfahren auch zum Zwecke des Datenschutzes eingesetzt werden.

Bei den ersten beiden Kategorien ist das Ziel, Duplikate zu vermeiden. Bei der dritten und vierten Kategorie hingegen sollen zusätzliche Informationen über statistische Zusammenhänge gewonnen werden.

Die Anwendung von Record Linkage-Verfahren erfolgte bisher überwiegend in den USA und in Kanada[1]. Allerdings gewinnt die Zusammenführung von Daten auch in der deutschen amtlichen Statistik zunehmend an Bedeutung (vgl. *Fürnrohr, Rimmelspacher und von Roncador* 2002, S. 308f). Ein wesentliches Einsatzgebiet stellt beispielsweise die Mehrfachfallprüfung im Rahmen des Zensustests dar (vgl. *Lauer und Braun* 2002, S. 434).

Einer wachsenden Nachfrage nach Informationen steht der Wunsch des Einzelnen nach Privatsphäre und Datenschutz gegenüber. Dieser Gegensatz erschwert die Informationsbeschaffung und die Möglichkeit der Weiterverarbeitung von Daten. Eindeutige Identifikationsmerkmale von Personen werden daher entweder gar nicht erhoben oder dürfen im Regelfall nicht weitergegeben werden. *Fellegi* (1997) vertritt die These, daß „Record Linkage genau deshalb schwierig ist, weil es einen gesellschaftlichen Konsens gibt, daß es schwierig sein soll" (vgl. *Fellegi* 1997, S. 4). Mit der Weiterentwicklung von Record Linkage-Verfahren rückt somit auch der Schutz der Privatsphäre sowie der Datenschutz immer mehr in den Vordergrund. Diese Problematik wird in dieser Arbeit nicht diskutiert, obgleich sie natürlich von großer Bedeutung ist. Der interessierte Leser wird auf die Arbeiten von *Hundepool und Willenborg* (1997), *Sweeney* (1997), *Fellegi* (1997), *GAO* (2001) und *Yancey et al.* (2002) verwiesen.

In Ermangelung eindeutiger Identifikationsmerkmale wie beispielsweise der Sozialversicherungsnummer müssen weniger aussagekräftige Attribute zur Ermittlung der Ähnlichkeit von Einheiten herangezogen werden. Im besten Fall sind dies Telefonnummer, Name oder Adresse. Zusätzlich besteht oftmals das Problem, daß vorhandene Ausprägungen auf unterschiedliche Art und Weise oder fehlerhaft erhoben worden sind. Beispiele hierfür sind unterschiedliche Schreibweisen für Namen, Änderung der Adresse oder simple Eingabefehler beim elektronischen Erfassen. Insbesondere dann, wenn zwischen den Erhebungszeitpunkten der zu verknüpfenden Daten große Unterschiede bestehen, kann es zu Problemen kommen. Für die menschliche Logik stellen derartige Veränderungen im Regelfall keine Schwierigkeiten dar, für einen Rechner hingegen sehr wohl.

---

[1] Eine Beschreibung zahlreicher Anwendungen ist in *Kilss und Alvey* (1985) und *Alvey und Jamerson* (1997) gegeben.

Früher wurden Daten ausschließlich durch Einsatz von Personal und ohne große technische Hilfsmittel verknüpft. Bei umfangreichen Datensätzen ist dies mit einem immensen Zeit- und Kostenaufwand verbunden. Mit der Zunahme der Speicherkapazität und Geschwindigkeit von Rechnern sind im Laufe der Jahre Verfahren zur Automatisierung entstanden. Ziel dieser Verfahren ist es, die Vergleiche von Einheiten und die anstehenden Entscheidungen mit Hilfe von Computern vorzunehmen. Dadurch werden sowohl zeitliche als auch finanzielle Vorteile erzielt. Außerdem sind die getroffenen Entscheidungen objektiviert und jederzeit rekonstruierbar (vgl. *Winkler* 1995, S. 356). Ein wesentlicher Nachteil besteht allerdings in der mangelnden Flexibilität. Der menschliche Verstand erlaubt es, auf eventuelle Inkonsistenzen in den Daten zu reagieren und diese zu verarbeiten. Auf Basis der starren Entscheidungsregeln des Rechners kann dies nur bedingt erfolgen (vgl. *Winkler* 1995, S. 356). Insofern steht und fällt die Qualität der automatisierten Datenverknüpfung mit der Qualität und Flexibilität des implementierten Verfahrens.

In der Literatur werden verschiedene Verfahren diskutiert. Hierbei handelt es sich oftmals um sogenannte *ad hoc*-Ansätze, welche auf *heuristischen* Überlegungen basieren (vgl. z.B. *Scheuren und Oh* 1985, S. 80f, *Rogot, Sorlie und Johnson* 1986, S. 720 und *Horm* 1997, S. 72). Beispielsweise können zwei Einheiten dann als identisch eingestuft werden, wenn sie bezüglich 5 von 6 Vergleichsmerkmalen übereinstimmen. Derartige Regeln funktionieren zum Teil sehr gut, sind aber im Normalfall nur eingeschränkt einsetzbar. Auch werden die durch ad hoc-Regeln produzierten Fehlerraten selten untersucht (vgl. *Winkler* 1995, S. 362). Dies ist insofern auch kaum möglich, als die Ergebnisse stark von den Eigenschaften der vorliegenden Daten abhängen und eine allgemeine Bewertung somit schwer fällt.

Ein mathematisches Modell zur Datenverknüpfung wird in *Fellegi und Sunter* (1969) vorgestellt. Darin werden die zuvor in *Newcombe et al.* (1959) angestellten Überlegungen präzisiert. Es wird eine Entscheidungsregel entwickelt, welche - basierend auf den Modellannahmen - optimal ist. Die Arbeit von *Fellegi und Sunter* (1969) bildet die Grundlage moderner auf wahrscheinlichkeitstheoretischen Überlegungen basierender Verknüpfung von Daten. Ein alternatives Modell wird in *Tepping* (1968) eingeführt. Die Bedeutung des Verfahrens in der aktuellen wissenschaftlichen Diskussion ist allerdings sehr gering. Der Grund ist darin zu sehen, daß in *Tepping* (1968) der Ansatz einer auf subjektiven Überlegungen basierenden Verlustfunktion erforderlich ist. Das Modell von Fellegi und Sunter hingegen kommt ohne derartige subjektive Komponenten aus. Darin liegt eine wesentliche Stärke des Verfahrens. Ein weiterer wesentlicher Vorteil liegt in der allgemeinen Formulierung des Ansatzes. Dies wiederum impliziert eine gewisse Flexibilität, da keine speziellen Anforderungen an die vorliegenden Daten gestellt werden. Und schließlich erfolgt die Entscheidungsfindung auf Basis von vorzugebenden Fehlertoleranzen. Diese gehen also unmittelbar in die Konstruktion des Modells mit ein.

Für praktische Anwendungen des Modells von *Fellegi und Sunter* (1969) müssen Modellparameter in Form von Wahrscheinlichkeiten bestimmt werden. Erste Ansätze bestanden darin, die Wahrscheinlichkeiten auf Basis von vereinfachenden Annahmen direkt mittels der Häufigkeitsverhältnisse in den Stichproben zu bestimmen (vgl. z.b. *Coulter* 1985 oder *Arellano* 1985). Mittlerweile ist die Anwendung des sogenannten *EM Algorithmus*[2] und dessen Varianten zur Parameterschätzung am weitesten verbreitet. Die Grundlage bilden Mischverteilungen, wofür verschiedenste Modellspezifikationen existieren (vgl. z.b. *Winkler* 1993, *Winkler* 2000b, *Winkler* 2002, *Armstrong und Mayda* 1992, *Thibaudeau* 1993, *Larsen* 1997, *Larsen und Rubin* 2001). Auch bayesianische Ansätze werden diskutiert (vgl. z.b. *Fortini, Liseo, Nuccitelli und Scanu* 2000).

Neben der Schätzung der Modellparameter sind für die Anwendung des Fellegi und Sunter-Modells noch diverse Vorarbeiten erforderlich. Merkmalseinträge müssen einheitlich formatiert werden, um einen Vergleich überhaupt erst zu ermöglichen. Desweiteren können die Einträge - insbesondere Namenseinträge - anhand heuristischer Verfahren auf Plausibilität und auf eventuell vorhandene Fehler überprüft werden (vgl. *Winkler* 1995, S. 359ff). Schließlich müssen aus Gründen des Zeit- und Rechenaufwandes in der Regel gewisse Mindestkriterien definiert werden, welche zwei Einheiten erfüllen müssen, damit sie potentiell identisch sein können. Dies wird als *Blocken* bezeichnet (*Winkler* 1995, S. 373ff). Erfüllen zwei Einheiten diese Mindestkriterien nicht, so werden sie ad hoc als unterschiedlich eingestuft. Somit läßt sich der Vergleichsaufwand deutlich verringern. Allerdings werden durch diese Vorgehensweise auch die Eigenschaften des Verfahrens verändert.

Schließlich besteht noch die Problematik der Analyse der verknüpften Daten (vgl. *Scheuren und Winkler* 1993, *Winkler und Scheuren* 1996 und *Scheuren und Winkler* 1997). Die bei der Verknüpfung entstehenden Fehler müssen bei den weiteren Untersuchungen berücksichtigt werden, um resultierende Verzerrungen zu reduzieren.

Seit 1969 wurden einige Record Linkage-Softwarepakete entwickelt. Beispiele hierfür sind PC Matchmaker (*Atack, Bateman und Gregson* 1992), OX-Link (*Gill* 1997), BigMatch vom U.S. Bureau of the Census (*Winkler* 2001b oder *Yancey* 2002) und GRLS (*Zilahi* 1997) von Statistics Canada. Einen Überblick gibt *Gill* (2001) auf den Seiten 94ff.

---

[2]Eine Darstellung des Verfahrens und einiger wesentlicher Eigenschaften ist auf den Seiten 57ff gegeben.

1.2　Aufbau der Arbeit

„A well-designed system needs skills from several disciplines: the subject matter specialist, the computer scientist, the administrator, the linguist (for the problem of coding names), but also, we maintain, the statistician."

Copas und Hilton (1990), S. 289

Im Mittelpunkt der Arbeit steht das Modell von *Fellegi und Sunter* (1969) sowie dessen Anwendung. Somit liegt der Schwerpunkt auf der statistischen Komponente der Datenverknüpfung. Aber auch die technische Seite wird im Rahmen einer Simulationsstudie berücksichtigt. Desweiteren werden einige beispielhafte Verfahren zur Kodierung bzw. Überprüfung von Namen vorgestellt. Ziel ist es zum einen, wesentliche Komponenten darzustellen, welche für die Entwicklung eines Record Linkage-Systems erforderlich sind, sowie zum anderen, die Methodik punktuell weiter zu entwickeln und somit einen Beitrag zur aktuellen Forschung zu leisten. Schließlich soll die Simulationsstudie die Qualität der Ergebnisse veranschaulichen und eventuelle Problemfelder aufdecken.

In Kapitel 2 werden das Modell von *Fellegi und Sunter* (1969) sowie die bei der praktischen Anwendung üblichen Anpassungen dargestellt. Die Annahmen von *Fellegi und Sunter* (1969) werden zunächst im Rahmen einer stochastischen Modellvorstellung präzisiert, welche das Fundament für die weiteren wahrscheinlichkeitstheoretischen Überlegungen bildet. Darauf basierend wird das Modell im Sinne der ursprünglichen Interpretation betrachtet. Es wird ein Optimierungsansatz gewählt, welcher den nachträglichen Aufwand minimiert, wobei vorgegebene Fehlertoleranzen eingehalten werden sollen. Das Ergebnis ist eine optimale Entscheidungsregel. An die vorgegebenen Fehlerwahrscheinlichkeiten sind dabei noch sogenannte Zulässigkeitsbedingungen zu stellen. Eine alternative Deutung des Ansatzes wird in Abschnitt 2.1.3 entwickelt. Das Modell wird dabei im Sinne der klassischen Testtheorie betrachtet. Obgleich diese Möglichkeit der Sichtweise in der Literatur vielfältig angesprochen wird, fehlt bislang eine präzise mathematische Formulierung. Neben der formalen Deutung wird die Darstellung dazu genutzt, die Zulässigkeitsbedingung zu lockern und somit die optimale Entscheidungsregel von *Fellegi und Sunter* (1969) zu erweitern. Diese Erweiterung erlaubt es, die vorzugebenden Fehlerwahrscheinlichkeiten flexibler zu wählen und dabei die statistische Qualität des Verfahrens zu erhalten.

Im anschließenden Abschnitt 2.2 werden praktische Vorarbeiten angeführt, welche zum Teil für die Anwendbarkeit des Modells Voraussetzung sind. Es werden in diesem Zusammenhang einige gängige Methoden zur Syntaxprüfung von Namen vorgestellt, welche dazu dienen, spezielle Fehler in den Namen vorab zu identifizieren bzw. zu korrigieren. In 2.3 wird eine oftmals notwendige Modifikation des Fellegi und Sunter-Modells behandelt. Aufgrund des Mangels an Zeit und technischer Kapazität werden in der Regel ad hoc Ausschlußkriterien definiert. Erfüllen zwei Einheiten diese Kriterien nicht, so werden sie ohne Prüfung als unterschiedlich eingestuft. Durch diesen Vorgang wird die optimale Entscheidungsregel verändert, die getroffenen Entscheidungen weichen von den optimalen ab. In 2.3.2 werden die wahrscheinlichkeitstheoretischen Auswirkungen dieser Vorgehensweise analysiert. Hierbei wird sich die in Abschnitt 2.1.3 entwickelte Interpretation im Sinne der klassischen Testtheorie erneut als nützlich erweisen. Die gewonnenen Erkenntnisse werden anschließend in Abschnitt 2.3.3 dazu verwendet, zwei veröffentlichte Ansätze zur Bestimmung von optimalen Ausschlußkriterien kritisch zu diskutieren.

Kapitel 3 dient dazu, einige Ansätze zur Schätzung der Parameter des Modells von *Fellegi und Sunter* (1969) darzustellen. Bestimmt werden die Schätzwerte mit Hilfe des EM Algorithmus. Dieses iterative Verfahren findet in vielen Bereichen der Statistik Anwendung. Eine Darstellung der Methodik und einiger wesentlicher Eigenschaften ist in Abschnitt 3.1 gegeben. Im Anschluß werden zwei Modellspezifikationen auf Basis eines Mischmodells und die daraus resultierenden Schätzprozeduren dargestellt. Bei der ersten Spezifikation handelt es sich um den in der Literatur gängigsten Ansatz. Es wird dabei bedingte Unabhängigkeit zwischen den Übereinstimmungen bezüglich der einzelnen Merkmale unterstellt. Die zweite Spezifikation stellt eine direkte Weiterentwicklung dar. Bei der im Rahmen dieser Arbeit entwickelten Methodik wird das Modell explizit um bedingte Abhängigkeiten allgemeiner Natur erweitert. Die daraus resultierenden Unterschiede zwischen den beiden Ansätzen werden in Abschnitt 3.2.4 diskutiert. Es wird sich zeigen, daß die Ergebnisse der neu entwickelten Methode stark von dem vorzugebenden Startwert abhängen. Aus diesem Grund wird in Abschnitt 3.2.5 ein Verfahren zur Bestimmung des Startwertes vorgestellt.

Beiden Modellansätzen gemein ist, daß jeweils nur simple „stimmt überein"/ „stimmt nicht überein"-Vergleiche von Merkmalen zugelassen sind. In Abschnitt 3.3 wird die Möglichkeit der Häufigkeitsadjustierung diskutiert. Diese ermöglicht allgemeinere Vergleiche auf Basis der Häufigkeitsverhältnisse in den zu verknüpfenden Datensätzen. Für die Modellierung existieren zwei grundsätzliche Sichtweisen. Die klassische geht von der nicht beobachtbaren Grundgesamtheit aus. Es werden die Ausführungen in Abschnitt 3.3.2 zeigen, daß dieser Ansatz mit großen Nachteilen verbunden ist. Eine neuere Sichtweise, welche von den beobachtbaren Eigenschaften der Datensätze ausgeht, wird in Abschnitt 3.3.3 vorgestellt. Die Grundidee von *Yancey* (2000) wird aufgegriffen und es wird eine Erweiterung vorgenommen, welche es ermöglicht, daß sämtliche Parameter auf Basis vorhandener Informationen bestimmt werden können.

Die Qualität der Schätzverfahren wird im Rahmen einer Simulationsstudie in Kapitel 4 untersucht. Zunächst wird in 4.1 der Aufbau der Studie beschrieben. Es wird die Wahl der Daten, der technische Aufbau der eigens dafür entwickelten Programme sowie der inhaltliche Ablauf der Simulationen diskutiert. In 4.2 werden die Ergebnisse präsentiert. Diese werden in Abhängigkeit von bestimmten Parametereinstellungen dargestellt, wobei die Parameter systematisch variiert werden.

Die in dieser Arbeit verwendete Terminologie ist an diejenige der englischsprachigen Literatur angepaßt. Es ist somit erforderlich, einige Bezeichnungen aus dem Englischen zu übersetzen. Wird ein aus Quellen übernommener und eingedeutschter Begriff erstmalig verwendet, so wird die Originalbezeichnung anhand einer Fußnote kenntlich gemacht. Dadurch wird sichergestellt, daß der Bezug zur Literatur aufgrund der Übersetzung nicht verloren geht.

1.3   Technische Grundlagen

Im Rahmen der Arbeit werden einige Begriffe aus dem Bereich der Maß- und Integrationstheorie benötigt. Zur Vereinfachung der Lesbarkeit werden diese nun in gebotener Kürze erläutert. Für weitergehende Studien empfiehlt sich *Elstrodt* (1999). Die für die Wahrscheinlichkeitstheorie wesentlichen Komponenten werden in *Bauer* (2001) dargestellt.

Zugrundegelegt werden sogenannte *Meßräume* $(\Omega, \mathcal{A})$. Diese setzen sich zusammen aus einer *Ereignismenge* Ω und einer σ-*Algebra* $\mathcal{A}$ über Ω. Dabei handelt es sich um ein Teilmengensystem von Ω, welches die drei Eigenschaften

1. $\Omega \in \mathcal{A}$

2. $A \in \mathcal{A} \Rightarrow \overline{A} \in \mathcal{A}$

3. $(A_n)_{n \in \mathbb{N}} \subset \mathcal{A} \Rightarrow \bigcup_{n \in \mathbb{N}} A_n \in \mathcal{A}$

erfüllt (*Bauer* 2001, S. 2). Gilt $\Omega = \mathbb{R}^d$, so wird im weiteren $\mathcal{A} = \mathcal{B}^d$ unterstellt, wobei $\mathcal{B}^d$ die *Borel-σ-Algebra* über $\mathbb{R}^d$ bezeichnet. Diese ist per Definition die kleinste σ-Algebra, welche die Menge der halboffenen Intervalle

$$\mathcal{J}^d := \left\{ [\mathbf{a}, \mathbf{b}) \mid \mathbf{a} < \mathbf{b}, \mathbf{a}, \mathbf{b} \in \mathbb{R}^d \right\}$$

enthält. Man sagt, daß $\mathcal{B}^d$ von $\mathcal{J}^d$ erzeugt wird (vgl. *Bauer* 2001, S. 26f). Ist Ω eine überabzählbare Teilmenge des $\mathbb{R}^d$, so wird die *Spur-σ-Algebra*

$$\Omega \cap \mathcal{B}^d := \left\{ \Omega \cap B \mid B \in \mathcal{B}^d \right\}$$

gewählt (vgl. *Bauer* 2001, S. 2f). Ist Ω schließlich eine abzählbare Teilmenge des $\mathbb{R}^d$, so ist $\mathcal{A}$ im weiteren die *Potenzmenge* $\mathcal{P}(\Omega)$ von Ω.

Ein Meßraum $(\Omega, \mathcal{A})$ läßt sich zu einem *Maßraum* $(\Omega, \mathcal{A}, \mu)$ erweitern. Ein *Maß* μ ist eine Abbildung

$$\mu : \mathcal{A} \to [0, \infty],$$

welche die beiden Eigenschaften

1. $\mu(\varnothing) = 0$

2. $(A_n)_{n \in \mathbb{N}} \subset \mathcal{A}$ mit $A_i \cap A_j = \varnothing$ für $i \neq j \Rightarrow \mu(\bigcup_{n \in \mathbb{N}} A_n) = \sum_{n \in \mathbb{N}} \mu(A_n)$

erfüllt. Die zweite Eigenschaft nennt man *σ-Additivität* (vgl. *Bauer* 2001, S. 8). Ein Maß μ ist *endlich*, sofern $\mu(A) < \infty$ für alle $A \in \mathcal{A}$ gilt (vgl. *Bauer* 2001, S. 11) und *σ-endlich*, wenn es eine Folge $(A_n)_{n \in \mathbb{N}} \subset \mathcal{A}$ mit $\bigcup_{n \in \mathbb{N}} A_n = \Omega$ gibt, so daß $\mu(A_n) < \infty$ für alle $n \in \mathbb{N}$ (vgl. *Bauer* 2001, S. 23). Gilt speziell $\mu(\Omega) = 1$, so ist μ ein *Wahrscheinlichkeitsmaß*. In diesem Fall bezeichnet man den Maßraum als *Wahrscheinlichkeitsraum* (vgl. *Bauer* 2002, S. 4). Wahrscheinlichkeitsmaße werden im folgenden mit P oder alternativ mit Q gekennzeichnet. Von Bedeutung ist in diesem Zusammenhang die sogenannte *bedingte Wahrscheinlichkeit* eines Ereignisses $A_1 \in \mathcal{A}$ unter einem Ereignis $A_2 \in \mathcal{A}$ mit $P(A_2) > 0$. Diese ist durch

$$P(A_1 \mid A_2) := \frac{P(A_1 \cap A_2)}{P(A_2)}$$

definiert (vgl. *Bauer* 2002, S. 11).

Die zwei wohl wichtigsten Maße im Rahmen der Wahrscheinlichkeitstheorie sind das *Lebesgue-Maß* λ^d und das *Zählmaß* ζ. Das Lebesgue-Maß ist dasjenige Maß auf $(\mathbb{R}^d, \mathcal{B}^d)$, welches den Intervallen $[\mathbf{a}, \mathbf{b}) \in \mathcal{J}^d$ den Wert

$$\lambda^d\big([\mathbf{a}, \mathbf{b})\big) = \prod_{i=1}^{d} (b_i - a_i)$$

zuordnet. Dieses Maß ist eindeutig bestimmt (vgl. *Bauer* 2001, S. 27). Es sei nun Ω eine abzählbare Teilmenge des $\mathbb{R}^d$. Das Zählmaß auf $(\Omega, \mathcal{A})$ ist definiert als

$$\zeta(A) := |A| \qquad \forall A \in \mathcal{A}.$$

Folglich wird jeder Menge die Anzahl ihrer Elemente zugeordnet (*Bauer* 2001, S. 12).

Es wird vorausgesetzt, daß zwei Maßräume $(\Omega_1, \mathcal{A}_1, \mu_1)$ und $(\Omega_2, \mathcal{A}_2, \mu_2)$ vorliegen, wobei μ_1 und μ_2 σ-endlich sind. Es sei $\mathcal{A}_1 \otimes \mathcal{A}_2$ die von der Menge

$$\mathcal{A}_1 \times \mathcal{A}_2 := \{ A_1 \times A_2 \mid A_1 \in \mathcal{A}_1, A_2 \in \mathcal{A}_2 \}$$

erzeugte sogenannte *Produkt-σ-Algebra*. Dann gibt es genau ein Maß $\mu_1 \otimes \mu_2$ auf $(\Omega_1 \times \Omega_2, \mathcal{A}_1 \otimes \mathcal{A}_2)$, welches die Eigenschaft

$$\mu_1 \otimes \mu_2 (A_1 \times A_2) = \mu_1(A_1)\mu_2(A_2) \qquad \forall A_1 \in \mathcal{A}_1, A_2 \in \mathcal{A}_2$$

besitzt. Man bezeichnet $\mu_1 \otimes \mu_2$ als *Produktmaß* auf $\mathcal{A}_1 \otimes \mathcal{A}_2$ (vgl. *Bauer* 2001, S. 132ff).

Gegeben seien jetzt ein Maßraum $(\Omega, \mathcal{A}, \mu)$, welcher als *Grundraum* bezeichnet wird, sowie ein als *Zustandsraum* bezeichneter Meßraum $(\Omega', \mathcal{A}')$. Eine Abbildung $\tilde{x} : \Omega \to \Omega'$ wird $\mathcal{A}$-*meßbar* oder *meßbar* genannt, sofern

$$[\tilde{x} \in A'] \in \mathcal{A} \qquad \forall A' \in \mathcal{A}'$$

gilt (vgl. *Bauer* 2001, S. 34). Hierbei stellt $[\tilde{x} \in A']$ das *Urbild* von A' unter $\tilde{x}$, also die Menge

$$[\tilde{x} \in A'] := \{ \omega \in \Omega \mid \tilde{x}(\omega) \in A' \}$$

dar. Man bezeichnet eine meßbare Abbildung $\tilde{x}$ als *Zufallsvariable*, sofern μ ein Wahrscheinlichkeitsmaß ist (vgl. *Bauer* 2002, S. 14). Durch eine Zufallsvariable $\tilde{x}$ wird ein Wahrscheinlichkeitsmaß $P_{\tilde{x}}$ auf $(\Omega', \mathcal{A}')$ induziert. Dieses ergibt sich aus

$$P_{\tilde{x}}(A') = \mu\big([\tilde{x} \in A']\big) \qquad \forall A' \in \mathcal{A}'.$$

$P_{\tilde{x}}$ nennt man die *Verteilung* von $\tilde{x}$ (vgl. *Bauer* 2002, S. 15).

Schließlich wird noch das *Lebesgue-Integral* benötigt. Unterstellt wird $\Omega' \subset \mathbb{R}$. Es sei für ein beliebiges $A \in \mathcal{A}$

$$\mathbf{1}_A : \Omega \to \{0, 1\}, \omega \mapsto \begin{cases} 1 & \text{falls } \omega \in A \\ 0 & \text{sonst} \end{cases}$$

eine sogenannte *Indikatorfunktion*. Das Integral wird zunächst für *Elementarfunktionen* der Form

$$u = \sum_{i=1}^{n} \alpha_i \cdot \mathbf{1}_{A_i}$$

eingeführt, wobei $(A_i)_{i=1,...,n} \subset \mathcal{A}$ eine disjunkte Zerlegung von Ω darstellt. Man bezeichnet die Zahl

$$\int u \, d\mu := \sum_{i=1}^{n} \alpha_i \cdot \mu(A_i) \qquad (1.1)$$

als μ-*Integral* von u (vgl. *Bauer* 2001, S. 55). Im nächsten Schritt wird die Definition auf nicht-negative $\mathcal{A}$-meßbare Funktionen und anschließend auf beliebige μ-integrierbare Funktionen erweitert. Eine $\mathcal{A}$-meßbare Funktion $\tilde{x}$ wird dann als μ-integrierbar bezeichnet, sofern

$$\int |\tilde{x}| \, d\mu < \infty$$

gilt (vgl. *Bauer* 2001, S. 65). Dies impliziert, daß das Integral nur endliche Werte annimmt. Eine ausführliche Darstellung des Lebesgue-Integrals ist in *Bauer* (2001) auf den Seiten 49ff sowie in *Elstrodt* (1999) auf den Seiten 118ff gegeben.

Das Lebesgue-Integral unterscheidet sich vom herkömmlichen Riemann-Integral in zumindest zwei wesentlichen Punkten. Während das gewöhnliche Riemann-Integral für Intervalle definiert ist, kann mit Hilfe des Lebesgue-Integrals über beliebige meßbare Mengen $A \in \mathcal{A}$ integriert werden. Man definiert hierzu für eine $\mathcal{A}$-meßbare und integrierbare Funktion $\tilde{x}$ das Integral über A in der Form (vgl. *Bauer* 2001, S. 67)

$$\int_A \tilde{x} \, d\mu := \int \mathbf{1}_A \, \tilde{x} \, d\mu.$$

Desweiteren wird aus (1.1) ersichtlich, daß beim Lebesgue-Integral eine Gewichtung mit μ erfolgt. Beim Riemann-Integral erfolgt die Gewichtung auf Basis von Abständen, was dem Spezialfall $\mu = \lambda^1$ entspricht.

In der Stochastik sind sogenannte *Erwartungswerte* von wesentlicher Bedeutung. Gegeben sei ein Grundraum $(\Omega, \mathcal{A}, P)$ sowie ein Zustandsraum $(\Omega', \mathcal{A}')$ mit $\Omega' \subset \mathbb{R}$. Dann ist der Erwartungswert einer integrierbaren Zufallsvariablen $\tilde{x} : \Omega \to \Omega'$ durch

$$E(\tilde{x}) := \int_\Omega \tilde{x} \, dP = \int_{\Omega'} x \, dP_{\tilde{x}}(x)$$

definiert (vgl. *Bauer* 2001, S. 16). Auf $(\Omega', \mathcal{A}')$ sei ein weiteres Maß μ gegeben. Man sagt, daß $P_{\tilde{x}}$ eine μ-*Dichte* $f_{\tilde{x}} : \Omega' \to [0, \infty]$ besitzt, sofern $f_{\tilde{x}}$ $\mathcal{A}'$-meßbar ist und

$$P_{\tilde{x}}(A') = \int_{A'} f_{\tilde{x}} \, d\mu \qquad \forall A' \in \mathcal{A}'$$

gilt (vgl. *Bauer* 2001, S. 96). In diesem Fall kann der Erwartungswert auch in
der Form

$$E(\tilde{x}) = \int\limits_{\Omega'} x \cdot f_{\tilde{x}}(x) \, d\mu$$

angegeben werden. Handelt es sich bei μ um das Lebesgue-Maß λ, so erhält
man den Spezialfall

$$E(\tilde{x}) = \int\limits_{\Omega'} x \cdot f_{\tilde{x}}(x) \, dx.$$

Hierbei wird $\tilde{x}$ als *stetige Zufallsvariable* bezeichnet. Ist μ das Zählmaß, so
nennt man $\tilde{x}$ *diskret* und es gilt

$$E(\tilde{x}) = \sum_{x \in \Omega'} x \cdot f_{\tilde{x}}(x).$$

Dies sind die am häufigsten auftretenden Fälle.

Nun sei wieder ein Maßraum $(\Omega, \mathcal{A}, \mu)$ gegeben. Betrachtet wird eine bestimmte
Eigenschaft, welche für Punkte $\omega \in \Omega$ gilt. Man sagt, daß diese Eigenschaft μ-
fast sicher (kurz: μ-f.s.), μ-*fast überall* (kurz: μ-f.ü.) oder für μ-*fast alle* $\omega \in \Omega$
(kurz: μ-f.a. $\omega \in \Omega$) besteht, sofern es eine sogenannte *Nullmenge* $N \in \mathcal{A}$ mit
$\mu(N) = 0$ gibt und die Eigenschaft für alle $\omega \in \Omega \setminus N$ gilt (vgl. *Bauer* 2001, S.
70).

Kapitel 2

Das Modell von Fellegi und Sunter und seine Anwendung in der Praxis

2.1 Das Modell von Fellegi und Sunter

2.1.1 Konstruktion eines stochastischen Modells

Um eine präzise wahrscheinlichkeitstheoretische Modellierung zu ermöglichen, werden in diesem Unterabschnitt die zugrundeliegenden Abläufe in der Realität analysiert und in einem einfachen stochastischen Modell abgebildet. Zunächst wird die intuitive Darstellung von *Fellegi und Sunter* (1969) erläutert, welche eine sehr gute inhaltliche Annäherung an das Problem liefert. Die Modellvorstellungen werden anschließend wahrscheinlichkeitstheoretisch konkretisiert. Dies ermöglicht eine präzise mathematische Formulierung des Problems und erleichtert die weiteren Untersuchungen.

Betrachtet werden zwei Populationen $\mathbb{A}$ und $\mathbb{B}$, für welche $\mathbb{A} \cap \mathbb{B} \neq \varnothing$ gilt. Elemente dieser Populationen werden allgemein mit $a \in \mathbb{A}$ bzw. $b \in \mathbb{B}$ bezeichnet. Die Menge aller Paare, welche durch Kombination von Elementen aus $\mathbb{A}$ und $\mathbb{B}$ gebildet werden können, wird mit dem kartesischen Produkt

$$\mathbb{A} \times \mathbb{B} := \{(a, b) \mid a \in \mathbb{A}, b \in \mathbb{B}\}$$

erfaßt. Für diese Menge wird die disjunkte Zerlegung

$$\mathbb{A} \times \mathbb{B} = \mathbb{M} \cup \mathbb{U}$$

mit
$$\mathbb{M} := \{(a, b) \in \mathbb{A} \times \mathbb{B} \mid a = b\}$$
und
$$\mathbb{U} := \{(a, b) \in \mathbb{A} \times \mathbb{B} \mid a \neq b\}$$

definiert. Bei $\mathbb{M}$ handelt es sich also um die Menge der Paare bestehend aus identischen und bei $\mathbb{U}$ entsprechend um die Menge der Paare bestehend aus nicht-identischen Elementen[1].

Aus $\mathbb{A}$ und $\mathbb{B}$ werden die Stichproben $\mathbb{A}_s \subset \mathbb{A}$ bzw. $\mathbb{B}_s \subset \mathbb{B}$ mit den Stichprobenumfängen n_A bzw. n_B gezogen. Die Menge aller aus $\mathbb{A}_s$ und $\mathbb{B}_s$ zu bildenden Paare wird analog zu oben mit

$$\mathbb{A}_s \times \mathbb{B}_s := \{(a, b) \mid a \in \mathbb{A}_s, b \in \mathbb{B}_s\}$$

bezeichnet. Es gilt somit $\mathbb{A}_s \times \mathbb{B}_s \subset \mathbb{A} \times \mathbb{B}$ und

$$n := |\mathbb{A}_s \times \mathbb{B}_s| = n_A \cdot n_B.$$

Um die Eigenschaften der Stichprobenelemente nutzbar zu machen, werden interessierende Merkmale erhoben und in elektronischer Form erfaßt. Dieser Vorgang wird im weiteren als *Eintragsgenerierungsprozeß*[2] (kurz: EP) bezeichnet. Die Eigenschaften eines EPs und somit auch seine Resultate werden von unterschiedlichen Faktoren beeinflußt. Mögliche Einflußgrößen sind z.B. die erhobenen Merkmale, die Art der Erfassung, die Antwortbereitschaft, die elektronische Weiterverarbeitung, die Zuverlässigkeit der Mitarbeiter und der Zeitpunkt der Erhebung. Diese und andere Faktoren beeinflussen die Qualität eines EPs und somit auch seine Fehleranfälligkeit. Da die EPs für unterschiedliche Stichproben im Regelfall nicht identisch sind, kann es passieren, daß Einträge für dieselbe Einheit in unterschiedlichen Datensätzen differieren. Genauso ist es aber auch möglich, daß Merkmale unterschiedlicher Einheiten zufälligerweise übereinstimmen. Die abstrakten Mengen aller möglichen Ergebnisse der EPs werden mit $\mathbb{V}_A$ und $\mathbb{V}_B$ bezeichnet. Für zwei beliebige Elemente $a \in \mathbb{A}_s$ und $b \in \mathbb{B}_s$ werden die Resultate der EPs mit $\boldsymbol{\alpha}(a)$ bzw. $\boldsymbol{\beta}(b)$,

$$\boldsymbol{\alpha} : \mathbb{A}_s \to \mathbb{V}_A \qquad \boldsymbol{\beta} : \mathbb{B}_s \to \mathbb{V}_B,$$

benannt. Faßt man die Resultate aller Stichprobenelemente zusammen, so erhält man die beiden Datensätze

$$\mathbb{L}_A := \{\boldsymbol{\alpha}(a) \mid a \in \mathbb{A}_s\} \qquad \text{und} \qquad \mathbb{L}_B := \{\boldsymbol{\beta}(b) \mid b \in \mathbb{B}_s\}$$

---

[1] engl.: matched and unmatched sets, vgl. *Fellegi und Sunter* (1969), S. 1184
[2] engl.: record generating process, vgl. *Fellegi und Sunter* (1969), S. 1184

bzw. die Menge der daraus zu bildenden Paare $\mathbb{L}_A \times \mathbb{L}_B$ (vgl. *Fellegi und Sunter* 1969, S. 1184f). Das kartesische Produkt ist analog zu oben definiert. Es wird bei dieser Darstellung davon ausgegangen, daß

$$\alpha(a_i) \neq \alpha(a_k) \, \forall i \neq k \quad \text{und} \quad \beta(b_j) \neq \beta(b_l) \forall j \neq l$$

gilt. Dies kann dadurch sichergestellt werden, daß mit Hilfe der EPs eine Indizierung der Elemente vorgenommen wird. Somit unterscheiden sich die Einträge zumindest bezüglich des eindeutigen Index.

Ziel des Record Linkage-Ansatzes ist es, die Menge $M \cap (\mathbb{A}_s \times \mathbb{B}_s)$ zu identifizieren, d.h. diejenigen Elemente zu ermitteln, welche sowohl in $\mathbb{A}_s$ als auch in $\mathbb{B}_s$ enthalten sind. Hierfür stehen die aus $\mathbb{A}_s$ und $\mathbb{B}_s$ gewonnenen Datensätze $\mathbb{L}_A$ und $\mathbb{L}_B$ zur Verfügung. Um festzustellen, ob zwei Elemente $a \in \mathbb{A}_s$ und $b \in \mathbb{B}_s$ identisch sind, wird somit ein Vergleich der beiden Einträge $\alpha(a)$ und $\beta(b)$ vorgenommen. Es können natürlich nur Merkmale verwendet werden, welche sowohl in $\mathbb{L}_A$ als auch in $\mathbb{L}_B$ erhoben sind. Die Anzahl dieser Merkmale wird mit $K \in \mathbb{N}$ bezeichnet, die einzelnen Merkmale werden mit $k \in \{1, \ldots, K\}$ indiziert. Um den Vergleich durchzuführen, wird ein sogenannter *Vergleichsvektor*

$$\gamma : \mathbb{L}_A \times \mathbb{L}_B \to \mathbb{N}^K, \; \left(\alpha(a), \beta(b)\right) \mapsto \left(\gamma^1\left(\alpha(a), \beta(b)\right), \ldots, \gamma^K\left(\alpha(a), \beta(b)\right)\right)$$

mit

$$\gamma^k : \mathbb{L}_A \times \mathbb{L}_B \to \mathbb{N} \quad \forall k \in \{1, \ldots, K\}$$

herangezogen (vgl. *Fellegi und Sunter* 1969, S. 1185). Dabei handelt es sich um ein vorab definiertes Ähnlichkeitsmaß, welches komponentenweise die Ähnlichkeit bezüglich der einzelnen zu vergleichenden Merkmale mißt. Im einfachsten Fall kann hierfür eine simple „stimmt überein" /„stimmt nicht überein" - Unterscheidung getroffen werden. Grundsätzlich wird davon ausgegangen, daß nur endlich viele Ausprägungen bezüglich einer Komponente des Vergleichsvektors möglich sind und somit jede Ausprägung mit einer natürlichen Zahl assoziiert werden kann. Zur Vereinfachung der weiteren Darstellung bietet es sich an, die Elemente von $\mathbb{A}_s$ und $\mathbb{B}_s$ zu indizieren, d.h. jedem $a \in \mathbb{A}_s$ und $b \in \mathbb{B}_s$ einen eindeutigen Index $i \in \{1, \ldots, n_A\}$ bzw. $j \in \{1, \ldots, n_B\}$ zuzuordnen. Es gilt dann

$$\{a_1, \ldots, a_{n_A}\} = \mathbb{A}_s \quad \text{und} \quad \{b_1, \ldots, b_{n_B}\} = \mathbb{B}_s.$$

Die Realisation des Vergleichsvektors bezüglich a_i und b_j wird mit $\gamma_{i+n_A \cdot (j-1)}$ bezeichnet und folgendermaßen definiert:

$$\gamma_{i+n_A \cdot (j-1)} := \gamma\left(\alpha(a_i), \beta(b_j)\right) \quad \forall i \in \{1, \ldots, n_A\}, j \in \{1, \ldots, n_B\}.$$

Diese Darstellung ermöglicht eine eindeutige Indizierung der Paare.

Der Vergleichsvektor und seine Ausprägungen spielen für die Konstruktion des Fellegi und Sunter-Modells eine entscheidende Rolle. Die realisierten Ausprägungen hängen vom Zufall ab, da die Gewinnung der Stichproben und das Ergebnis der EPs vom Zufall abhängen. Somit besteht der Ansatz von Fellegi und Sunter darin, den Vergleichsvektor γ als Zufallsvektor $\tilde{\gamma}$ zu interpretieren, die Realisationen von $\tilde{\gamma}$ mit Hilfe der Wahrscheinlichkeitsrechnung zu erfassen und somit Rückschlüsse auf nicht beobachtbare Sachverhalte zu ermöglichen. Zur Modellierung wird die Annahme getroffen, daß die Vergleichsergebnisse von (a_i, b_j) und (a_k, b_l) für alle $(i,j) \neq (k,l)$, $i,k \in \{1, \dots, n_A\}$, $j,l \in \{1, \dots, n_B\}$ unabhängig voneinander sind, und daß die Wahrscheinlichkeiten der Realisation der einzelnen Ausprägungen des Vergleichsvektors ohne weitere Vorinformationen für alle Paare identisch sind, also die Verteilungen von $\tilde{\gamma}_i$ und $\tilde{\gamma}_j$ für alle $i,j \in \{1, \dots, n_A \cdot n_B\}$ übereinstimmen. Eine wesentliche Vorinformation in diesem Sinne ist, ob (a_i, b_j) aus der Menge $\mathbb{M} \cap (\mathbb{A}_s \times \mathbb{B}_s)$ stammt. Diese Eigenschaft ist nicht - d.h. auch nicht ex-post - beobachtbar und wird insofern mit Hilfe der latenten Zufallsvektoren

$$\tilde{\mathbf{g}}_{i+n_A \cdot (j-1)} := \begin{cases} (1,0) & \text{für } (a_i, b_j) \in \mathbb{M} \cap (\mathbb{A}_s \times \mathbb{B}_s) \\ (0,1) & \text{sonst} \end{cases}$$

$\forall i \in \{1, \dots, n_A\}$, $j \in \{1, \dots, n_B\}$ erfaßt. Auch hier wird wiederum angenommen, daß die Vektoren für unterschiedliche Paare unabhängig voneinander und identisch verteilt sind.

Die bisherigen Ausführungen sind sehr intuitiv und an der praktischen Vorgehensweise orientiert. Für die theoretische Untersuchung ist es jedoch hilfreich, die Abläufe mit Hilfe der getroffenen Annahmen in einer stochastischen Modellvorstellung abzubilden.

Modellvorstellung

A) Gegeben ist ein Wahrscheinlichkeitsraum $(\Omega, \mathcal{A}, P)$, eine Menge

$$\Gamma := \{\Gamma_1, \dots, \Gamma_{n_\Gamma}\} \subset \mathbb{N}^K, K \in \mathbb{N}, \qquad \text{mit} \qquad |\Gamma| = n_\Gamma$$

und die Menge $\mathbb{W} := \{(1,0), (0,1)\}$. Γ wird als *Vergleichsraum* bezeichnet.

B) Es ist $(\tilde{\gamma}_j)_{j \in \{1, \dots, n_A \cdot n_B\}}$, $n_A, n_B \in \mathbb{N}$, eine endliche Folge von unabhängigen und identisch verteilten Zufallsvektoren mit

$$\tilde{\gamma}_j : \Omega \to \Gamma \qquad \forall j \in \{1, \dots, n_A \cdot n_B\}.$$

$\tilde{\gamma}_j$ nennt man den *Vergleichsvektor des j-ten Paares.*

C) Desweiteren ist $(\tilde{\mathbf{g}}_j)_{j \in \{1,\dots,n_A \cdot n_B\}}$ eine endliche Folge von unabhängigen und identisch verteilten Zufallsvektoren mit

$$\tilde{\mathbf{g}}_j : \Omega \to \mathbb{W} \qquad \forall j \in \{1,\dots,n_A \cdot n_B\}.$$

D) Die Zufallsvektoren $\tilde{\boldsymbol{\gamma}}_j$ und $\tilde{\mathbf{g}}_j$ sind stochastisch abhängig für alle $j \in \{1,\dots,n_A \cdot n_B\}$ und es gilt für die bedingten Wahrscheinlichkeiten

$$P\big([\tilde{\boldsymbol{\gamma}}_j = \boldsymbol{\Gamma}_q] \,\big|\, [\tilde{\mathbf{g}}_j = w]\big) = P\big([\tilde{\boldsymbol{\gamma}}_k = \boldsymbol{\Gamma}_q] \,\big|\, [\tilde{\mathbf{g}}_k = w]\big)$$

$$\forall j, k \in \{1,\dots,n_A \cdot n_B\}, \, \boldsymbol{\Gamma}_q \in \boldsymbol{\Gamma}, \, w \in \mathbb{W}.$$

Diese Modellvorstellung dient als Grundlage für die Entwicklung des Fellegi und Sunter-Modells sowie die darauf ausgerichteten Parameterschätzungen in Kapitel 3.

2.1.2 Interpretation im Sinne einer kontrollierten Aufwands- und Kostenminimierung

Die in diesem Abschnitt dargestellte Interpretation des Ansatzes von Fellegi und Sunter stammt aus dem Originalpapier von 1969. Sie zeichnet sich insbesondere durch ihre an dem praktischen Problem der Aufwands- und Kostenminimierung orientierte Sichtweise aus. Auf Basis dieser Sichtweise läßt sich die Problemstellung im Rahmen eines Optimierungsansatzes abbilden, welcher die Bestimmung einer optimalen Entscheidungsfunktion ermöglicht.

Innerhalb des Modells werden bezüglich eines Elementes $(a, b) \in \mathbb{A}_s \times \mathbb{B}_s$ drei unterschiedliche Entscheidungen zugelassen. Mit E_1 wird die Festlegung bezeichnet, ein Paar der Menge $\mathbb{M} \cap (\mathbb{A}_s \times \mathbb{B}_s)$ zuzuordnen. Man nenn diesen Vorgang *Verknüpfung*[3]. Entsprechend ist die als *Nicht-Verknüpfung*[4] bezeichnete Entscheidung E_3 die Zuordnung eines Paares zu $\mathbb{U} \cap (\mathbb{A}_s \times \mathbb{B}_s)$. Die dritte Entscheidung E_2 ist eine sogenannte *mögliche Verknüpfung*[5]. Sie unterscheidet sich insofern von den anderen beiden, als daß sie als neutral zu werten ist. Es findet keine Zuordnung statt. Paare, welche mit der Entscheidung E_2 bedacht werden, sind später manuell zu prüfen, womit diese Festlegung einen großen nachträglichen Arbeitsaufwand verursacht. Man bezeichnet $\mathbb{E} := \{E_1, E_2, E_3\}$ als *Entscheidungsmenge*.

---

[3]engl.: link, vgl. *Fellegi und Sunter* (1969), S. 1185
[4]engl.: non-link, vgl. *Fellegi und Sunter* (1969), S. 1185
[5]engl.: possible link, vgl. *Fellegi und Sunter* (1969), S. 1185

Das Ziel ist es, den Entscheidungsprozeß zu automatisieren und somit eine maschinelle Verknüpfung der gegebenen Datensätze $\mathbb{L}_A$ und $\mathbb{L}_B$ zu ermöglichen. Die Entscheidungen sollen dabei mit Hilfe von Zufallsexperimenten getroffen werden, bei welchen für jedes Element aus $\mathbb{L}_A \times \mathbb{L}_B$ mit vorgegebenen Wahrscheinlichkeiten ein Element aus $\mathbb{E}$ zufällig ausgewählt wird. Die verwendete Verteilung wird dabei in einer noch zu definierenden Art und Weise von der jeweiligen Ausprägung des Vergleichsvektors bestimmt.

Grundlage des Verfahrens bildet eine sogenannte *(Zufalls-) Entscheidungsfunktion*[6]. Die Bezeichnung Entscheidungsfunktion ist dabei etwas irreführend, da - wie im letzten Absatz angemerkt - die Entscheidungen auf Basis von Zufallsexperimenten getroffen werden. Die zugrundeliegenden Wahrscheinlichkeiten werden jedoch von der Entscheidungsfunktion geliefert, weshalb sie die Entscheidungen maßgeblich beeinflußt. Grundsätzlich wird durch die Entscheidungsfunktion ein Element aus der Menge $M^1(\mathbb{E}, \mathcal{P}(\mathbb{E}))$ aller Wahrscheinlichkeitsmaße auf $(\mathbb{E}, \mathcal{P}(\mathbb{E}))$ ausgewählt. Da $\mathbb{E}$ nur endlich viele Elemente besitzt, genügt bereits der Wahrscheinlichkeitsvektor, um das ausgewählte Maß eindeutig zu charakterisieren. Somit werden Entscheidungsfunktionen folgendermaßen definiert:

Definition 1 *Gegeben seien ein Vergleichsraum* $\boldsymbol{\Gamma}$ *sowie die Menge*

$$\Upsilon := \left\{ (v_1, v_2, v_3) \in [0,1]^3 \;\middle|\; \sum_{i=1}^{3} v_i = 1 \right\}.$$

Als Entscheidungsfunktion bezüglich $\boldsymbol{\Gamma}$ *wird eine Abbildung*

$$d : \boldsymbol{\Gamma} \to \Upsilon$$

bezeichnet. Die Menge aller Entscheidungsfunktionen bezüglich $\boldsymbol{\Gamma}$ *ist*

$$\mathbb{D}_{\boldsymbol{\Gamma}} := \{ d \mid d : \boldsymbol{\Gamma} \to \Upsilon \}.$$

Durch die Realisation $d(\boldsymbol{\Gamma}_q)$*,* $\boldsymbol{\Gamma}_q \in \boldsymbol{\Gamma}$*, einer Entscheidungsfunktion* d *ist ein Wahrscheinlichkeitsmaß* $P_d(\cdot \mid \boldsymbol{\Gamma}_q)$ *auf* $(\mathbb{E}, \mathcal{P}(\mathbb{E}))$ *definiert, dessen Wahrscheinlichkeitsvektor durch*

$$(P_d(E_1 \mid \boldsymbol{\Gamma}_q), P_d(E_2 \mid \boldsymbol{\Gamma}_q), P_d(E_3 \mid \boldsymbol{\Gamma}_q)) := d(\boldsymbol{\Gamma}_q)$$

gegeben ist.

---

[6]engl.: (random) decision function, vgl. *Fellegi und Sunter* (1969), S. 1185

Um die optimale Entscheidungsfunktion konstruieren zu können, sind noch einige Vorarbeiten notwendig. Gemäß Modellvorstellung D) gilt

$$P\big([\tilde{\pmb{\gamma}}_j = \pmb{\Gamma}_q]\,\big|\,[\tilde{\mathbf{g}}_j = w]\big) = P\big([\tilde{\pmb{\gamma}}_k = \pmb{\Gamma}_q]\,\big|\,[\tilde{\mathbf{g}}_k = w]\big)$$

$$\forall j,k \in \{1,\dots,n_A \cdot n_B\}\,,\ \pmb{\Gamma}_q \in \pmb{\Gamma},\ w \in \mathbb{W}.$$

Somit sind die Abbildungen

$$m : \pmb{\Gamma} \to [0,1],\ \pmb{\Gamma}_q \mapsto m(\pmb{\Gamma}_q) := P\big([\tilde{\pmb{\gamma}}_j = \pmb{\Gamma}_q]\,\big|\,[\tilde{\mathbf{g}}_j = (1,0)]\big)$$

und

$$u : \pmb{\Gamma} \to [0,1],\ \pmb{\Gamma}_q \mapsto u(\pmb{\Gamma}_q) := P\big([\tilde{\pmb{\gamma}}_j = \pmb{\Gamma}_q]\,\big|\,[\tilde{\mathbf{g}}_j = (0,1)]\big)$$

für eine beliebige Wahl von $j \in \{1,\dots,n_A \cdot n_B\}$ wohldefiniert. Umgangssprachlich läßt sich $m(\pmb{\Gamma}_q)$ als die Wahrscheinlichkeit dafür interpretieren, daß für ein Element aus $\mathbb{M} \cap (\mathbb{A}_s \times \mathbb{B}_s)$ der zugehörige Vergleichsvektor die Ausprägung $\pmb{\Gamma}_q$ annimmt. Entsprechend handelt es sich bei $u(\pmb{\Gamma}_q)$ um die Wahrscheinlichkeit der Realisation von $\pmb{\Gamma}_q$ für Elemente aus $\mathbb{U} \cap (\mathbb{A}_s \times \mathbb{B}_s)$. Folglich definieren m und u Wahrscheinlichkeitsfunktionen und somit auch Wahrscheinlichkeitsmaße auf $(\pmb{\Gamma}, \mathcal{P}(\pmb{\Gamma}))$. Diese werden mit $P_{\tilde{\pmb{\gamma}}\,|\,\mathbb{M}} : \mathcal{P}(\pmb{\Gamma}) \to [0,1]$ bzw. $P_{\tilde{\pmb{\gamma}}\,|\,\mathbb{U}} : \mathcal{P}(\pmb{\Gamma}) \to [0,1]$ bezeichnet. Mit Hilfe der Abbildungen m und u lassen sich die Elemente von $\pmb{\Gamma}$ geeignet ordnen.

Definition 2 *Gegeben sei ein Vergleichsraum* $\pmb{\Gamma}$*. Ein* $n_{\pmb{\Gamma}}$*-Tupel*

$$\hat{\pmb{\Gamma}} = \big(\pmb{\Gamma}_{[1]},\dots,\pmb{\Gamma}_{[n_{\pmb{\Gamma}}]}\big)$$

wird als ein zu $\pmb{\Gamma}$ *gehörender geordneter Vergleichsraum bezeichnet, sofern*

1. $\big\{\pmb{\Gamma}_{[1]},\dots,\pmb{\Gamma}_{[n_{\pmb{\Gamma}}]}\big\} = \pmb{\Gamma}$ *und*

2. $\dfrac{m(\pmb{\Gamma}_{[q]})}{u(\pmb{\Gamma}_{[q]})} \geq \dfrac{m(\pmb{\Gamma}_{[s]})}{u(\pmb{\Gamma}_{[s]})}\ \forall q < s,\ q,s \in \{1,\dots,n_{\pmb{\Gamma}}\}$.

Eine solche Ordnung kann dadurch erreicht werden, daß zunächst alle Ausprägungen $\pmb{\Gamma}_q \in \pmb{\Gamma}$, für die $u(\pmb{\Gamma}_q) = 0$ gilt, beliebig angeordnet werden. Anschließend werden die verbleibenden $\pmb{\Gamma}_q \in \pmb{\Gamma}$ derart geordnet, daß das Verhältnis $m(\pmb{\Gamma}_q)/u(\pmb{\Gamma}_q)$ monoton abnimmt. Bei gleicher Ausprägung des Verhältnisses wird die Reihenfolge beliebig gewählt (vgl. *Fellegi und Sunter* 1969, S. 1187).

Für die Konstruktion der optimalen Entscheidungsfunktion ist die sogenannte *Zulässigkeit*[7] eines vorgegebenen Paares $(\mu, \lambda) \in [0,1]^2$ bezüglich eines Vergleichsraumes $\pmb{\Gamma}$ zu beachten.

---

[7]engl.: admissibility, vgl. *Fellegi und Sunter* (1969), S. 1187

Definition 3 *Gegeben seien ein Vergleichsraum* Γ, *ein zugehöriger geordneter Vergleichsraum* $\hat{\Gamma}$ *sowie ein Paar* $(\mu, \lambda) \in [0, 1]^2$. *Die zu* (μ, λ) *und* $\hat{\Gamma}$ *gehörenden Werte* $n_\mu \in \mathbb{N}$ *und* $n_\lambda \in \mathbb{N}$ *sind derart bestimmt, daß*

$$\sum_{q=1}^{n_\mu - 1} u(\Gamma_{[q]}) < \mu \leq \sum_{q=1}^{n_\mu} u(\Gamma_{[q]}) \tag{2.1}$$

und

$$\sum_{q=n_\lambda + 1}^{n_\Gamma} m(\Gamma_{[q]}) < \lambda \leq \sum_{q=n_\lambda}^{n_\Gamma} m(\Gamma_{[q]}) \tag{2.2}$$

erfüllt ist. Es wird (μ, λ) *als zulässig bezüglich* Γ *bezeichnet, sofern* $n_\mu < n_\lambda$ *gilt. Die zu* (μ, λ) *und* $\hat{\Gamma}$ *gehörenden Werte* $P_\mu \in [0, 1]$ *und* $P_\lambda \in [0, 1]$ *sind derart bestimmt, daß*

$$u(\Gamma_{[n_\mu]}) \cdot P_\mu = \mu - \sum_{q=1}^{n_\mu - 1} u(\Gamma_{[q]}) \tag{2.3}$$

und

$$m(\Gamma_{[n_\lambda]}) \cdot P_\lambda = \lambda - \sum_{q=n_\lambda + 1}^{n_\Gamma} m(\Gamma_{[q]}) \tag{2.4}$$

erfüllt ist. Es wird (μ, λ) *als bedingt zulässig bezüglich* Γ *bezeichnet, sofern die Beziehungen* $n_\mu = n_\lambda$ *und* $P_\mu + P_\lambda \leq 1$ *Gültigkeit besitzen.*

Die Existenz eines zulässigen Paares (μ, λ) ist immer dann gesichert, sofern nicht

$$\frac{m(\Gamma_{[q]})}{u(\Gamma_{[q]})} = a \qquad \text{mit} \qquad a \in \mathbb{R} \qquad \text{für alle} \qquad q \in \left\{ 1, \ldots, n_{\Gamma_q} \right\}$$

gilt (vgl. *Fellegi und Sunter* 1969, S. 1188).

Die Entscheidung E_2 ist aufgrund ihres neutralen Charakters nicht mit der Möglichkeit von Fehlern behaftet. Dies gilt natürlich nicht für die Entscheidungen E_1 und E_3, welche durchaus falsch sein können. Die Entscheidung E_1 bezüglich eines Paares (a, b) ist genau dann falsch, wenn $(a, b) \in \mathbb{U} \cap (\mathbb{A}_s \times \mathbb{B}_s)$ ist. Entsprechend handelt es sich bei E_3 um eine falsche Entscheidung, sofern $(a, b) \in \mathbb{M} \cap (\mathbb{A}_s \times \mathbb{B}_s)$ gilt. Mit Hilfe der bisherigen Festlegungen betragen die Wahrscheinlichkeiten für falsche Entscheidungen somit (vgl. *Fellegi und Sunter* 1969, S. 1186)

$$P_d(E_3 \mid M) := \sum_{q=1}^{n_\Gamma} m(\Gamma_q) \cdot P_d(E_3 \mid \Gamma_q) \tag{2.5}$$

und

$$P_d(E_1 \mid U) := \sum_{q=1}^{n_\Gamma} u(\boldsymbol{\Gamma}_q) \cdot P_d(E_1 \mid \boldsymbol{\Gamma}_q). \qquad (2.6)$$

Dabei symbolisiert $P_d(E_3 \mid M)$ die Wahrscheinlichkeit für eine falsche E_3- und $P_d(E_1 \mid U)$ entsprechend diejenige für eine falsche E_1-Entscheidung. Desweiteren läßt sich die Wahrscheinlichkeit für die Entscheidung E_2 bestimmen. Diese beträgt gemäß Modellvorstellung B)

$$P_d(E_2) := \sum_{q=1}^{n_\Gamma} P\big([\tilde{\boldsymbol{\gamma}}_1 = \boldsymbol{\Gamma}_q]\big) \cdot P_d(E_2 \mid \boldsymbol{\Gamma}_q).$$

Der Index d soll verdeutlichen, daß die Wahrscheinlichkeiten von der gewählten Entscheidungsfunktion d abhängen. Dies ist der Fall, da $P_d(\cdot \mid \boldsymbol{\Gamma}_q)$ durch diese eindeutig bestimmt ist.

Nachdem sämtliche formale Voraussetzungen geschaffen wurden, wird nun der eigentliche Optimierungsansatz sowie die daraus resultierende optimale Lösung dargestellt. Die Anwendung von Record Linkage-Verfahren dient dazu, zeit- und kostenintensive manuelle Arbeiten zu vermeiden und den Prozeß der Verknüpfung von Datensätzen weitgehend zu automatisieren (vgl. *Fellegi und Sunter* 1969, S. 1186). Die Ergebnisse des automatisierten Verfahrens müssen dabei gewisse Qualitätsstandards erfüllen. Ist dies nicht der Fall, so sind die Resultate nicht oder nur eingeschränkt interpretierbar und somit nutzlos. Der Fellegi und Sunter-Ansatz beruht darauf, die Qualitätsstandards in Form von tolerierbaren statistischen Fehlerwahrscheinlichkeiten $\mu, \lambda \in [0, 1]$ vorzugeben. Demzufolge genügt ein Record Linkage-Ansatz den an ihn gestellten Anforderungen, sofern

$$P_d(E_1 \mid U) \le \mu \qquad \text{und} \qquad P_d(E_3 \mid M) \le \lambda.$$

Gemäß den Gleichungen (2.5) und (2.6) hängen die Wahrscheinlichkeiten

$$P_d(E_1 \mid U) \qquad \text{und} \qquad P_d(E_3 \mid M)$$

von der gewählten Entscheidungsfunktion ab. Somit wird

$$\mathbb{D}_\Gamma^z := \big\{ d \in \mathbb{D}_\Gamma \mid P_d(E_1 \mid U) \le \mu, P_d(E_3 \mid M) \le \lambda \big\}$$

als die Menge aller zulässigen Entscheidungsfunktionen bezeichnet. Aus den zulässigen Funktionen muß nun noch eine optimale ausgewählt werden. Als Kriterium wird hierfür die Wahrscheinlichkeit der Entscheidung E_2 herangezogen. Paare, für welche E_2 resultiert, müssen manuell bearbeitet werden. Da es aber genau diese manuellen Arbeiten zu vermeiden gilt, lautet das Kriterium für die Auswahl:

$$\min_{d \in \mathbb{D}_{\hat{\Gamma}}^2} P_d(E_2).$$

In *Fellegi und Sunter* (1969) wird gezeigt, wie die optimale Lösung gemäß diesem Ansatz aussieht. Das Resultat wird im folgenden Satz zusammengefaßt (vgl. *Fellegi und Sunter* 1969, S. 1187).

Satz 1 *Gegeben seien ein Vergleichsraum* Γ *sowie ein zugehöriger geordneter Vergleichsraum* $\hat{\Gamma}$. *Desweiteren seien ein zulässiges Paar* $(\mu, \lambda) \in [0,1]^2$ *und die zu* (μ, λ) *und* Γ *gehörenden Werte* $n_\mu, n_\lambda \in \mathbb{N}$ *und* $P_\mu, P_\lambda \in [0,1]$ *gegeben. Eine Entscheidungsfunktion* $d \in \mathbb{D}_\Gamma$ *soll gemäß dem Optimierungsansatz*

$$\min_{d \in \mathbb{D}_\Gamma} P_d(E_2)$$

unter den Nebenbedingungen

$$P_d(E_1 \mid U) \leq \mu \qquad und \qquad P_d(E_3 \mid M) \leq \lambda$$

bestimmt werden. Dann lautet die optimale Entscheidungsfunktion

$$d_{opt} : \hat{\Gamma} \to \Upsilon, \; \Gamma_{[q]} \mapsto \begin{cases} (1,0,0) & \text{für } q < n_\mu \\ (P_\mu, 1 - P_\mu, 0) & \text{für } q = n_\mu \\ (0,1,0) & \text{für } n_\mu < q < n_\lambda \\ (0, 1 - P_\lambda, P_\lambda) & \text{für } q = n_\lambda \\ (0,0,1) & \text{für } q > n_\lambda \end{cases} \qquad (2.7)$$

Beweis: Siehe *Fellegi und Sunter* (1969), S. 1201ff[8].   □

Aus der Konstruktion der optimalen Entscheidungsfunktion läßt sich erkennen, weshalb die Zulässigkeit von (μ, λ) von Bedeutung ist. Durch diese Bedingung wird sichergestellt, daß die Entscheidungsfunktion widerspruchsfrei definiert ist. Welches (μ, λ) aus der Menge aller zulässigen Paare tatsächlich vorgegeben wird, hängt von der tatsächlichen Situation und den Präferenzen des Anwenders ab. Durch höhere Fehlertoleranzen wird automatisch auch die Anzahl der E_2-Entscheidungen reduziert. Dafür müssen dann aber auch höhere

---

[8]An dieser Stelle wird auf die Darstellung des Beweises verzichtet. Stattdessen wird im nächsten Abschnitt ein Modell im Sinne der klassischen Testtheorie konstruiert und gezeigt, daß die Ergebnisse mit den Resultaten von Satz 1 übereinstimmen.

Fehlerzahlen akzeptiert werden. Insbesondere ist bei der Festlegung der Fehlertoleranzen die Asymmetrie bezüglich μ und λ zu beachten. Es gilt nämlich für den üblichen Fall $\max(n_A, n_B) > 2$ wegen

$$|\mathbb{M} \cap (\mathbb{A}_s \times \mathbb{B}_s)| \leq \min(n_A, n_B) \quad \text{und} \quad |\mathbb{U} \cap (\mathbb{A}_s \times \mathbb{B}_s)| \geq n_A \cdot n_B - \min(n_A, n_B)$$

auch

$$|\mathbb{U} \cap (\mathbb{A}_s \times \mathbb{B}_s)| - |\mathbb{M} \cap (\mathbb{A}_s \times \mathbb{B}_s)| \geq n_A \cdot n_B - 2 \cdot \min(n_A, n_B) > 0.$$

Werden beispielsweise zwei Datensätze vom Umfang 1000 verknüpft, so können daraus 1000000 Paare gebildet werden. Davon gehören maximal 1000 Elemente der Menge $\mathbb{M} \cap (\mathbb{A}_s \times \mathbb{B}_s)$ an. Umgekehrt heißt das, daß mindestens 999000 Paare $\mathbb{U} \cap (\mathbb{A}_s \times \mathbb{B}_s)$ angehören (vgl. *Jaro* 1995, S. 492). Das bedeutet aber auch, daß bei $P_d(E_1 \mid U) = P_d(E_3 \mid M)$ im Durchschnitt mehr falsche E_1- als falsche E_3-Entscheidungen zu erwarten sind. Dieses Ungleichgewicht wächst mit zunehmenden Stichprobenumfängen. Andererseits ist es aber gerade das Ziel, die Elemente aus $\mathbb{M} \cap (\mathbb{A}_s \times \mathbb{B}_s)$ verläßlich zu identifizieren, d.h. eine zu große Anzahl von falschen E_1-Entscheidungen zu verhindern. Insofern müssen die Signifikanzniveaus entsprechend angepaßt, d.h. $\mu \ll \lambda$ gewählt werden.

2.1.3 Interpretation im Sinne der klassischen Testtheorie

Im vorangegangenen Abschnitt wurde die optimale Entscheidungsregel nach Fellegi und Sunter im ursprünglichen Sinne dargestellt. Verfolgt wurde das Ziel, den Arbeitsaufwand durch menschliche Nacharbeit und somit den dadurch entstehenden Zeit- und Kostenaufwand unter Einhaltung statistischer Fehlerwahrscheinlichkeiten zu minimieren. Gleichwohl ist es aber auch möglich, das Modell im Sinne der klassischen Testtheorie zu betrachten. Die Interpretation in diesem Sinne zeigt, daß es sich bei der optimalen Entscheidungsfunktion (2.7) um eine Kombination zweier bester Tests handelt. Auf die Möglichkeit dieser Sichtweise wurde z.B. bereits in *Fellegi und Sunter* (1969) oder *Kirkendall* (1985) hingewiesen, auf eine formale Darstellung aber verzichtet. In diesem Abschnitt werden zwei beste Tests mit Hilfe des Satzes von Neyman und Pearson konstruiert und es wird der Zusammenhang zwischen diesen und der optimalen Entscheidungsfunktion (2.7) aufgezeigt. Dieser Zusammenhang ermöglicht neben einem besseren Verständnis auch eine Erweiterung der Entscheidungsfunktion. Desweiteren dienen die Überlegungen als Basis für die Analysen in Abschnitt 2.3. Zunächst werden die Grundlagen der klassischen Testtheorie kurz dargestellt, wobei die Ausführungen auf die in dieser Arbeit benötigten Aspekte beschränkt bleiben. Eine allgemeine Darstellung der klassischen Testtheorie kann zum Beispiel *Witting* (1985) entnommen werden.

2.1.3.1 Grundlagen der klassischen Testtheorie zur Prüfung zweier einfacher Verteilungshypothesen

Betrachtet wird ein *Stichprobenraum* $(\mathcal{X}, \mathcal{A})$ mit zugehöriger *Stichprobenverteilung* Q. Es besteht keine genaue Kenntnis dieser Verteilung. Allerdings lassen sich die möglichen Alternativen auf die Wahrscheinlichkeitsmaße Q_0 und Q_1 einschränken. Um herauszufinden, welche Alternative zutreffend ist, werden die beiden *Verteilungshypothesen* $H_0 : Q = Q_0$ und $H_1 : Q = Q_1$ definiert, wobei H_0 gegen H_1 zum *Signifikanzniveau* $\alpha \in (0, 1)$ statistisch getestet werden soll. Es handelt sich hierbei um den Spezialfall von *einfachen bzw. einelementigen Hypothesen*, da die Stichprobenverteilung durch diese eindeutig bestimmt ist (vgl. *Schaich und Münnich* 2001, S. 218). Zunächst ist der Begriff des randomisierten Tests zu klären, welcher für die weitere Konstruktion von großer Bedeutung ist. Hierfür wird eine allgemeine Definition herangezogen:

Definition 4 *Gegeben sei ein Stichprobenraum* $(\mathcal{X}, \mathcal{A})$*. Als randomisierter Test wird eine meßbare Funktion*

$$\tilde{\varphi} : \mathcal{X} \to [0, 1]$$

bezeichnet. Die Mengen $C_{\tilde{\varphi}} := \{x \in \mathcal{X} \mid \varphi(x) = 1\}$, $\bar{C}_{\tilde{\varphi}} := \{x \in \mathcal{X} \mid \varphi(x) = 0\}$ *und* $R_{\tilde{\varphi}} := \{x \in \mathcal{X} \mid 0 < \varphi(x) < 1\}$ *werden als Ablehnungsbereich, Annahmebereich bzw. Randomisierungsbereich bezeichnet.*

Die drei resultierenden Mengen lassen sich derart interpretieren, daß bei $\tilde{\varphi}(x) = 1$ die Hypothese H_0 verworfen und bei $\tilde{\varphi}(x) = 0$ nicht verworfen wird. Bei $0 < \tilde{\varphi}(x) < 1$ wird ein unabhängiges Zufallsexperiment durchgeführt, welches mit der Wahrscheinlichkeit $p := \tilde{\varphi}(x)$ zur Ablehnung von H_0 führt (vgl. *Pruscha* 2000, S. 220). Im folgenden werden die Begriffe randomisierter Test und Test synonym verwendet.

Wesentlich für die Anwendung eines randomisierten Tests ist, ob das vorgegebene Signifikanzniveau α eingehalten wird. Dabei bezeichnet α die aus Sicht des Anwenders zulässige Wahrscheinlichkeit eines *Fehlers 1. Art*, also die Wahrscheinlichkeit dafür, daß H_0 fälschlicherweise abgelehnt wird (vgl. *Schaich und Münnich* 2001, S. 220). Dieses Kriterium läßt sich mit Hilfe der sogenannten Gütefunktion überprüfen, welche die Wahrscheinlichkeit der Ablehnung von H_0 bei wahren Hypothesen H_0 bzw. H_1 angibt (*Schaich und Münnich* 2001, S. 223). Auf $(\mathcal{X}, \mathcal{A})$ sei im weiteren ein Maß μ definiert. Mit f_0 und f_1 werden die per Annahme existierenden μ-Dichten von Q_0 bzw. Q_1 bezeichnet. Dann ist die Gütefunktion durch

$$G_{\tilde{\varphi}} : \{0, 1\} \to [0, 1], \nu \mapsto \int_{\mathcal{X}} \tilde{\varphi} f_\nu \, d\mu$$

gegeben (vgl. *Pruscha* 2000, S. 220f). Somit gibt $G_{\tilde{\varphi}}(0)$ die Wahrscheinlichkeit für einen Fehler 1. Art bei Verwendung des Tests $\tilde{\varphi}$ an. Man bezeichnet $\tilde{\varphi}$ als Niveau-$\tilde{\varphi}$ Test, sofern $G_{\tilde{\varphi}}(0) \leq \alpha$ gilt.

Es sei $\phi(\alpha)$ die Menge aller Niveau-α Tests. Das Kriterium zur vergleichenden Beurteilung von Niveau-α Tests ist die Wahrscheinlichkeit für einen *Fehler 2. Art*. Unter einem Fehler 2. Art versteht man die Wahrscheinlichkeit dafür, daß H_0 fälschlicherweise nicht abgelehnt wird (vgl. *Schaich und Münnich* 2001, S. 220). Diese läßt sich mit Hilfe der Gütefunktion durch $1 - G_{\tilde{\varphi}}(1)$ bestimmen. Hiervon wird der Begriff des *besten Tests* abgeleitet.

Definition 5 *Gegeben seien zwei Tests $\tilde{\varphi}_1, \tilde{\varphi}_2 \in \phi(\alpha)$. Der Test $\tilde{\varphi}_1$ heißt besser als $\tilde{\varphi}_2$, falls*

$$G_{\tilde{\varphi}_1}(1) \geq G_{\tilde{\varphi}_2}(1).$$

Ein Test $\tilde{\varphi}^* \in \phi(\alpha)$ heißt bester Test zum Niveau α, sofern

$$G_{\tilde{\varphi}^*}(1) \geq G_{\tilde{\varphi}}(1) \qquad \forall \tilde{\varphi} \in \phi(\alpha)$$

gilt.

In der betrachteten Situation zweier einfacher Hypothesen H_0 und H_1 ist der folgende Begriff des *Neyman-Pearson Tests* von wesentlicher Bedeutung.

Definition 6 *Ein randomisierter Test $\tilde{\varphi}_k$ heißt Neyman-Pearson Test zur Prüfung der einfachen Hypothese $H_0 : Q = Q_0$ gegen $H_1 : Q = Q_1$, falls es ein $k > 0$ gibt, so daß*

$$\tilde{\varphi}_k(x) = \begin{cases} 1 & \text{für } f_1(x) > k \cdot f_0(x) \\ P_k & \text{für } f_1(x) = k \cdot f_0(x) \\ 0 & \text{für } f_1(x) < k \cdot f_0(x) \end{cases} \tag{2.8}$$

gilt für ein $P_k \in [0,1]$.

Führt man noch die Abbildung

$$T : \mathcal{X} \to \mathbb{R} \cup \{\infty\}, \, x \mapsto \begin{cases} f_1(x)/f_0(x) & \text{falls } f_0(x) > 0 \\ \infty & \text{falls } f_0(x) = 0 \end{cases}$$

ein, so stimmt der Test

$$\hat{\tilde{\varphi}}_k(x) = \begin{cases} 1 & \text{für } T(x) > k \\ P_k & \text{für } T(x) = k \\ 0 & \text{für } T(x) < k \end{cases}$$

mit $\tilde{\varphi}_k$ für Q_0- und Q_1-fast alle $x \in \mathcal{X}$ überein (vgl. *Pruscha* 2000, S. 222). Neyman-Pearson Tests besitzen eine wesentliche Eigenschaft, welche im folgenden Satz von Neyman und Pearson zusammengefaßt ist.

Satz 2 *Zu prüfen sei die Hypothese $H_0 : Q = Q_0$ gegen $H_1 : Q = Q_1$ zum vorgegebenen Signifikanzniveau $\alpha \in (0, 1)$.*

   a) Dann gibt es einen Neyman-Pearson Test $\tilde{\varphi}_k$ mit $G_{\tilde{\varphi}_k}(0) = \alpha$ und es ist $\tilde{\varphi}_k$ der beste Test zum Niveau α.

   b) Ist $\tilde{\varphi}'$ ebenfalls bester Test zum Niveau α, so stimmen $\tilde{\varphi}'$ und $\tilde{\varphi}_k$ auf dem Nicht-Randomisierungsbereich $D := \{x \in \mathcal{X} \mid f_1(x) \neq k f_0(x)\}$ μ-f.s. überein.

Beweis:
a) Zunächst wird gezeigt, daß immer ein Neyman-Pearson Test $\tilde{\varphi}_k$ zum Niveau $G_{\tilde{\varphi}_k}(0) = \alpha$ existiert. Für Neyman-Pearson Tests sind die Konstanten k und P_k derart zu bestimmen, daß

$$G_{\tilde{\varphi}_k}(0) = \int_{\mathcal{X}} \tilde{\varphi}_k f_0 \, d\mu = \int_{\mathcal{X}} \mathbf{1}_{[T>k]} f_0 \, d\mu + P_k \int_{\mathcal{X}} \mathbf{1}_{[T=k]} f_0 \, d\mu$$

$$= Q_0\big([T>k]\big) + P_k \cdot Q_0\big([T=k]\big) = \alpha$$

gilt. Verwendet man hierbei die Verteilungsfunktion von T,

$$F_T^0 : \mathbb{R} \cup \{\infty\} \to [0, 1], t \mapsto F_T^0(t) := Q_0\big([T \leq t]\big)$$

so resultiert die Bedingung

$$1 - F_T^0(k) + P_k \cdot \left(F_T^0(k) - \lim_{h \downarrow 0} F_T^0(k - h) \right) = \alpha. \tag{2.9}$$

Man wählt k als $(1 - \alpha)$-Quantil von F_T^0, d.h. $k = \inf \{t \in \mathbb{R} \mid F_T^0(t) \geq 1 - \alpha\}$. Wegen $\alpha \in (0, 1)$ folgt aus $F_T^0(t) = 0 \, \forall \, t \leq 0$ somit auch $k > 0$. Desweiteren folgt aus der Definition von k

$$\lim_{h \downarrow 0} F_T^0(k - h) \leq 1 - \alpha \leq F_T^0(k).$$

Ist k Stetigkeitsstelle von F_T^0, so gilt $\lim_{h \downarrow 0} F_T^0(k - h) = 1 - \alpha = F_T^0(k)$. Somit ist (2.9) für beliebige Wahl von $P_k \in [0, 1]$ erfüllt. Ist k Unstetigkeitsstelle, so folgt $F_T^0(k) - \lim_{h \downarrow 0} F_T^0(k - h) > 0$. Man wählt

$$P_k = \frac{F_T^0(k) - (1 - \alpha)}{F_T^0(k) - \lim_{h \downarrow 0} F_T^0(k - h)}$$

und erfüllt damit Gleichung (2.9).

Um zu beweisen, daß $\tilde{\varphi}_k$ ein bester Test zum Niveau α ist, wird ein beliebiger Test $\tilde{\varphi} \in \phi(\alpha)$ ausgewählt und gezeigt, daß $G_{\tilde{\varphi}_k}(1) \geq G_{\tilde{\varphi}}(1)$ gilt. Da $\tilde{\varphi}$ beliebig gewählt wurde, folgt die Behauptung somit für alle $\tilde{\varphi} \in \phi(\alpha)$. Zunächst werden die Mengen

$$M^{(+)} := \{x \in \mathcal{X} \mid \tilde{\varphi}_k(x) > \tilde{\varphi}(x)\} \qquad M^{(-)} := \{x \in \mathcal{X} \mid \tilde{\varphi}_k(x) < \tilde{\varphi}(x)\}$$

und

$$M^{(=)} := \{x \in \mathcal{X} \mid \tilde{\varphi}_k(x) = \tilde{\varphi}(x)\}$$

definiert. Aus den Implikationen

$$x \in M^{(+)} \Rightarrow \tilde{\varphi}_k(x) > 0 \Rightarrow f_1(x) \geq k f_0(x) \qquad \text{und}$$

$$x \in M^{(-)} \Rightarrow \tilde{\varphi}_k(x) < 1 \Rightarrow f_1(x) \leq k f_0(x)$$

folgt

$$G_{\tilde{\varphi}_k}(1) - G_{\tilde{\varphi}}(1) = \int_{\mathcal{X}} \tilde{\varphi}_k f_1 \, d\mu - \int_{\mathcal{X}} \tilde{\varphi} f_1 \, d\mu = \int_{\mathcal{X}} (\tilde{\varphi}_k - \tilde{\varphi}) f_1 \, d\mu$$

$$= \int_{M^{(+)}} (\tilde{\varphi}_k - \tilde{\varphi}) f_1 \, d\mu + \int_{M^{(-)}} (\tilde{\varphi}_k - \tilde{\varphi}) f_1 \, d\mu + \int_{M^{(=)}} (\tilde{\varphi}_k - \tilde{\varphi}) f_1 \, d\mu$$

$$\geq \int_{M^{(+)}} (\tilde{\varphi}_k - \tilde{\varphi}) k f_0 \, d\mu + \int_{M^{(-)}} (\tilde{\varphi}_k - \tilde{\varphi}) k f_0 \, d\mu$$

$$= \int_{\mathcal{X}} (\tilde{\varphi}_k - \tilde{\varphi}) k f_0 \, d\mu = k \big(G_{\tilde{\varphi}_k}(0) - G_{\tilde{\varphi}}(0) \big) \geq k(\alpha - \alpha) = 0.$$

b) Es sei $M^{(\neq)} := \{x \in \mathcal{X} \mid \tilde{\varphi}_k(x) \neq \tilde{\varphi}'(x)\}$. Nach Voraussetzung gilt

$$G_{\tilde{\varphi}_k}(1) - G_{\tilde{\varphi}'}(1) = \int_{\mathcal{X}} (\tilde{\varphi}_k - \tilde{\varphi}') f_1 \, d\mu = 0$$

und

$$G_{\tilde{\varphi}_k}(0) - G_{\tilde{\varphi}'}(0) = \int_{\mathcal{X}} (\tilde{\varphi}_k - \tilde{\varphi}') f_0 \, d\mu \geq 0.$$

Somit erhält man

$$
G_{\tilde{\varphi}_k}(1) - G_{\tilde{\varphi}'}(1) - k\big(G_{\tilde{\varphi}_k}(0) - G_{\tilde{\varphi}'}(0)\big) = \int_{\mathcal{X}} (\tilde{\varphi}_k - \tilde{\varphi}')(f_1 - kf_0)\, d\mu
$$

$$
= \int_{M^{(\neq)}} (\tilde{\varphi}_k - \tilde{\varphi}')(f_1 - kf_0)\, d\mu = \int_{M^{(\neq)} \cap D} (\tilde{\varphi}_k - \tilde{\varphi}')(f_1 - kf_0)\, d\mu \leq 0.
$$

Für alle $x \in M^{(\neq)} \cap D$ gilt entweder

$$
f_1 - kf_0 > 0 \Rightarrow \tilde{\varphi}_k = 1,\, \tilde{\varphi}' < 1 \Rightarrow \tilde{\varphi}_k - \tilde{\varphi}' > 0
$$

oder

$$
f_1 - kf_0 < 0 \Rightarrow \tilde{\varphi}_k = 0,\, \tilde{\varphi}' > 0 \Rightarrow \tilde{\varphi}_k - \tilde{\varphi}' < 0.
$$

Daraus folgt

$$
\big(\tilde{\varphi}_k(x) - \tilde{\varphi}'(x)\big)\big(f_1(x) - kf_0(x)\big) > 0 \qquad \forall\, x \in M^{(\neq)} \cap D
$$

und somit auch

$$
\int_{M^{(\neq)} \cap D} (\tilde{\varphi}_k - \tilde{\varphi}')(f_1 - kf_0)\, d\mu = 0.
$$

Es muß also $\mu(M^{(\neq)} \cap D) = 0$ gelten. $\square$

Liegt also eine Testsituation vor, bei der eine einfache Verteilungshypothese gegen eine andere einfache Verteilungshypothese getestet werden soll, so läßt sich ein optimaler Test zum Niveau α gemäß (2.8) konstruieren. Hierfür ist es oftmals hilfreich, daß $\tilde{\varphi}_k$ und $\hat{\tilde{\varphi}}_k$ für Q_0- und Q_1-fast alle $x \in \mathcal{X}$ übereinstimmen. Es genügt somit im konkreten Fall, einen Test $\hat{\tilde{\varphi}}_k$ mit $G_{\hat{\tilde{\varphi}}_k}(0) = \alpha$ zu konstruieren.

2.1.3.2   Anwendung der klassischen Testtheorie auf die Record Linkage-Thematik

Innerhalb dieses Abschnitts werden die in 2.1.3.1 vorgestellten Aspekte der klassischen Testtheorie auf die Record Linkage-Problematik übertragen. Es wird gezeigt, daß sich die optimale Entscheidungsfunktion von Fellegi und Sunter als Kombination zweier bester Tests darstellen und somit auch im Sinne der klassischen Testtheorie interpretieren läßt.

Betrachtet wird ein Element $(a, b) \in \mathbb{A}_s \times \mathbb{B}_s$. Es soll ermittelt werden, ob (a, b) in $\mathbb{M} \cap (\mathbb{A}_s \times \mathbb{B}_s)$ oder $\mathbb{U} \cap (\mathbb{A}_s \times \mathbb{B}_s)$ enthalten ist. Insofern bietet es sich an, die beiden Hypothesen $H_0 : (a, b) \in \mathbb{M} \cap (\mathbb{A}_s \times \mathbb{B}_s)$ und $H_1 : (a, b) \in \mathbb{U} \cap (\mathbb{A}_s \times \mathbb{B}_s)$ zu definieren und auf Basis eines statistischen Tests zu prüfen. Überträgt man H_0 und H_1 auf die zugrundeliegende Modellvorstellung, so resultieren für das j-te Paar $(j \in \{1, \ldots, n_A \cdot n_B\})$ die Hypothesen

$$H_0 : \tilde{\mathbf{g}}_j = (1, 0) \quad \text{und} \quad H_1 : \tilde{\mathbf{g}}_j = (0, 1).$$

Diese Hypothesen sind wiederum äquivalent zu $H_0 : P_{\tilde{\gamma}_j} = P_{\tilde{\gamma} \mid \mathbb{M}}$ und $H_1 : P_{\tilde{\gamma}_j} = P_{\tilde{\gamma} \mid \mathbb{U}}$, d.h. es handelt sich um zwei einfache Verteilungshypothesen. Es liegt also eine Situation vor, in der der Satz von Neyman und Pearson anwendbar ist. Dabei besteht die Möglichkeit, sowohl H_0 gegen H_1, als auch H_1 gegen H_0 zu testen. Zunächst wird der erste Fall betrachtet.

Satz 3 *Gegeben seien ein Vergleichsraum $\mathbf{\Gamma}$ sowie ein zugehöriger geordneter Vergleichsraum $\hat{\mathbf{\Gamma}}$. Es ist $n_\lambda \in \{1, \ldots, n_\Gamma\}$ derart bestimmt, daß die Gleichung*

$$\sum_{q=n_\lambda+1}^{n_\Gamma} m(\mathbf{\Gamma}_{[q]}) < \lambda \leq \sum_{q=n_\lambda}^{n_\Gamma} m(\mathbf{\Gamma}_{[q]})$$

erfüllt ist. Desweiteren ist $P_\lambda \in [0, 1]$ durch

$$P_\lambda := \frac{\lambda - \sum_{q=n_\lambda+1}^{n_\Gamma} m(\mathbf{\Gamma}_{[q]})}{m(\mathbf{\Gamma}_{[n_\lambda]})}$$

gegeben. Dann ist

$$\tilde{\varphi}_\lambda : \hat{\mathbf{\Gamma}} \to [0, 1], \mathbf{\Gamma}_{[q]} \mapsto \begin{cases} 1 & \text{für } q > n_\lambda \\ P_\lambda & \text{für } q = n_\lambda \\ 0 & \text{für } q < n_\lambda \end{cases}$$

ein bester Test zur Prüfung von $H_0 : \tilde{\mathbf{g}}_j = (1, 0)$ gegen $H_1 : \tilde{\mathbf{g}}_j = (0, 1)$ zum Signifikanzniveau λ.

Beweis: Wie angemerkt, handelt es sich bei H_0 gegen H_1 um die Prüfung zweier einfacher Verteilungshypothesen. Somit existiert nach dem Fundamentallemma von Neyman und Pearson ein Test $\tilde{\varphi}_k$ mit $G_{\tilde{\varphi}_k}(0) = \lambda$, welcher zugleich bester Niveau-λ Test zur Prüfung von H_0 gegen H_1 ist. Diesem Kriterium genügt auch ein Test $\hat{\tilde{\varphi}}_k$, da dieser fast sicher mit $\tilde{\varphi}_k$ übereinstimmt. Damit $\tilde{\varphi}_\lambda$ auch ein bester Test zum Niveau λ ist, muß folglich $G_{\tilde{\varphi}_\lambda}(0) \leq \lambda$ und $G_{\tilde{\varphi}_\lambda}(1) = G_{\hat{\tilde{\varphi}}_k}(1)$ gelten.

Gemäß Konstruktion von n_λ gilt $m(\boldsymbol{\Gamma}_{[n_\lambda]}) > 0$. Zunächst werden

$$T_\lambda := \frac{u(\boldsymbol{\Gamma}_{[n_\lambda]})}{m(\boldsymbol{\Gamma}_{[n_\lambda]})}$$

und davon abgeleitet die Mengen

$$\boldsymbol{\Gamma}^{T_\lambda} := \left\{ \boldsymbol{\Gamma}_{[q]} \in \hat{\boldsymbol{\Gamma}} \;\middle|\; u(\boldsymbol{\Gamma}_{[q]})/m(\boldsymbol{\Gamma}_{[q]}) = T_\lambda \right\},$$

$$\boldsymbol{\Gamma}^{T_\lambda^+} := \left\{ \boldsymbol{\Gamma}_{[q]} \in \hat{\boldsymbol{\Gamma}} \;\middle|\; u(\boldsymbol{\Gamma}_{[q]})/m(\boldsymbol{\Gamma}_{[q]}) > T_\lambda \right\}$$

und

$$\boldsymbol{\Gamma}^{T_\lambda^-} := \left\{ \boldsymbol{\Gamma}_{[q]} \in \hat{\boldsymbol{\Gamma}} \;\middle|\; u(\boldsymbol{\Gamma}_{[q]})/m(\boldsymbol{\Gamma}_{[q]}) < T_\lambda \right\}$$

definiert. Verwendet man die Festlegungen

$$n_\lambda^- := \min \left\{ q \in \{1, \ldots, n_\Gamma\} \;\middle|\; u(\boldsymbol{\Gamma}_{[q]})/m(\boldsymbol{\Gamma}_{[q]}) = T_\lambda \right\}$$

und

$$n_\lambda^+ := \max \left\{ q \in \{1, \ldots, n_\Gamma\} \;\middle|\; u(\boldsymbol{\Gamma}_{[q]})/m(\boldsymbol{\Gamma}_{[q]}) = T_\lambda \right\},$$

so gilt gemäß der Definition von $\hat{\boldsymbol{\Gamma}}$

$$\boldsymbol{\Gamma}^{T_\lambda} = \left\{ \boldsymbol{\Gamma}_{[n_\lambda^-]}, \ldots, \boldsymbol{\Gamma}_{[n_\lambda^+]} \right\}, \qquad \boldsymbol{\Gamma}^{T_\lambda^+} = \left\{ \boldsymbol{\Gamma}_{[n_\lambda^+ + 1]}, \ldots, \boldsymbol{\Gamma}_{[n_\Gamma]} \right\}$$

und

$$\boldsymbol{\Gamma}^{T_\lambda^-} = \left\{ \boldsymbol{\Gamma}_{[1]}, \ldots, \boldsymbol{\Gamma}_{[n_\lambda^- - 1]} \right\}.$$

Definiert man

$$P_k := \frac{\lambda - \sum_{\boldsymbol{\Gamma}^{T_\lambda^+}} m(\boldsymbol{\Gamma}_{[q]})}{\sum_{\boldsymbol{\Gamma}^{T_\lambda}} m(\boldsymbol{\Gamma}_{[q]})},$$

so ist der Neyman-Pearson Test

$$\tilde{\varphi}_k : \hat{\boldsymbol{\Gamma}} \to [0,1], \; \boldsymbol{\Gamma}_{[q]} \mapsto \begin{cases} 1 & \text{für } u(\boldsymbol{\Gamma}_{[q]}) > T_\lambda \cdot m(\boldsymbol{\Gamma}_{[q]}) \\ P_k & \text{für } u(\boldsymbol{\Gamma}_{[q]}) = T_\lambda \cdot m(\boldsymbol{\Gamma}_{[q]}) \\ 0 & \text{für } u(\boldsymbol{\Gamma}_{[q]}) < T_\lambda \cdot m(\boldsymbol{\Gamma}_{[q]}) \end{cases}$$

gemäß Satz 2 (S. 26) ein bester Test zum Niveau $G_{\tilde{\varphi}_k}(0)$. Somit ist auch der Test $\hat{\tilde{\varphi}}_k$ mit

$$\hat{\tilde{\varphi}}_k : \hat{\boldsymbol{\Gamma}} \to [0,1], \; \boldsymbol{\Gamma}_{[q]} \mapsto \begin{cases} 1 & \text{für } u(\boldsymbol{\Gamma}_{[q]})/m(\boldsymbol{\Gamma}_{[q]}) > T_\lambda \\ P_k & \text{für } u(\boldsymbol{\Gamma}_{[q]})/m(\boldsymbol{\Gamma}_{[q]}) = T_\lambda \\ 0 & \text{für } u(\boldsymbol{\Gamma}_{[q]})/m(\boldsymbol{\Gamma}_{[q]}) < T_\lambda \end{cases}$$

ein bester Test zum Niveau

$$G_{\hat{\tilde{\varphi}}_k}(0) = G_{\tilde{\varphi}_k}(0) = \sum_{\hat{\mathbf{\Gamma}}} m(\mathbf{\Gamma}_{[q]})\, \hat{\tilde{\varphi}}_k(\mathbf{\Gamma}_{[q]}) = \sum_{\mathbf{\Gamma}^{T_\lambda^+}} m(\mathbf{\Gamma}_{[q]}) + \sum_{\mathbf{\Gamma}^{T_\lambda}} m(\mathbf{\Gamma}_{[q]})\, P_k$$

$$= \sum_{\mathbf{\Gamma}^{T_\lambda^+}} m(\mathbf{\Gamma}_{[q]}) + \frac{\lambda - \sum_{\mathbf{\Gamma}^{T_\lambda^+}} m(\mathbf{\Gamma}_{[q]})}{\sum_{\mathbf{\Gamma}^{T_\lambda}} m(\mathbf{\Gamma}_{[q]})} \cdot \sum_{\mathbf{\Gamma}^{T_\lambda}} m(\mathbf{\Gamma}_{[q]}) = \lambda.$$

Für $G_{\hat{\tilde{\varphi}}_k}(1)$ resultiert

$$G_{\hat{\tilde{\varphi}}_k}(1) = \sum_{\hat{\mathbf{\Gamma}}} u(\mathbf{\Gamma}_{[q]})\, \hat{\tilde{\varphi}}_k(\mathbf{\Gamma}_{[q]}) = \sum_{\mathbf{\Gamma}^{T_\lambda^+}} u(\mathbf{\Gamma}_{[q]}) + \sum_{\mathbf{\Gamma}^{T_\lambda}} u(\mathbf{\Gamma}_{[q]})\, P_k$$

$$= \sum_{\mathbf{\Gamma}^{T_\lambda^+}} u(\mathbf{\Gamma}_{[q]}) + \frac{\lambda - \sum_{\mathbf{\Gamma}^{T_\lambda^+}} m(\mathbf{\Gamma}_{[q]})}{\sum_{\mathbf{\Gamma}^{T_\lambda}} m(\mathbf{\Gamma}_{[q]})} \cdot \sum_{\mathbf{\Gamma}^{T_\lambda}} u(\mathbf{\Gamma}_{[q]})$$

$$= \sum_{q=n_\lambda^+ + 1}^{n_{\mathbf{\Gamma}}} u(\mathbf{\Gamma}_{[q]}) + T_\lambda \cdot \left(\lambda - \sum_{q=n_\lambda^+ + 1}^{n_{\mathbf{\Gamma}}} m(\mathbf{\Gamma}_{[q]}) \right)$$

$$= \lambda T_\lambda + \sum_{q=n_\lambda^+ + 1}^{n_{\mathbf{\Gamma}}} \left(u(\mathbf{\Gamma}_{[q]}) - T_\lambda m(\mathbf{\Gamma}_{[q]}) \right).$$

Die Wahrscheinlichkeit eines Fehlers 1. Art bezüglich $\tilde{\varphi}_\lambda$ ist gegeben durch

$$G_{\tilde{\varphi}_\lambda}(0) = \sum_{q=1}^{n_{\mathbf{\Gamma}}} \tilde{\varphi}_\lambda(\mathbf{\Gamma}_{[q]})\, m(\mathbf{\Gamma}_{[q]}) = \sum_{q=n_\lambda+1}^{n_{\mathbf{\Gamma}}} m(\mathbf{\Gamma}_{[q]}) + m(\mathbf{\Gamma}_{[n_\lambda]})\, P_\lambda$$

$$= \sum_{q=n_\lambda+1}^{n_{\mathbf{\Gamma}}} m(\mathbf{\Gamma}_{[q]}) + m(\mathbf{\Gamma}_{[n_\lambda]}) \cdot \frac{\lambda - \sum_{q=n_\lambda+1}^{n_{\mathbf{\Gamma}}} m(\mathbf{\Gamma}_{[q]})}{m(\mathbf{\Gamma}_{[n_\lambda]})} = \lambda.$$

Es ist $\tilde{\varphi}_\lambda$ also ein Niveau-λ Test. Für die zweite zu zeigende Eigenschaft von

$\tilde{\varphi}_\lambda$ ergibt sich

$$
\begin{aligned}
G_{\tilde{\varphi}_\lambda}(1) &= \sum_{\hat{\Gamma}} u(\Gamma_{[q]})\, \tilde{\varphi}_\lambda(\Gamma_{[q]}) = \sum_{q=n_\lambda+1}^{n_\Gamma} u(\Gamma_{[q]}) + u(\Gamma_{[n_\lambda]})\, P_\lambda \\
&= \sum_{q=n_\lambda+1}^{n_\Gamma} u(\Gamma_{[q]}) + u(\Gamma_{[n_\lambda]}) \cdot \frac{\lambda - \sum_{q=n_\lambda+1}^{n_\Gamma} m(\Gamma_{[q]})}{m(\Gamma_{[n_\lambda]})} \\
&= \lambda T_\lambda + \sum_{q=n_\lambda+1}^{n_\Gamma} \left(u(\Gamma_{[q]}) - T_\lambda m(\Gamma_{[q]}) \right) \\
&= \lambda T_\lambda + \sum_{q=n_\lambda^+ +1}^{n_\Gamma} \left(u(\Gamma_{[q]}) - T_\lambda m(\Gamma_{[q]}) \right) = G_{\tilde{\varphi}_k}(1).
\end{aligned}
$$

$\square$

Aus Symmetriegründen läßt sich analog auch ein bester Test $\tilde{\varphi}_\mu$ zur Prüfung von H_1 gegen H_0 zum Signifikanzniveau μ angeben.

Satz 4 *Gegeben seien ein Vergleichsraum* Γ *sowie ein zugehöriger geordneter Vergleichsraum* $\hat{\Gamma}$. *Es ist* $n_\mu \in \{1, \dots, n_\Gamma\}$ *derart bestimmt, daß die Gleichung*

$$
\sum_{q=1}^{n_\mu-1} u(\Gamma_{[q]}) < \mu \le \sum_{q=1}^{n_\mu} u(\Gamma_{[q]})
$$

erfüllt ist. Desweiteren ist $P_\mu \in [0,1]$ *durch*

$$
P_\mu := \frac{\mu - \sum_{q=1}^{n_\mu-1} u(\Gamma_{[q]})}{u(\Gamma_{[n_\mu]})}
$$

gegeben. Dann ist

$$
\tilde{\varphi}_\mu : \hat{\Gamma} \to [0,1], \Gamma_{[q]} \mapsto
\begin{cases}
1 & \text{für } q < n_\mu \\
P_\mu & \text{für } q = n_\mu \\
0 & \text{für } q > n_\mu
\end{cases}
$$

ein bester Test zur Prüfung von $H_1 : \tilde{\mathbf{g}}_j = (0,1)$ *gegen* $H_0 : \tilde{\mathbf{g}}_j = (1,0)$ *zum Signifikanzniveau* μ.

Beweis: Die Beweisführung erfolgt analog zum Beweis von Satz 3. $\square$

Nachdem nun die beiden besten Tests $\tilde{\varphi}_\lambda$ und $\tilde{\varphi}_\mu$ zur Prüfung von H_0 gegen H_1 bzw. H_1 gegen H_0 vorliegen, besteht der nächste Schritt darin, den Zusammenhang zwischen diesen und der optimalen Entscheidungsregel gemäß Fellegi und Sunter aufzuzeigen.

Satz 5 *Zugrunde liegen die Voraussetzungen von Satz 1 sowie insbesondere die daraus resultierende optimale Entscheidungsfunktion $d_{opt} : \hat{\Gamma} \to \Upsilon$. Desweiteren seien die randomisierten Tests $\tilde{\varphi}_\lambda \cdot \hat{\Gamma} \to [0,1]$ und $\tilde{\varphi}_\mu : \hat{\Gamma} \to [0,1]$ gemäß Satz 3 bzw. Satz 4 gegeben. Definiert man die Mengen*

$$\Gamma^A := \left\{ \Gamma_{[1]}, \dots, \Gamma_{[n_\mu]} \right\}, \qquad \Gamma^B := \left\{ \Gamma_{[n_\mu+1]}, \dots, \Gamma_{[n_\lambda-1]} \right\}$$

und

$$\Gamma^C := \left\{ \Gamma_{[n_\lambda]}, \dots, \Gamma_{[n_\Gamma]} \right\}$$

so gilt

$$d_{opt} = \mathbf{1}_{\Gamma^A} \cdot (\tilde{\varphi}_\mu, 1 - \tilde{\varphi}_\mu, 0) + \mathbf{1}_{\Gamma^B} \cdot (0, 1, 0) + \mathbf{1}_{\Gamma^C} \cdot (0, 1 - \tilde{\varphi}_\lambda, \tilde{\varphi}_\lambda).$$

Beweis: Die Mengen Γ^A, Γ^B und Γ^C bilden eine Partition von Γ. Für $\Gamma_{[q]} \in \Gamma^A$ gilt

$$\mathbf{1}_{\Gamma^A}(\Gamma_{[q]}) \cdot \left(\tilde{\varphi}_\mu(\Gamma_{[q]}), 1 - \tilde{\varphi}_\mu(\Gamma_{[q]}), 0 \right) = \begin{cases} (1,0,0) & \text{für } q < n_\mu \\ (P_\mu, 1 - P_\mu, 0) & \text{für } q = n_\mu \end{cases}.$$

Ist $\Gamma_{[q]} \in \Gamma^B$, d.h. $n_\mu < q < n_\lambda$, so folgt

$$\mathbf{1}_{\Gamma^B}(\Gamma_{[q]}) \cdot (0, 1, 0) = (0, 1, 0).$$

Schließlich bekommt man für $\Gamma_{[q]} \in \Gamma^C$

$$\mathbf{1}_{\Gamma^C}(\Gamma_{[q]}) \cdot \left(0, 1 - \tilde{\varphi}_\lambda(\Gamma_{[q]}), \tilde{\varphi}_\lambda(\Gamma_{[q]}) \right) = \begin{cases} (0,0,1) & \text{für } q > n_\lambda \\ (0, 1 - P_\lambda, P_\lambda) & \text{für } q = n_\lambda \end{cases}.$$

Durch Addition der drei Therme erhält man d_{opt}. $\square$

Dies zeigt, daß die optimale Entscheidungsfunktion nach Fellegi und Sunter eine Kombination zweier bester Tests darstellt. Die Zulässigkeit von (μ, λ) stellt sicher, daß sich die Randomisierungs- und Ablehnungsbereiche von $\tilde{\varphi}_\mu$ und $\tilde{\varphi}_\lambda$ nicht überschneiden. Damit wird erreicht, daß die beiden Tests nicht zu widersprüchlichen Entscheidungen führen. Auf Basis dieses Kriteriums läßt sich die nun folgende Erweiterung der Fellegi und Sunter-Entscheidungsfunktion vornehmen.

Definition 7 *Gegeben seien ein Vergleichsraum* Γ *sowie ein zugehöriger geordneter Vergleichsraum* $\hat{\Gamma}$. *Desweiteren sei ein zulässiges oder bedingt zulässiges Paar* $(\mu, \lambda) \in [0,1]^2$ *gegeben sowie die zugehörigen Werte* n_μ, n_λ, P_μ *und* P_λ. *Ferner seien* $\tilde{\varphi}_\lambda : \hat{\Gamma} \to [0,1]$ *und* $\tilde{\varphi}_\mu : \hat{\Gamma} \to [0,1]$ *die besten Tests gemäß Satz 3 bzw. 4. Für zulässiges* (μ, λ) *sei* $d_{opt} : \hat{\Gamma} \to \Upsilon$ *die optimale Entscheidungsfunktion gemäß Satz 1. Für bedingt zulässiges* (μ, λ) *wird eine Abbildung* $\tilde{d}_{opt} : \hat{\Gamma} \to \Upsilon$ *mit*

$$\tilde{d}_{opt} := \mathbf{1}_{\Gamma^A \setminus \{\Gamma_{[n_\mu]}\}} \cdot (\tilde{\varphi}_\mu, 0, 0) + \mathbf{1}_{\{\Gamma_{[n_\mu]}\}} \cdot (\tilde{\varphi}_\mu, 1 - \tilde{\varphi}_\mu - \tilde{\varphi}_\lambda, \tilde{\varphi}_\lambda) + \mathbf{1}_{\Gamma^C \setminus \{\Gamma_{[n_\lambda]}\}} \cdot (0, 0, \tilde{\varphi}_\lambda)$$

eingeführt. Es wird die zusammengesetzte Entscheidungsfunktion

$$d^E_{opt} : \hat{\Gamma} \to \Upsilon, \ \Gamma_{[q]} \mapsto d^E_{opt}(\Gamma_{[q]}) := \begin{cases} d_{opt}(\Gamma_{[q]}) & \text{für zulässiges } (\mu, \lambda) \\ \tilde{d}_{opt}(\Gamma_{[q]}) & \text{für bedingt zulässiges } (\mu, \lambda) \end{cases}$$

als erweiterte Fellegi und Sunter-Entscheidungsfunktion bezeichnet.

Im folgenden Satz wird die Optimalität von d^E_{opt} im Sinne des Optimierungsansatzes von Fellegi und Sunter gezeigt. Daraus folgt unmittelbar auch die Optimalität von d_{opt} für zulässige (μ, λ).

Satz 6 *Es sei* (μ, λ) *entweder zulässig oder bedingt zulässig. Dann gilt*

$$P_{d^E_{opt}}(E_2) \leq P_d(E_2) \qquad \forall \, d \in \mathbb{D}^z_{\hat{\Gamma}}.$$

Beweis: Zunächst werden für eine beliebige Entscheidungsfunktion $d \in \mathbb{D}^z_{\hat{\Gamma}}$ die Abbildungen

$$\tilde{\varphi}^d_\mu : \Gamma \to [0,1], \ \Gamma_q \mapsto \tilde{\varphi}^d_\mu(\Gamma_q) := P_d(E_1 \mid \Gamma_q)$$

und

$$\tilde{\varphi}^d_\lambda : \Gamma \to [0,1], \ \Gamma_q \mapsto \tilde{\varphi}^d_\lambda(\Gamma_q) := P_d(E_3 \mid \Gamma_q)$$

eingeführt. Somit ist $\tilde{\varphi}^d_\mu$ ein Test zur Prüfung von $H_1 : \tilde{\mathbf{g}}_j = (0,1)$ gegen $H_0 : \tilde{\mathbf{g}}_j = (1,0)$ zum Signifikanzniveau μ und $\tilde{\varphi}^d_\lambda$ ein Test zur Prüfung von $H_0 : \tilde{\mathbf{g}}_j = (1,0)$ gegen $H_1 : \tilde{\mathbf{g}}_j = (0,1)$ zum Signifikanzniveau λ. Es gilt also

$$G_{\tilde{\varphi}^d_\mu}(1) \leq \mu \qquad und \qquad G_{\tilde{\varphi}^d_\lambda}(0) \leq \lambda.$$

Aus der Tatsache, daß $\tilde{\varphi}_\mu$ und $\tilde{\varphi}_\lambda$ beste Tests sind, folgt

$$G_{\tilde{\varphi}_\mu}(0) \geq G_{\tilde{\varphi}^d_\mu}(0) \qquad und \qquad G_{\tilde{\varphi}_\lambda}(1) \geq G_{\tilde{\varphi}^d_\lambda}(1).$$

Man erhält durch Anwendung des Satzes von Bayes die Ungleichung

$$P_{d^E_{opt}}(E_2) = P\big([\tilde{\mathbf{g}}_j = (1,0)]\big)\big(1 - G_{\tilde{\varphi}_\mu}(0) - G_{\tilde{\varphi}_\lambda}(0)\big)$$

$$+ P\big([\tilde{\mathbf{g}}_j = (0,1)]\big)\big(1 - G_{\tilde{\varphi}_\lambda}(1) - G_{\tilde{\varphi}_\mu}(1)\big)$$

$$= P\big([\tilde{\mathbf{g}}_j = (1,0)]\big)\big(1 - G_{\tilde{\varphi}_\mu}(0) - \lambda\big) + P\big([\tilde{\mathbf{g}}_j = (0,1)]\big)\big(1 - G_{\tilde{\varphi}_\lambda}(1) - \mu\big)$$

$$\leq P\big([\tilde{\mathbf{g}}_j = (1,0)]\big)\big(1 - G_{\tilde{\varphi}^d_\mu}(0) - \lambda\big) + P\big([\tilde{\mathbf{g}}_j = (0,1)]\big)\big(1 - G_{\tilde{\varphi}^d_\lambda}(1) - \mu\big)$$

$$\leq P\big([\tilde{\mathbf{g}}_j = (1,0)]\big)\big(1 - G_{\tilde{\varphi}^d_\mu}(0) - G_{\tilde{\varphi}^d_\lambda}(0)\big)$$

$$+ P\big([\tilde{\mathbf{g}}_j = (0,1)]\big)\big(1 - G_{\tilde{\varphi}^d_\lambda}(1) - G_{\tilde{\varphi}^d_\mu}(1)\big)$$

$$= P_d(E_2).$$

$\square$

Durch die Erweiterung werden auch (μ, λ)-Paare zugelassen, für welche $n_\mu = n_\lambda$ und $P_\mu + P_\lambda \leq 1$ gilt. Dadurch wird das Verfahren insgesamt flexibler, ohne daß die statistische Qualität verschlechtert wird. Die Eigenschaften von $\tilde{\varphi}_\mu$ und $\tilde{\varphi}_\lambda$ bleiben nach wie vor erhalten, lediglich die Randomisierung bei $n_\mu = n_\lambda$ wird für beide Tests nicht mehr unabhängig vorgenommen. Für (μ, λ)-Kombinationen mit $n_\mu < n_\lambda$ ist die erweiterte Entscheidungsfunktion äquivalent zu der Entscheidungsfunktion von Fellegi und Sunter. Durch die Erweiterung der Entscheidungsfunktion ist es somit möglich, (μ, λ)-Kombinationen zuzulassen, mit deren Hilfe eine weitere Reduktion des E_2-Bereiches möglich ist.

2.2 Notwendige Vorarbeiten und Verfahren zur Überprüfung von Namen

2.2.1 Notwendige Vorarbeiten

Vor der Anwendung des Fellegi und Sunter-Modells müssen die zu verknüpfenden Daten in eine passende Form gebracht werden. Durch diese Vorarbeiten sollen zum einen die notwendigen Voraussetzungen für die Anwendung geschaffen und zum anderen potentielle Problemfelder eliminiert oder zumindest negative Auswirkungen davon eingeschränkt werden. Bei der Bearbeitung der Daten kann eine inhaltliche Überprüfung der Merkmalsausprägungen erfolgen.

Insbesondere bei Namenseinträgen ist dies gebräuchlich. Dadurch können kleinere Fehler unter Umständen korrigiert und die Qualität der Ergebnisse somit verbessert werden.

Eine wesentliche Voraussetzung für den Einsatz des Fellegi und Sunter-Modells ist, daß einige Merkmale in beiden Datensätzen enthalten sind. Sind keine Überschneidungen vorhanden, so ist eine Verknüpfung nicht möglich, da keinerlei Informationen über eventuelle Gemeinsamkeiten vorliegen. Aber auch das Vorhandensein gemeinsamer Merkmale alleine gewährleistet noch keine guten Ergebnisse. Zusätzlich muß sichergestellt werden, daß die Ausprägungen in ähnlicher Weise formatiert sind. So kann zum Beispiel eine vollständige Adresse in einem Adressfeld gespeichert sein. Genauso gut können aber auch separate Felder für die Straße, die Hausnummer und die Postleitzahl vorliegen. Ein Name kann mit oder ohne Titel eingetragen sein. Auch sind verschiedene Variationen des Vornamens denkbar. Dieser kann beispielsweise abgekürzt oder ausgeschrieben sein, es kann ein zweiter Vorname eingetragen, weggelassen oder in einem zusätzlichen Feld erfaßt werden.

Zur Vermeidung derartiger Inkonsistenzen müssen die herangezogenen Vergleichsattribute zunächst standardisiert werden. Dazu sind die einzelnen Felder in ihre Bestandteile zu zerlegen. Zum Beispiel kann eine Straße mit Hausnummer in die Felder Straße und Hausnummer unterteilt werden. Solche Arbeiten sind sehr aufwendig und lassen sich in der Regel nicht automatisieren (vgl. *Winkler* 1985b, S. 182). Das Problem wird im Zusammenhang mit Adressen in *DeGuire* (1988) analysiert. Eine ähnliche Vorgehensweise ist auch bei Namen notwendig (vgl. *Winkler* 1995, S. 359).

Nach der Zerlegung der Felder müssen Varianten von Ausprägungen eliminiert, d.h. eindeutige Schreibweisen festgelegt und auf die Ausprägungen übertragen werden. Beispielsweise sind Bezeichnungen wie „Firma" und „Fa." oder „GmbH" und „Gesellschaft mbH" zu vereinheitlichen. Auch Variationen wie „Friedrich Straße" und „Friedrichstraße" können auf eine gemeinsame Bezeichnung zurückgeführt werden. Dies ist nur ein kleiner Auszug aus den möglichen Anpassungen. Folglich kann die Standardisierung sehr aufwendig sein. Je nach Beschaffenheit der Datensätze sind allerdings auch deutliche Verbesserungen der Ergebnisse zu erwarten.

Liegen die Merkmale in gewünschter Form vor, müssen sie in geeigneter Weise verglichen werden. Der einfachste und gebräuchlichste Ansatz ist ein simpler „stimmt überein"/ „stimmt nicht überein"-Vergleich. Dies ist insbesondere bei nominal skalierten Merkmalen üblich und wirksam. Bei metrischen Merkmalen kann der Ansatz unter Umständen zu Problemen führen. Beispielsweise kann das Haushaltseinkommen in einem Datensatz gerundet mit 5000 Euro und in einem anderen exakt mit 5172,45 Euro angegeben sein. Es müßten in diesem Fall Maße für die Ähnlichkeit der Angaben definiert und dem eigentlichen Fellegi und Sunter-Modell vorgeschaltet werden. Hierbei ist die Einbeziehung eines Datenexperten unvermeidbar, da die Problemstellung von der Datensituation bestimmt wird und somit eine allgemeine Lösung des Problems nicht möglich ist.

Insbesondere dem Vergleich von Namen kommt in der Literatur eine große Bedeutung zu. Diese läßt sich dadurch begründen, daß in den Namen vergleichsweise viele Informationen enthalten sind. Wird beim Vergleich von Namen nur ermittelt, ob sie übereinstimmen oder nicht, so werden viele Paare aus $\mathbb{M} \cap (\mathbb{A}_s \times \mathbb{B}_s)$ nicht richtig zugeordnet. Schreibfehler und unterschiedliche Schreibweisen werden dabei nicht erkannt, kleinste Variationen führen sofort zur Entscheidung „stimmt nicht überein". Bei einer Zusammenführung von Census-Daten konnten beispielsweise auf Basis reiner „stimmt überein"/ „stimmt nicht überein"-Vergleiche mehr als 25% der Elemente nicht identifiziert werden (vgl. *Winkler* 1999, S. 4).

Um dieses Problem zu lösen, sind verschiedenste alternative Vergleichsverfahren vorgeschlagen worden. Im weiteren werden einige davon dargestellt. Diese beziehen sich insbesondere auf Namen, können zum Teil aber auch auf andere Merkmale angewendet werden. Grundsätzlich lassen sich die Methoden in drei Klassen einteilen (vgl. *Pfeifer, Poersch und Fuhr* 1996, S. 667):

1. Methoden zur Bestimmung (einfacher) Ähnlichkeiten von Zeichenketten,

2. Methoden zur Bestimmung von Ähnlichkeiten unter besonderer Berücksichtigung von Schreibfehlern,

3. Methoden zur Bestimmung von phonetischen Ähnlichkeiten.

Die Verfahren in den ersten beiden Klassen sind sprachunabhängig, diejenigen aus der dritten basieren zum Teil auf speziellen Eigenschaften von Namen aus bestimmten Sprachregionen. Als Beispiel für die erste Kategorie wird in Abschnitt 2.2.2 die *Methode der n-Gramme* vorgestellt. Ein Vertreter der zweiten Gruppe ist der sogenannte *Vergleichsoperator von Jaro*. Dieser wird in Abschnitt 2.2.3 betrachtet. Aus der dritte Klasse werden in 2.2.4 zwei Verfahren dargestellt. Zum einen handelt es sich um das für den angelsächsischen Sprachraum entwickelte und weit verbreitete *Soundex-Verfahren* und zum anderen um die auf deutschen Gegebenheiten basierende *Kölner Phonetik*.

2.2.2 Die Methode der n-Gramme

Die Methode der n-Gramme ist ein Verfahren, bei welchem Teile von Zeichenketten miteinander verglichen und auf Basis dessen Rückschlüsse auf die Ähnlichkeit dieser gezogen werden. Es werden dabei keine sprachlichen Besonderheiten ausgenützt, die Methodik ist also sprachunabhängig (vgl. *Pfeifer, Poersch und Fuhr* 1996, S. 669). Insofern kann sie auch nicht nur für Namen, sondern auch für andere Arten von Zeichenketten, wie z.B. Straßen oder Wohnorte, eingesetzt werden. Grundlage der Methode bilden sogenannte *n-Gramme*.

Definition 8 *Gegeben sei eine beliebige Zeichenkette A. Unter einem n-Gramm von A versteht man eine Zeichenkette der Länge n, welche als ganzes, d.h. ohne Unterbrechung, in A enthalten ist.*

Als Beispiel wird der Name „Mayer " betrachtet. Ein spezieller und häufig verwendeter Fall ist $n = 3$. Man spricht hier von Trigrammen. Die möglichen Trigramme von „Mayer " sind „May", „aye" und „yer". Oftmals werden zur Vervollständigung von Zeichenketten Leerzeichen der Länge $n - 1$ am Anfang und am Ende eingefügt (vgl. *Pfeifer, Poersch und Fuhr* 1996, S. 670). Dadurch wird erreicht, daß jeder Buchstabe der Zeichenkette in exakt n n-Grammen enthalten ist. Somit ergeben sich für „_ _Mayer_ _" im Gegensatz zu „Mayer " noch zusätzlich die Trigramme „_ _M", „_Ma", „er_" und „r_ _". Es wird insbesondere auch die Identifikation des Anfangs- und Endbuchstabens ermöglicht.

Zur Bestimmung der Ähnlichkeit unterschiedlicher Zeichenketten wird ein Ähnlichkeitsmaß auf Basis der Anzahl von n-Grammen herangezogen. Hierfür sind verschiedene Ansätze denkbar, von denen nun drei vorgestellt werden. Ausgangspunkt aller drei Maße bilden die Mengen N_1 und N_2. Diese enthalten alle möglichen n-Gramme zweier zu vergleichender Zeichenketten. Werden „Mayer" und „Maier " verglichen, so erhält man

$$N_1 := \{„\_\_M", „\_Ma", „May", „aye", „yer", „er\_", „r\_\_"\}$$

und

$$N_2 := \{„\_\_M", „\_Ma", „Mai", „aie", „ier", „er\_", „r\_\_"\}.$$

Daraus ergeben sich

$$N_1 \cup N_2 = \{„\_\_M", „\_Ma", „May", „aye", „yer", „Mai", „aie", „ier", „er\_", „r\_\_"\}$$

und

$$N_1 \cap N_2 = \{„\_\_M", „\_Ma", „er\_", „r\_\_"\}.$$

Ein mögliches Maß ist (vgl. *Pfeifer, Poersch und Fuhr* 1996, S. 670)

$$S_1 := \frac{\mid N_1 \cap N_2 \mid}{\mid N_1 \cup N_2 \mid}.$$

Es gilt $0 \leq \mid N_1 \cap N_2 \mid \leq \min(\mid N_1 \mid, \mid N_2 \mid)$ mit $\mid N_1 \cap N_2 \mid = 0$ für $N_1 \cap N_2 = \varnothing$ und $\mid N_1 \cap N_2 \mid = \min(\mid N_1 \mid, \mid N_2 \mid)$ für $N_1 \subset N_2$ oder $N_2 \subset N_1$. Desweiteren ist $\max(\mid N_1 \mid, \mid N_2 \mid) \leq \mid N_1 \cup N_2 \mid \leq \mid N_1 \mid + \mid N_2 \mid$, wobei $\mid N_1 \cup N_2 \mid = \max(\mid N_1 \mid, \mid N_2 \mid)$ für $N_1 \subset N_2$ oder $N_2 \subset N_1$ gilt und $\mid N_1 \cup N_2 \mid = \mid N_1 \mid + \mid N_2 \mid$ für $N_1 \cap N_2 = \varnothing$. Faßt man diese Überlegungen zusammen, so resultiert $0 \leq S_1 \leq 1$, wobei der Wert umso näher bei eins liegt, je mehr Elemente die Mengen N_1 und N_2 gemeinsam haben. Insbesondere gilt $S_1 = 0$ für $N_1 \cap N_2 = \varnothing$ und $S_1 = 1$ für $N_1 = N_2$.

Ein zweites Maß, welches als *Dice-Koeffizient* bezeichnet wird (vgl. *Angell, Freund und Willett* 1983, S. 257), ist folgendermaßen definiert:

$$S_2 := \frac{\mid N_1 \cap N_2 \mid}{0,5 \cdot (\mid N_1 \mid + \mid N_2 \mid)}.$$

Hierbei gilt $\min(\mid N_1 \mid, \mid N_2 \mid) \leq 0,5 \cdot (\mid N_1 \mid + \mid N_2 \mid) \leq \max(\mid N_1 \mid, \mid N_2 \mid)$ mit $0,5 \cdot (\mid N_1 \mid + \mid N_2 \mid) = \min(\mid N_1 \mid, \mid N_2 \mid) = \max(\mid N_1 \mid, \mid N_2 \mid)$ für $\mid N_1 \mid = \mid N_2 \mid$. Der Ausdruck im Nenner erfaßt also im Gegensatz zu oben nicht mehr die Anzahl der unterschiedlichen n-Gramme in N_1 und N_2, sondern die durchschnittliche Anzahl in beiden. Es gilt wie für S_1 auch hier $0 \leq S_2 \leq 1$ und insbesondere $S_2 = 0$ für $N_1 \cap N_2 = \varnothing$ und $S_2 = 1$ für $N_1 = N_2$.

Das dritte Maß stellt eine leichte Abwandlung von S_2 dar. Es wird im Nenner anstatt des arithmetischen Mittels das geometrische Mittel verwendet. Man erhält somit

$$S_3 := \frac{\mid N_1 \cap N_2 \mid}{\sqrt{(\mid N_1 \mid \cdot \mid N_2 \mid)}}.$$

Für S_3 gelten dieselben Eigenschaften, welche auch für S_2 dargestellt wurden. Der Unterschied gegenüber S_1 besteht auch hier wieder darin, daß im Nenner nicht die Anzahl der in N_1 und N_2 enthaltenen n-Gramme berücksichtigt wird, sondern lediglich die durchschnittliche Anzahl.

Für das dargestellte Beispiel mit „Mayer" und „Maier " ergeben sich

$$S_1 = \frac{2}{5} \qquad S_2 = \frac{4}{7} \qquad \text{und} \qquad S_3 = \frac{4}{7}.$$

Es fällt auf, daß S_1 relativ klein ist, obwohl sich die beiden Namen nur bezüglich eines Buchstabens unterscheiden. Dieses Beispiel zeigt, daß für den Einsatz von

S_1 eine ausreichende Länge der betrachteten Zeichenfolgen vorausgesetzt werden muß, da bereits eine Unterscheidung bezüglich eines Buchstabens zu n unterschiedlichen n-Grammen in N_1 und N_2 und somit auch bis zu n zusätzlichen n-Grammen in $N_1 \cup N_2$ führt. Für S_2 und S_3 wird in diesem Fall zwar die Anzahl $\mid N_1 \cap N_2 \mid$ um bis zu n Elemente reduziert, der Nenner bleibt davon jedoch unberührt.

Um Entscheidungen treffen zu können, müssen Schwellwerte bestimmt werden, ab denen zwei Zeichenketten als gleich eingestuft werden. Dies geschieht in der Regel auf Basis subjektiver Festlegungen, welche auf Erfahrungswerten beruhen. Da diese Vorgehensweise sehr starken subjektiven Einflüssen ausgesetzt ist, ist eine allgemeine Beurteilung schwer möglich. Es muß also im Einzelfall geprüft werden, ob eine Verwendung der Methode in Frage kommt.

Eine weitere Möglichkeit, die Methode der n-Gramme einzusetzen, wird in *Zamora et al.* (1981) beschrieben. Dazu wird jedem n-Gramm eine Fehlerwahrscheinlichkeit zugeordnet. Die Wahrscheinlichkeiten werden vorab anhand von aufwendigen Datenbankanalysen ermittelt. Eine Zeichenkette wird dann als fehlerhaft eingestuft, wenn zumindest zwei aufeinanderfolgende n-Gramme Fehlerwahrscheinlichkeiten aufweisen, die einen bestimmten Schwellwert überschreiten (vgl. *Zamora, Pollock und Zamora* 1981, S. 308). Diese Vorgehensweise kann zum einen dazu dienen, fehlerhafte Zeichenketten zu identifizieren und zum anderen dazu, den Anteil von fehlerhaften Zeichenketten in den Daten und somit eine Fehlerhäufigkeit abzuschätzen. Allerdings ist das Verfahren sehr aufwendig. Wie Simulationsstudien gezeigt haben, ist die Qualität der Ergebnisse nicht immer zufriedenstellend (vgl. *Zamora, Pollock und Zamora* 1981, S. 314ff).

2.2.3 Der Vergleichsoperator von Jaro

Während durch die Methode der n-Gramme lediglich Ähnlichkeiten von Zeichenketten erfaßt werden, werden bei dem in diesem Abschnitt vorgestellten Verfahren auch mögliche Ursachen für das Zustandekommen von Schreibfehlern berücksichtigt. Gemäß einer Untersuchung von *Damerau* (1964) lassen sich 80% der Fälle auf vier Arten von Fehlern zurückführen. Diese sind im einzelnen (vgl *Damerau* 1964, S. 171):

1. ein falscher Buchstabe
2. ein fehlender Buchstabe
3. ein zusätzlicher Buchstabe oder
4. die Vertauschung zweier aufeinanderfolgender Buchstaben.

Namen	Φ_J	Φ_n
Amtsberg, Amtsfeld	0,75	0,85
Basler, Balser	0,944	0,955
Mayer, Maier	0,867	0,894
Schürle, Schührle	0,958	0,975

Tabelle 2.1: Beispiele für den Vergleichsoperator von Jaro.

Auf Basis der Untersuchungen wurde in *Damerau* (1964) eine Methode zur Ähnlichkeitsmessung vorgestellt. Im Laufe der Zeit wurde diese von anderen Autoren weiterentwickelt. Beispielsweise wird in *Wagner und Fischer* (1974) ein darauf basierender Optimierungsansatz vorgestellt, welcher mit Hilfe der dynamischen Programmierung gelöst werden kann. Dieser erfaßt die Anzahl der Operationen, welche zur Transformation einer Zeichenkette in eine andere notwendig sind. Die geringste Anzahl wird als Differenz der Zeichenketten interpretiert. Zusätzlich kann mit Hilfe einer Kostenfunktion noch eine Bewertung vorgenommen werden. Den Ausführungen in *Damerau* (1964) wird einerseits bescheinigt, daß sie das Problem klar analysieren und die Lösung folgerichtig daran orientierten (*Hall und Dowling* 1980, S. 388). Andererseits wird die praktische Anwendbarkeit der Methodik als schwierig bezeichnet. Neben dem Problem der notwendigen dynamischen Programmierung wird zum Teil auch die „Unterscheidungsfähigkeit" der Methode bezweifelt (vgl. *Winkler* 1985b, S. 185). Innerhalb der Record Linkage-Literatur wird aus diesem Grund vielfältig der Vergleichsoperator von Jaro als vorzuziehende Alternative genannt. Dabei wird auf Basis der betrachteten Zeichenketten eine Kenngröße berechnet, welche die Ähnlichkeit dieser ausdrücken soll. Berücksichtigt werden sowohl die Länge der Zeichenketten, als auch spezielle Fehler wie das Einfügen, Löschen und Vertauschen von Buchstaben (*Winkler* 1999, S. 5).

Zur Berechnung der Kenngröße werden zunächst einige Ausprägungen bezüglich der zu vergleichenden Zeichenketten $z1$ und $z2$ bestimmt. Zum einen sind dies die mit n_{z1} und n_{z2} bezeichneten Anzahlen der Zeichen, aus denen $z1$ bzw. $z2$ zusammengesetzt sind. Desweiteren wird die Anzahl der gemeinsamen Zeichen in $z1$ und $z2$ benötigt. Diese wird mit n_{z12} bezeichnet. Als gemeinsam wird ein Zeichen dann eingestuft, wenn es in $z1$ und $z2$ enthalten ist und sich die jeweiligen Positionen in den Zeichenketten nicht mehr als $\max(n_{z1}, n_{z2})/2 - 1$ voneinander unterscheiden. Wird ein Zeichen in $z1$ und $z2$ als gemeinsam eingestuft, so nennt man es zugewiesen (vgl. *Winkler* 1985b, S. 185). Zusätzlich zu dem bisherigen wird noch die Anzahl der umgesetzten Zeichen in $z1$ und $z2$ benötigt, welche mit n_u bezeichnet wird. Dazu werden die jeweils ersten, zweiten, dritten usw. zugewiesenen Zeichen der beiden Zeichenketten miteinander verglichen. Stimmen diese nicht überein, so wird n_u jeweils um $0,5$ erhöht (vgl. *Winkler* 1985b, S. 185). Werden zwei benachbarte Zeichen in einer Zeichenkette vertauscht, so führt ein Vergleich dieser mit der ursprünglichen Zeichenkette zu $n_u = 1$, also zu exakt einer Vertauschung. Der Vergleichsoperator von Jaro lautet

$$\Phi_J := \begin{cases} w_1 \cdot \dfrac{n_{z12}}{n_{z1}} + w_2 \cdot \dfrac{n_{z12}}{n_{z2}} + w_u \cdot \dfrac{n_{z12} - n_u}{n_{z12}} & \text{für } n_{z12} > 0 \\ 0 & \text{sonst,} \end{cases}$$

wobei w_1, w_2 und w_u vorzugebende Gewichte sind. Oftmals werden hierfür die Werte $w_1 = w_2 = w_u = \frac{1}{3}$ eingesetzt (vgl. *Winkler* 1990, S. 356). In diesem Fall bewegen sich die Ausprägungen von Φ_J zwischen 0 und 1. Dabei bedeutet 0, daß die Zeichenketten vollständig verschieden sind und 1 eine vollständige Übereinstimmung. Als Modifikation wird in *Winkler und Thibaudeau* (1991) vorgeschlagen, Übereinstimmungen bezüglich der ersten Buchstaben höher zu gewichten. Die Idee basiert auf einer großen empirischen Studie in *Pollock und Zamora* (1984) (vgl. *Porter und Winkler* 1997, S. 3). Stimmen zwei Zeichenketten bezüglich der ersten i Variablen überein, so wird die Jaro-Größe durch die Vorschrift

$$\Phi_n = \Phi_J + i \cdot 0,1 \cdot (1 - \Phi_J)$$

angepaßt (vgl. *Winkler und Thibaudeau* 1991, S. 12).

In Tabelle 2.1 sind einige Beispiele für die Ergebnisse des Verfahrens angegeben. Um Entscheidungen treffen zu können müssen noch Schwellwerte definiert werden, ab denen Zeichenketten als identisch gelten. Diese hängen stark von dem vorliegenden Datenmaterial ab und werden in der Regel auf Basis von Expertenwissen bestimmt.

2.2.4 Phonetische Verfahren zur Ähnlichkeitsmessung

2.2.4.1 Das Soundex-Verfahren

Das Soundex-Verfahren ist eine im angelsächsischen Sprachraum sehr häufig eingesetzte Methode zur Reduktion von Namen auf ihre Wortstämme. Unter dem Wortstamm versteht man in diesem Zusammenhang die Kurzform eines Namens, welche auf Basis der speziellen Regeln des Soundex-Verfahrens gebildet wird. Ziel ist es, unterschiedliche Schreibweisen bzw. Variationen gleicher Namen auf einen identischen Stamm zu reduzieren. In der Regel wird hierfür ein vierstelliger Code gebildet, welcher aus einem Buchstaben und drei Ziffern

Buchstabe(n)	Substitutionsziffer
B, F, P, V	1
C, G, J, K, Q, S, X, Z	2
D, T	3
L	4
M,N	5
R	6

Quelle: *Pfeifer et al.* (1996), S. 668

Tabelle 2.2: Umwandlungstabelle des Soundex-Verfahrens.

besteht. Darstellungen des Verfahrens finden sich beispielsweise in *Bourne und Ford* (1961) oder *Postel* (1969).

Bei der Anwendung des Verfahrens wird ein betrachteter Name Buchstabe für Buchstabe analysiert. Der erste Buchstabe wird unverändert übernommen und stellt die erste Stelle des vierstelligen Codes dar. Anschließend werden sämtliche Vokale sowie H, W und Y aus dem Namen entfernt. Die verbleibenden Buchstaben werden durch Ziffern gemäß Tabelle 2.2 ersetzt. Wird benachbarten Buchstaben dieselbe Ziffer zugeordnet, so wird nur eine beibehalten. Die vorhandene Ziffernfolge muß abschließend noch auf drei erhöht bzw. reduziert werden. Liegen mehr als drei Ziffern vor, so werden alle nach der dritten abgeschnitten. Bei weniger als drei Ziffern werden die fehlenden durch eine entsprechende Anzahl an Nullen aufgefüllt. In Tabelle 2.3 sind einige Beispiele für die Ergebnisse des Verfahrens dargestellt.

Dem Soundex-Verfahren wird eine gute Funktionsweise bei angelsächsischen und europäischen Namen bescheinigt (vgl. *Gill* 2001, S. 105). Trotzdem verfügt es über gewisse Schwächen. Insbesondere der starre Anfangsbuchstabe kann zu Problemen führen. Dies wird deutlich, wenn Namen aus fremden Sprachgebieten wie Zyrankiewicz und Cyrankiewicz oder aber Philipovich und Filipovich verglichen werden (vgl. *Postel* 1969, S. 926). Soundex ist nicht in der Lage, diese Variationen zu erkennen. Auch kann es bei kurzen Namen schnell zu Problemen kommen. So führen Bayer und Bauer jeweils zur Ausprägung B600. Wenn man die Häufigkeit des Auftretens dieser beiden Namen bedenkt, so sind die Auswirkungen nicht vernachlässigbar.

Das vorgestellte Grundmodell des Soundex-Verfahrens wurde vereinzelt erweitert. Die einfachste Erweiterung besteht darin, mehr als drei Ziffern einzubeziehen. Auch existieren Erweiterungen, welche sich mit dem Problem des Anfangsbuchstabens beschäftigen sowie die Buchstaben A, E, I, O, U und H,

Namen	Soundexcode
Anderson, Andersen	A536
Bauer, Bayer	B600
Baumgardt, Baumgard, Baumgart, Baumgarth	B526
Mayer, Meyer, Mair, Maier, Meier	M600
Rieck, Riek	R200

Tabelle 2.3: Beispiele für das Soundex-Verfahren.

W, Y berücksichtigen (vgl. *Gill* 2001). Bekannte und häufig genutzte Erweiterungen sind zum Beispiel der NYSIIS-Code[9] (vgl. *Gill* 2001, S. 107ff) und der Phonix-Algorithmus (*Gadd* 1988, *Gadd* 1990).

2.2.4.2 Die Kölner Phonetik

Die Kölner Phonetik ist das bisher einzige veröffentlichte phonetische Verfahren, welches speziell für deutsche Bedürfnisse entwickelt wurde. Die in *Postel* (1969) eingeführte Methodik stellt eine Weiterentwicklung von Soundex unter besonderer Berücksichtigung deutscher Gegebenheiten dar. Verglichen mit dem Original handelt es sich um einen etwas aufwendigeren Ansatz, welcher auf der Analyse von etwa 1000000 ethnisch differenzierten Namen beruht (vgl. *Postel* 1969, S. 928).

Im Gegensatz zu Soundex wird der Anfangsbuchstabe nicht beibehalten, sondern ebenso wie die anderen Buchstaben ersetzt. Die Substitute sind in Tabelle 2.4 dargestellt. Die Buchstaben A, E, I, O, U, J, Y finden nur als Anlaute Berücksichtigung. Ansonsten werden sie bei der Bildung des Wortstamms ignoriert. Die anderen Buchstaben werden gemäß der Umwandlungstabelle auch dann ersetzt, wenn es sich nicht um Anfangsbuchstaben handelt. Folgen identische Substitute unmittelbar aufeinander, so werden diese auf eines reduziert (z.B. Ritter = RTR = 727). Werden die Substitute in der Zeichenkette jedoch durch Vokale getrennt, so werden sie unverändert beibehalten (z.B. Popow = PPW=113). Hierdurch soll das Konsonantenskelett eines Namens erhalten werden (vgl. *Postel* 1969, S. 928). Das Ergebnis dieser Vorgehensweise wird in *Postel* (1969) als Primärform bezeichnet. Daneben besteht die Möglichkeit, alternativ auch sogenannte Sekundärformen zu bestimmen. Dadurch können fremdsprachige Besonderheiten berücksichtigt werden. Bestimmte Silben- und Buchstabenverbindungen werden dazu gemäß einer Vorgabe abgewandelt (z.B.

---

[9]New York State Identification and Intelligence System Code

Buchstabe(n)	Bemerkungen	Substitut
A, E, I, O, U, J, Y	und Verbindungen dieser Buchstaben, wenn sie Anlaute darstellen. Im Wortrest werden sie nicht berücksichtigt	0
H		-
B, P		1
D, T	wenn nicht C, S oder Z folgt	2
F, PH, V, W		3
G, K, Q		4
C	wenn es Anlaut ist und A oder H, K, L, O, Q, R, U, X folgt. Im Wortrest, wenn A oder H, K, O, Q, U, X folgt.	4
X	wenn es nicht auf C oder K, Q folgt	48
L		5
M, N		6
R		7
S, Z		8
C	wenn es Anlaut ist und nicht A oder H, K, L, O, Q, R, U, X folgt. Im Wortrest, wenn nicht A oder H, K, O, Q, U, X folgt. Nach S oder Z	8
D, T	wenn C, S oder Z folgt	8
X	nach C oder K, Q folgt	8

Quelle: *Postel* (1969), S. 928

Tabelle 2.4: Umwandlungstabelle der Kölner Phonetik.

own=aun, rb=rw, wsk=rsk) und anschließend der Wortstamm des abgewandelten Namens gebildet.

Ein weiteres Merkmal der Kölner Phonetik ist, daß Besonderheiten von Namen berücksichtigt werden. Dazu zählen gemäß *Postel* (1969) in unserem Kulturbereich insbesondere Vorsatzwörter (Van Den Berg/Vandenberg), hierarchische Adelstitel (z.B Fürst, Herzog, Graf) und Doppelnamen (z.B. Müller-Merkenich). Die Vorgehensweise der Kölner Phonetik besteht darin, Namen in vielen denkbaren Kombinationen abzuspeichern, um auf diese Weise negative Auswirkungen unterschiedlicher Darstellungen zu vermeiden. Zum Beispiel wird der Name Van den Berg zusätzlich in den Kombinationen Vandenberg, Van den, den Berg, Van Berg usw. abgelegt und ein Vergleich dann anhand aller Kombinationen vorgenommen. Diese Methodik wird dadurch motiviert, daß lediglich $0,5\%$ der Namen derartige Besonderheiten aufweisen und somit der zusätzliche Aufwand gering ist (vgl. *Postel* 1969, S. 929).

Namen	Primärform
Anderson, Andersen	062786
Bauer, Bayer	17
Baumgardt, Baumgard, Baumgart, Baumgarth	16472
Philipovich, Filipovich	35134
Mayer, Meyer, Mair, Maier, Meier	67
Rieck, Riek	74
Zyrankiewicz, Cyrankiewicz	876438

Tabelle 2.5: Beispiele für die Kölner Phonetik.

In Tabelle 2.5 sind einige Umwandlungsbeispiele gegeben. Durch die Abänderung des Anfangsbuchstabens sind entsprechende Verbesserungen zu erkennen. Allerdings besitzt das Verfahren - wie auch Soundex - bei kurzen Namen gewisse Probleme. Wiederum führen Bauer und Bayer zur selben Ausprägung 17 und somit zu keiner Unterscheidbarkeit der beiden Namen. Dieser Informationsverlust kann unter Umständen zu Problemen führen.

2.3 Reduktion der Vergleiche auf Paare mit bestimmten Eigenschaften - Das Blocken

2.3.1 Gegenstand des Blockens

Bei der Konstruktion des Modells von Fellegi und Sunter wird jedem Paar aus $\mathbb{A}_s \times \mathbb{B}_s$ eine Entscheidung E_1, E_2 oder E_3 anhand des jeweiligen Vergleichsvektors γ_j zugeordnet, was auf Basis der Entscheidungsfunktion (2.7) erfolgt. Für die Anwendung des Verfahrens ist oftmals eine Vereinfachung vonnöten. Die Ursache hierfür ist, daß die Anzahl der zu betrachtenden Paare unter Umständen sehr groß wird. Liegen beispielsweise Stichprobenumfänge von $n_A = n_B = 10^5$ vor, so ergeben sich daraus 10^{10} durchzuführende Vergleiche. Dazu müssen zunächst 10^{10} Vergleichsvektoren berechnet werden. Um sie weiterverarbeiten zu können, müssen diese dann im Hauptspeicher verwaltet oder aber auf anderen Speichermedien ausgelagert werden. Dies stellt zum einen sehr große Anforderungen an die verwendete Rechenanlage und beinhaltet zum anderen einen sehr großen Zeitaufwand. Die praktische Anwendbarkeit des Fellegi und Sunter-Modells nimmt somit mit zunehmenden Stichprobenumfängen n_A und n_B ab. Um dieses Problem zu vermeiden, werden vorab Kriterien definiert, welche Voraussetzung für die Entscheidung E_1 sind. Beispielsweise kann eine Übereinstimmung bezüglich der Postleitzahl und dem Wohnort als Mindestkriterium vorgegeben werden. Alle Paare, welche die Kriterien nicht erfüllen, werden unmittelbar mit der Entscheidung E_3 bedacht. Es werden somit gewisse Paare anhand eines Ausschlußkriteriums „geblockt". Aus diesem Grund wird der Vorgang als *Blocken*[10] bezeichnet.

Die Vorteile des Blockens liegen auf der Hand. Die Anzahl der zu vergleichenden Paare kann bei geschickter Wahl des Kriteriums wesentlich reduziert werden. Als Folge dessen sind weniger Vergleichsvektoren zu berechnen und weniger Entscheidungen im Sinne der optimalen Entscheidungsfunktion zu treffen. Dies geht einher mit einer immensen Zeitersparnis. Geht man beispielsweise davon aus, das die Elemente aus $\mathbb{A}_s$ und $\mathbb{B}_s$ zu je 50% aus Männern und Frauen bestehen, so läßt sich anhand des Blockkriteriums Geschlecht eine Reduktion auf

$$2 \cdot \frac{n_A}{2} \cdot \frac{n_B}{2} = 2 \cdot \frac{10^5}{2} \cdot \frac{10^5}{2} = \frac{10^{10}}{2}$$

Vergleiche erreichen. Dies entspricht einer Verringerung um 50%. Bei Merkmalen wie Postleitzahl oder Straße fällt die Reduktion im Regelfall sehr viel deutlicher aus.

Mit der Reduktion der Anzahl der Vergleiche sind allerdings nicht nur Vorteile verbunden. Durch Blocken anhand der Postleitzahl werden beispielsweise Umzüge in andere Postleitzahlenbereiche falsch bewertet. Für ein beliebiges Merkmal führt ein kleiner Schreibfehler unter Umständen bereits zu einer falschen E_3-Zuordnung. Desweiteren läßt sich anmerken, daß durch das Blocken die Entscheidungsregel (2.7) modifiziert wird. Somit sind die getroffenen Entscheidungen in der Regel auch nicht mehr optimal im Sinne der verfolgten Zielsetzung. Mangelnde Optimalität muß jedoch nicht notwendigerweise ein Problem sein, da oftmals eine Lösung von ausreichender Qualität genügt. Die Auswirkungen des Blockens hängen von den Daten sowie dem verwendeten Kriterium ab. Somit ist es im allgemeinen schwer abschätzbar, ob eine ausreichende Qualität vorliegt.

Im folgenden Abschnitt wird anhand der Konstruktion aus 2.1.3 untersucht, welche Veränderungen bezüglich der Entscheidungsfunktion durch das Blocken

---

[10]engl.: blocking , vgl. *Kelley* (1985), S. 199

hervorgerufen werden. Dabei sind insbesondere die veränderten Entscheidungs-
bereiche sowie die daraus resultierenden Fehlerwahrscheinlichkeiten von Interesse. Diese werden mit dem optimalen Ansatz verglichen. In 2.3.3 werden zwei
in der Literatur genannte Ansätze zur Wahl eines geeigneten Blockkriteriums
diskutiert. Es wird untersucht, inwieweit ein solcher Ansatz adäquat sein kann.

2.3.2   Auswirkungen des Blockens

Formal gesehen bedeutet Blocken eine Modifikation der optimalen Entschei-
dungsfunktion. Es sei $\mathbf{\Gamma}^* \subset \mathbf{\Gamma}$ die Menge derjenigen Elemente aus dem Vergleichsraum, welche das vorgegebene Blockkriterium erfüllen. Somit erhält man
die modifizierte Entscheidungsfunktion

$$
d^* : \hat{\mathbf{\Gamma}} \to \Upsilon, \ \mathbf{\Gamma}_{[q]} \mapsto
\begin{cases}
(1,0,0) & \text{für } \mathbf{\Gamma}_{[q]} \in \mathbf{\Gamma}^* \text{ und } q < n_\mu \\
(P_\mu, 1 - P_\mu, 0) & \text{für } \mathbf{\Gamma}_{[q]} \in \mathbf{\Gamma}^* \text{ und } q = n_\mu \\
(0,1,0) & \text{für } \mathbf{\Gamma}_{[q]} \in \mathbf{\Gamma}^* \text{ und } n_\mu < q < n_\lambda \quad (2.10) \\
(0, 1 - P_\lambda, P_\lambda) & \text{für } \mathbf{\Gamma}_{[q]} \in \mathbf{\Gamma}^* \text{ und } q = n_\lambda \\
(0,0,1) & \text{für } \mathbf{\Gamma}_{[q]} \notin \mathbf{\Gamma}^* \text{ oder } q > n_\lambda.
\end{cases}
$$

Im Allgemeinen unterscheiden sich die von der modifizierten Entscheidungsfunktion implizierten Fehlerwahrscheinlichkeiten von μ und λ. Somit ist d^* im
Regelfall auch nicht mehr optimal. Diese Thematik wird nun näher betrachtet.

Analog zu den Ausführungen in Abschnitt 2.1.3 läßt sich die modifizierte Entscheidungsfunktion als Kombinationen der besten Tests $\tilde{\varphi}_\lambda$ und $\tilde{\varphi}_\mu$ darstellen. Man erhält

$$
d^* = \mathbf{1}_{\mathbf{\Gamma}^A \cap \mathbf{\Gamma}^*} \cdot (\tilde{\varphi}_\mu, 1 - \tilde{\varphi}_\mu, 0) + \mathbf{1}_{\mathbf{\Gamma}^B \cap \mathbf{\Gamma}^*} \cdot (0,1,0)
$$
$$
+ \mathbf{1}_{\mathbf{\Gamma}^C \cap \mathbf{\Gamma}^*} \cdot (0, 1 - \tilde{\varphi}_\lambda, \tilde{\varphi}_\lambda) + \mathbf{1}_{\mathbf{\Gamma} \setminus \mathbf{\Gamma}^*} \cdot (0,0,1).
$$

Allgemein kann von $\mathbf{\Gamma} \setminus \mathbf{\Gamma}^* \neq \varnothing$ ausgegangen werden, da das Blocken ansonsten überhaupt keine Auswirkung hätte. Bezüglich der zu treffenden E_3-
Entscheidungen lassen sich verschiedene Fälle unterscheiden. Gilt $\mathbf{\Gamma}^C \subset \mathbf{\Gamma}^*$, so
werden alle E_3-Entscheidungen im Sinne der optimalen Entscheidungsfunktion
weiterhin unverändert getroffen. Zusätzlich werden aber noch alle Paare, deren
Vergleichsvektor eine Ausprägung aus $\mathbf{\Gamma} \setminus \mathbf{\Gamma}^*$ besitzt, mit dieser Entscheidung
bedacht. Somit nimmt unter der Voraussetzung

$$
\sum_{\mathbf{\Gamma} \setminus \mathbf{\Gamma}^*} m(\mathbf{\Gamma}_q) > 0 \qquad (2.11)
$$

auch die Wahrscheinlichkeit einer falschen E_3-Entscheidung zu. Die Gültigkeit von (2.11) folgt jedoch unmittelbar aus der Konstruktion der Menge $\boldsymbol{\Gamma}^C$. Es wird also ein zusätzlicher E_3-Entscheidungsbereich geschaffen, der natürlich auch die Möglichkeit falscher Entscheidungen beinhaltet. Ein Blockkriterium, welches zu $\boldsymbol{\Gamma}^C \subset \boldsymbol{\Gamma}^*$ führt, hat die stärksten negativen Auswirkungen auf die Eigenschaften der optimalen Entscheidungsfunktion.

Für $\boldsymbol{\Gamma}^C \setminus \boldsymbol{\Gamma}^* \neq \varnothing$ ist die Situation etwas unübersichtlicher. Es gilt dann $\boldsymbol{\Gamma}^C \setminus \boldsymbol{\Gamma}^* \subset \boldsymbol{\Gamma} \setminus \boldsymbol{\Gamma}^*$. Somit verändern sich die E_3-Entscheidungen durch das Blocken genau dann nicht, sofern $\boldsymbol{\Gamma}^C \setminus \boldsymbol{\Gamma}^* = \boldsymbol{\Gamma} \setminus \boldsymbol{\Gamma}^*$ und $\tilde{\varphi}_\lambda(\boldsymbol{\Gamma}_q) = 1 \; \forall \, \boldsymbol{\Gamma}_q \in \boldsymbol{\Gamma} \setminus \boldsymbol{\Gamma}^*$ gilt, also ausschließlich Elemente aussortiert werden, bei denen auch der Test $\tilde{\varphi}_\lambda$ mit Sicherheit zur Ablehnung führt. Ein Kriterium, welches dies zur Konsequenz hat, ist als ideal zu bezeichnen. Im Falle von $\tilde{\varphi}_\lambda(\boldsymbol{\Gamma}_q) < 1$ für ein $\boldsymbol{\Gamma}_q \in \boldsymbol{\Gamma} \setminus \boldsymbol{\Gamma}^*$, oder aber $(\boldsymbol{\Gamma} \setminus \boldsymbol{\Gamma}^*) \setminus \boldsymbol{\Gamma}^C \neq \varnothing$, nimmt die Wahrscheinlichkeit einer falschen E_3-Entscheidung zu. In der Tendenz wird die Fehlerwahrscheinlichkeit λ also erhöht (vgl. *Fellegi und Sunter* 1969, S. 1197).

Als nächstes werden die Veränderungen bezüglich der E_1-Entscheidungen betrachtet. Sofern $\boldsymbol{\Gamma}^A \setminus \boldsymbol{\Gamma}^* \neq \varnothing$ gilt, wird die zugehörige kritische Region reduziert. Gilt zusätzlich noch

$$\sum_{\boldsymbol{\Gamma}^A \setminus \boldsymbol{\Gamma}^*} u(\boldsymbol{\Gamma}_q) > 0,$$

so wird die Wahrscheinlichkeit einer falschen E_1-Entscheidung gesenkt. Blocken führt also tendenziell zur Reduktion des Signifikanzniveaus μ (vgl. *Fellegi und Sunter* 1969, S. 1197).

Aus den bisherigen Überlegungen lassen sich die modifizierten Signifikanzniveaus μ^* und λ^* berechnen. Es ergeben sich

$$\mu^* = \mu - \sum_{\boldsymbol{\Gamma}^A \setminus \boldsymbol{\Gamma}^*} \tilde{\varphi}_\mu(\boldsymbol{\Gamma}_q) \, u(\boldsymbol{\Gamma}_q) = \sum_{\boldsymbol{\Gamma}^A \cap \boldsymbol{\Gamma}^*} \tilde{\varphi}_\mu(\boldsymbol{\Gamma}_q) \, u(\boldsymbol{\Gamma}_q)$$

und

$$\lambda^* = \lambda - \sum_{\boldsymbol{\Gamma}^C \setminus \boldsymbol{\Gamma}^*} \tilde{\varphi}_\lambda(\boldsymbol{\Gamma}_q) \, m(\boldsymbol{\Gamma}_q) + \sum_{\boldsymbol{\Gamma} \setminus \boldsymbol{\Gamma}^*} m(\boldsymbol{\Gamma}_q)$$

$$= \lambda + \sum_{(\boldsymbol{\Gamma} \setminus \boldsymbol{\Gamma}^*) \setminus \boldsymbol{\Gamma}^C} m(\boldsymbol{\Gamma}_q) + \sum_{(\boldsymbol{\Gamma} \setminus \boldsymbol{\Gamma}^*) \cap \boldsymbol{\Gamma}^C} \left(1 - \tilde{\varphi}_\lambda(\boldsymbol{\Gamma}_q)\right) m(\boldsymbol{\Gamma}_q)$$

$$= \sum_{\boldsymbol{\Gamma}^C \cap \boldsymbol{\Gamma}^*} \tilde{\varphi}_\lambda(\boldsymbol{\Gamma}_q) \, m(\boldsymbol{\Gamma}_q) + \sum_{\boldsymbol{\Gamma} \setminus \boldsymbol{\Gamma}^*} m(\boldsymbol{\Gamma}_q).$$

sowie die Folgerungen $\mu^* \leq \mu$ und $\lambda^* \geq \lambda$. Da sich die krititischen Regionen ändern, ändern sich im allgemeinen auch die Wahrscheinlichkeiten für die Entscheidungen E_1 und E_3. Es resultieren

$$P_{d^*}(E_1) = P_{d_{opt}}(E_1) - \sum_{\Gamma^A \backslash \Gamma^*} \tilde{\varphi}_\mu(\Gamma_q)\, P\big([\tilde{\gamma}_j = \Gamma_q]\big) = \sum_{\Gamma^A \cap \Gamma^*} \tilde{\varphi}_\mu(\Gamma_q)\, P\big([\tilde{\gamma}_j = \Gamma_q]\big)$$

und

$$P_{d^*}(E_3) = P_{d_{opt}}(E_3) - \sum_{\Gamma^C \backslash \Gamma^*} \tilde{\varphi}_\lambda(\Gamma_q)\, P\big([\tilde{\gamma}_j = \Gamma_q]\big) + \sum_{\Gamma \backslash \Gamma^*} P\big([\tilde{\gamma}_j = \Gamma_q]\big)$$

$$= P_{d_{opt}}(E_3) + \sum_{(\Gamma \backslash \Gamma^*) \backslash \Gamma^C} P\big([\tilde{\gamma}_j = \Gamma_q]\big) + \sum_{(\Gamma \backslash \Gamma^*) \cap \Gamma^C} \big(1 - \tilde{\varphi}_\lambda(\Gamma_q)\big)\, P\big([\tilde{\gamma}_j = \Gamma_q]\big)$$

$$= \sum_{\Gamma^C \cap \Gamma^*} \tilde{\varphi}_\lambda(\Gamma_q)\, P\big([\tilde{\gamma}_j = \Gamma_q]\big) + \sum_{\Gamma \backslash \Gamma^*} P\big([\tilde{\gamma}_j = \Gamma_q]\big).$$

Aus diesen Darstellungen folgt sofort

$$P_{d^*}(E_1) \leq P_{d_{opt}}(E_1) \quad \text{und} \quad P_{d^*}(E_3) \geq P_{d_{opt}}(E_3).$$

Somit erhält man

$$P_{d^*}(E_2) = 1 - P_{d^*}(E_1) - P_{d^*}(E_3)$$

$$= P_{d_{opt}}(E_2) + \sum_{\Gamma^A \backslash \Gamma^*} \tilde{\varphi}_\mu(\Gamma_q)\, P\big([\tilde{\gamma}_j = \Gamma_q]\big) - \sum_{(\Gamma \backslash \Gamma^*) \backslash \Gamma^C} P\big([\tilde{\gamma}_j = \Gamma_q]\big)$$

$$- \sum_{(\Gamma \backslash \Gamma^*) \cap \Gamma^C} \big(1 - \tilde{\varphi}_\lambda(\Gamma_q)\big)\, P\big([\tilde{\gamma}_j = \Gamma_q]\big)$$

$$= P_{d_{opt}}(E_2) - \sum_{((\Gamma \backslash \Gamma^*) \backslash \Gamma^C) \cap \Gamma^A} \big(1 - \tilde{\varphi}_\mu(\Gamma_q)\big)\, P\big([\tilde{\gamma}_j = \Gamma_q]\big) - \sum_{((\Gamma \backslash \Gamma^*) \backslash \Gamma^C) \backslash \Gamma^A} P\big([\tilde{\gamma}_j = \Gamma_q]\big)$$

$$- \sum_{(\Gamma \backslash \Gamma^*) \cap \Gamma^C} \big(1 - \tilde{\varphi}_\lambda(\Gamma_q)\big) P\big([\tilde{\gamma}_j = \Gamma_q]\big)$$

und folglich auch

$$P_{d^*}(E_2) \leq P_{d_{opt}}(E_2).$$

Durch Blocken werden also die Wahrscheinlichkeiten für die Entscheidungen E_1 und E_2 reduziert und somit die Wahrscheinlichkeit für E_3 erhöht.

Die bisherigen Ausführungen haben gezeigt, wie sich die Wahrscheinlichkeiten für die Entscheidungen E_1, E_2 und E_3 sowie die Signifikanzniveaus μ und λ

durch das Blocken verändern. Dies wird dadurch hervorgerufen, daß die kritischen Regionen modifiziert werden. Daraus folgt jedoch nicht unmittelbar, daß es sich bei d^* nicht mehr um einen besten Test handelt. Ein Vergleich mit d_{opt} besitzt wenig Aussagekraft, da sich die Signifikanzniveaus unterscheiden. Ein sinnvoller Vergleich ist nur mit einer optimalen Entscheidungsfunktion unter Verwendung derselben Signifikanzniveaus möglich.

Die besten Tests zum Niveau μ^* und λ^* seien $\tilde{\varphi}_{\mu^*}$ und $\tilde{\varphi}_{\lambda^*}$. Wie bisher konstruiert man die Mengen

$$\Gamma_*^A := \left\{ \Gamma_{[1]}, \ldots, \Gamma_{[n_{\mu^*}]} \right\}, \qquad \Gamma_*^B := \left\{ \Gamma_{[n_{\mu^*}+1]}, \ldots, \Gamma_{[n_{\lambda^*}-1]} \right\},$$

und

$$\Gamma_*^C := \left\{ \Gamma_{[n_{\lambda^*}]}, \ldots, \Gamma_{[n_{\Gamma}]} \right\}$$

und die optimale Entscheidungsfunktion

$$d_{opt}^* := \mathbf{1}_{\Gamma_*^A} \cdot (\tilde{\varphi}_{\mu^*}, 1 - \tilde{\varphi}_{\mu^*}, 0) + \mathbf{1}_{\Gamma_*^B} \cdot (0, 1, 0) + \mathbf{1}_{\Gamma_*^C} \cdot (0, 1 - \tilde{\varphi}_{\lambda^*}, \tilde{\varphi}_{\lambda^*}).$$

Ein Vergleich von d_{opt}^* mit d^* ist aufgrund der identischen Fehlerwahrscheinlichkeiten μ^* und λ^* zulässig. Das Vergleichskriterium ist die resultierende Wahrscheinlichkeit für die Entscheidung E_2. Im Falle von d_{opt}^* wird diese mit $P_{d_{opt}^*}(E_2)$ bezeichnet. Somit gilt ohne weitere Überlegungen

$$P_{d^*}(E_2) \geq P_{d_{opt}^*}(E_2).$$

Die Funktion d^* kann nur dann optimal sein, d.h. es kann nur dann Gleichheit in obiger Ungleichung gelten, wenn die Nicht-Randomisierungsbereiche der zugrundeliegenden Tests für H_0 gegen H_1 sowie H_1 gegen H_0 mit denjenigen von $\tilde{\varphi}_{\lambda^*}$ und $\tilde{\varphi}_{\mu^*}$ übereinstimmen. Dies folgt aus Satz 2. Für $\Gamma_{[n_\lambda]} \notin \Gamma \setminus \Gamma^*$ lautet eine notwendige Bedingung somit

$$\left((\Gamma \setminus \Gamma^*) \cup \Gamma^C \right) \setminus \left\{ \Gamma_{[n_\lambda]} \right\} = \Gamma_*^C \setminus \left\{ \Gamma_{[n_{\lambda^*}]} \right\}. \tag{2.12}$$

Aus $\lambda \leq \lambda^*$ folgt jedoch $\Gamma^C \subset \Gamma_*^C$ und daher auch $\Gamma_{[n_\lambda]} \in \Gamma_*^C$. Es kann (2.12) also nur gültig sein, sofern die Voraussetzungen

$$\Gamma \setminus \Gamma^* \subset \Gamma^C \qquad \text{sowie} \qquad \Gamma_{[n_\lambda]} = \Gamma_{[n_{\lambda^*}]}$$

und damit $\Gamma^C = \Gamma_*^C$ erfüllt sind. Wird durch das Blocken der Randomisierungsbereich von $\tilde{\varphi}_\lambda$ nicht erfaßt, so kann es sich bei d^* also nur dann um einen optimalen Test handeln, wenn die Entscheidungsfunktion d_{opt} nicht verändert wird, d.h. $d^* = d_{opt}$ gilt. Für $\Gamma_{[n_\lambda]} \in \Gamma \setminus \Gamma^*$ werden mit d^* keine randomisierten E_3-Entscheidungen mehr getroffen. d^* ist also nur dann optimal, wenn $\tilde{\varphi}_{\lambda^*}(\Gamma_{[n_{\lambda^*}]}) = 1$ und $(\Gamma \setminus \Gamma^*) \cup \Gamma^C = \Gamma_*^C$ gilt.

Eine durch Blocken entstehende Entscheidungsfunktion ist also nur unter sehr restriktiven Voraussetzungen optimal. Da Blockkriterien in der Regel auf Basis heuristischer Überlegungen bestimmt werden, sind diese Voraussetzungen im allgemeinen nicht erfüllt. Somit gilt $P_{d^*}(E_2) > P_{d^*_{opt}}(E_2)$. Daß die resultierenden Entscheidungen nicht mehr optimal im Sinne des verfolgten Ansatzes sind, ist im Regelfall kein Problem, da in vielen Situationen durch das Blocken die Anwendung des Fellegi und Sunter-Ansatzes überhaupt erst ermöglicht wird. Bedeutend sind die dargestellten Überlegungen jedoch, sofern eine Kosten-/Nutzenanalyse vorgenommen wird, anhand derer alternative Kriterien beurteilt werden sollen. Einerseits wird durch das Blocken Zeit- und Rechenleistung gespart. Andererseits jedoch resultiert dadurch auch eine höhere Anzahl an E_2-Entscheidungen als notwendig. Im Vergleich zum optimalen Ansatz bei μ und λ sinkt zwar die Wahrscheinlichkeit für E_2, im Vergleich zu der optimalen Entscheidungsregel d^*_{opt} hingegen steigt sie. Mehr E_2-Entscheidungen sind automatisch auch mit einem größeren Aufwand an Nacharbeiten verbunden. Somit werden einerseits Ressourcen durch das Blocken gespart und andererseits aufgrund der mangelnden Optimalität verbraucht. Zur Beurteilung der im nächsten Abschnitt diskutierten Ansätze sind diese Überlegungen wesentlich.

2.3.3   Ansätze zur Wahl eines geeigneten Blockkriteriums

Es werden nun zwei in der Literatur diskutierte Ansätze zur Bestimmung eines optimalen Blockkriteriums vorgestellt und diskutiert. Für die Diskussion werden die Erkenntnisse des vorangegangenen Abschnitts zugrundegelegt. Die Schwierigkeit bei der Ermittlung eines optimalen Blockkriteriums liegt darin, einen geeigneten Optimierungsansatz zu finden, welcher den entstehenden Nutzen und den resultierenden Schaden adäquat bewertet. In der Regel muß vorab auch eine Einschränkung der in Frage kommenden Alternativen vorgenommen werden. Daran läßt sich bereits die Subjektivität eines solchen Ansatzes erahnen. Es ist schwierig, den heuristischen Grundgedanken des Blockens mit einer optimalen Lösung zu verbinden.

Der erste zu diskutierende Ansatz stammt aus *Fellegi und Sunter* (1969). Er basiert auf der Bewertung von alternativen Blockkriterien anhand des damit verbundenen Verlustes. Hierzu werden die Verlustfunktionen

$$G_M : \{E_1, E_2, E_3\} \to \mathbb{R}_+ \qquad \text{und} \qquad G_U : \{E_1, E_2, E_3\} \to \mathbb{R}_+$$

herangezogen (vgl. *Fellegi und Sunter* 1969, S. 1197). Diese bewerten den Schaden der dadurch entsteht, daß ein Element aus $\mathbb{M} \cap (\mathbb{A}_s \times \mathbb{B}_s)$ bzw. $\mathbb{U} \cap (\mathbb{A}_s \times \mathbb{B}_s)$

mit einer Entscheidung E_1, E_2 oder E_3 bedacht wird. Es wird dabei

$$G_M(E_1) = G_U(E_3) = 0$$

gewählt, da durch eine richtige Entscheidung kein Schaden entstehen soll (vgl. *Fellegi und Sunter* 1969, S. 1197). Wird die Entscheidungsfunktion d mit den zulässigen Fehlerwahrscheinlichkeiten μ und λ herangezogen, so erhält man den durch die Entscheidungen hervorgerufenen erwarteten Verlust (vgl. *Fellegi und Sunter* 1969, S. 1197)

$$P(M) \cdot E[G_M] + P(U) \cdot E[G_U] = P(M) \cdot \big(P_d(E_2 \mid M) \cdot G_M(E_2) + \lambda \cdot G_M(E_3)\big)$$

$$+ P(U) \cdot \big(P_d(E_2 \mid U) \cdot G_U(E_2) + \mu \cdot G_U(E_1)\big).$$

Berücksichtigt werden soll auch noch derjenige Schaden, welcher durch die Anzahl der vorgenommenen Vergleiche entsteht. Hiermit ist insbesondere die benötigte Zeit gemeint. In *Fellegi und Sunter* (1969) wird die vereinfachende Annahme getroffen, daß sich diese proportional zu der Anzahl der Vergleiche verhält. Somit wird der Verlust pro durchgeführtem Vergleich mit der Konstanten $\alpha > 0$ bewertet.

Wie bereits diskutiert, wird durch das Blocken ein reduzierter Vergleichsraum Γ^* impliziert. Daraus wiederum läßt sich die Anzahl der durchzuführenden Vergleiche bestimmen. Diese wird als Funktion von Γ^* in der allgemeinen Form

$$n^* : \mathcal{P}(\Gamma) \to [0, n_a \cdot n_B] \cap \mathbb{N}, \Gamma^* \mapsto n^*(\Gamma^*) := \sum_{j=1}^{n_A \cdot n_B} \mathbf{1}_{\Gamma^*}(\boldsymbol{\gamma}_j)$$

betrachtet. Auch die modifizierten Wahrscheinlichkeiten μ^* und λ^* sowie

$$P_{d^*}(E_2 \mid M) \quad \text{und} \quad P_{d^*}(E_2 \mid U)$$

hängen von Γ^* ab. Man erhält den erwarteten Gesamtverlust V als Funktion von Γ^* gemäß (vgl. *Fellegi und Sunter* 1969, S. 1197)

$$E(V) : \mathcal{P}(\Gamma) \to \mathbb{R}_+, \Gamma^* \mapsto E(V)(\Gamma^*) \qquad (2.13)$$

mit

$$E(V) := P(M) \cdot \big(P_{d^*}(E_2 \mid M) \cdot G_M(E_2) + \lambda^* \cdot G_M(E_3)\big)$$

$$+ P(U) \cdot \big(P_{d^*}(E_2 \mid U) \cdot G_U(E_2) + \mu^* \cdot G_U(A_1)\big) + \alpha \cdot n^*.$$

In *Fellegi und Sunter* (1969) wird vorgeschlagen, für verschiedene zur Disposition stehende Blockalternativen den erwarteten Verlust zu berechnen und diejenige auszuwählen, bei der er am geringsten ist.

Der wesentliche Kritikpunkt an diesem Ansatz besteht darin, daß der Zusammenhang zur optimalen Entscheidung fehlt. Entscheidungsrelevant sollte lediglich der Schaden sein, welcher durch die Anwendung des Blockkriteriums hervorgerufen wird. Ansonsten ist die Verwendung des Fellegi und Sunter-Modells nicht plausibel zu rechtfertigen. Es sind in diesem Fall alternative Entscheidungsfunktionen denkbar, welche im Sinne der Verlustfunktion (2.13) zu besseren Ergebnissen führen. Somit müßte also ein Vergleich mit der optimalen Lösung ohne Blocken erfolgen. Dabei reicht jedoch eine reine Verlustbewertung nicht mehr aus. Es muß auch der entstehende Nutzen erfaßt werden.

Ein auf einem alternativen Konzept beruhender Ansatz wird in *Kelley* (1984) dargestellt. Dieser besteht darin, den durch das Blocken entstehenden Nutzen zu maximieren und dabei einen vorgegebenen Maximalschaden nicht zu überschreiten. Als Schaden wird die erhöhte Wahrscheinlichkeit einer falschen E_3-Entscheidung, also die Differenz $\lambda^* - \lambda$, angesetzt (vgl. *Kelley* 1984, S. 164). Der durch das Blocken entstehende Nutzen liegt in der reduzierten Anzahl der vorzunehmenden Vergleiche.

Den Ausgangspunkt bildet die modifizierte Entscheidungsregel (2.10). Diese kann als Funktion von $\mathbf{\Gamma}^*$ interpretiert werden. Es läßt sich jedem $\mathbf{\Gamma}^* \in \mathcal{P}(\mathbf{\Gamma})$ eine resultierende Fehlerwahrscheinlichkeit $\lambda^*(\mathbf{\Gamma}^*)$ zuordnen. Folglich erhält man die Funktion des zusätzlichen Fehlers

$$\triangle_\lambda : \mathcal{P}(\mathbf{\Gamma}) \to [0,1], \mathbf{\Gamma}^* \mapsto \triangle_\lambda(\mathbf{\Gamma}^*) := \lambda^*(\mathbf{\Gamma}^*) - \lambda.$$

Um den durch die höhere Fehlerwahrscheinlichkeit entstehenden Schaden zu begrenzen, wird für $\triangle_\lambda$ eine akzeptable Obergrenze δ vorgegeben (vgl. *Kelley* 1984, S. 164). Unter Einhaltung dieser Obergrenze soll nun ein Blockkriterium gefunden werden, welches den entstehenden Nutzen maximiert. Die erwartete Anzahl durchzuführender Vergleiche nimmt mit sinkender Wahrscheinlichkeit $P\big([\tilde{\gamma}_j \in \mathbf{\Gamma}^*]\big)$ ab. Somit lautet der Optimierungsansatz (vgl. *Kelley* 1984, S. 164)

$$\min_{\mathbf{\Gamma}^* \in \mathcal{P}(\mathbf{\Gamma})} P\big([\tilde{\gamma}_j \in \mathbf{\Gamma}^*]\big) \quad \text{unter der Nebenbedingung} \quad \triangle_\lambda(\mathbf{\Gamma}^*) \le \delta. \quad (2.14)$$

Werden alle $\mathbf{\Gamma}^* \in \mathcal{P}(\mathbf{\Gamma})$ berücksichtigt, so wird das Finden einer optimalen Lösung sehr aufwendig. Somit bietet es sich an, Teilmengen von $\mathbf{\Gamma}$, welche nicht als Optimum in Frage kommen, von vorne herein auszuschließen. Diejenigen Mengen, welche nicht unmittelbar ausgeschlossen werden können, bezeichnet man als zulässig. In *Kelley* (1985) wird hierfür ein Kriterium eingeführt. Eine Menge $\mathbf{\Gamma}^* \in \mathcal{P}(\mathbf{\Gamma})$ ist genau dann zulässig, wenn sie die Bedingungen

$$\triangle_\lambda(\mathbf{\Gamma}^*) \le \delta \quad \text{und} \quad \triangle_\lambda(\mathbf{\Gamma}^{**}) > \delta \, \forall \, \mathbf{\Gamma}^{**} \subset \mathbf{\Gamma}^*$$

erfüllt (vgl. *Kelley* 1985, S. 200). Die Zulässigkeit von Γ^* impliziert also, daß es keine kleinere Menge gibt, welche die Nebenbedingung erfüllt. Dies ist äquivalent zu (vgl. *Kelley* 1985, S. 200f)

$$\Gamma^* \cap (\Gamma^C \setminus \Gamma_{[n_\lambda]}) = \varnothing \quad \text{und} \quad m(\Gamma_q) > \delta - \triangle_\lambda(\Gamma^*) \geq 0 \quad \forall \Gamma_q \in \Gamma^*.$$

Insbesondere die erste Voraussetzung ist interessant. Dieser zufolge können also nur Blockkriterien optimal im Sinne von (2.14) sein, welche die durch die optimale Entscheidungsregel d_{opt} implizierte Region der sicheren E_3-Entscheidungen vollständig erfassen. Dieses Ergebnis deckt sich mit den Erkenntnissen aus dem vorangegangenen Abschnitt. Insofern ist der Ansatz mit dem Modell von Fellegi und Sunter vereinbar. Allerdings zeigt das Ergebnis auch, daß durch (2.14) keine neuen Einsichten gewonnen werden.

Das soeben dargestellte Verfahren von *Kelley* (1984) bzw. *Kelley* (1985) weist entscheidende Schwächen auf. Die offensichtlichste wird in *Kelley* (1985) selbst aufgezeigt. Ein Blockkriterium kann nur dann optimal gemäß der verfolgten Zielfunktion sein, wenn dadurch die E_3-Entscheidungen der optimalen Entscheidungsfunktion reproduziert werden. Dieser Anspruch kann durch das Blocken nicht erfüllt werden. Wäre es jedoch möglich, so wäre das Blocken überflüssig. Der Aufwand zur Prüfung des Kriteriums wäre identisch mit demjenigen, welcher bei Anwendung der optimalen Entscheidungsregel entsteht. Der zusätzliche Fehler $\triangle_\lambda$ könnte somit vermieden werden. Wird der Ansatz (2.14) trotzdem verwendet, so kann anhand dessen lediglich die Beurteilung einiger ausgewählter $\Gamma^* \in \mathcal{P}(\Gamma)$ erfolgen.

Auch wenn das Verfahren lediglich zur Beurteilung einiger in Frage kommender Alternativen herangezogen wird, treten Probleme auf. Als zu vermeidender Schaden wird der zusätzliche Fehler $\triangle_\lambda$ angesetzt. Dies ist in gewisser Weise gerechtfertigt, da die zunächst vorgegebene Grenze λ überschritten wird. Allerdings stellt sich die Frage, ob es in vielen Fällen nicht möglich ist, λ so niedrig zu wählen, daß λ^* die beabsichtigte Toleranzgrenze nicht übersteigt. Dann wäre $\triangle_\lambda$ jedoch kein entstandener Schaden, sondern lediglich eine bereits berücksichtigte Anpassung. Die Veränderung $\triangle_\mu := \mu^* - \mu$ wird in (2.14) überhaupt nicht erfaßt. Man könnte diese Veränderung zunächst als Vorteil empfinden, da dadurch die erwartete Anzahl der falschen E_1-Entscheidungen reduziert wird. Gleichzeitig wird aber auch die Anzahl der richtigen Entscheidungen verringert. Diese Überlegung kann bei der Bestimmung von μ einbezogen werden. Wäre μ^* also μ vorzuziehen, so könnte man μ^* als Fehlerwahrscheinlichkeit vorgeben. Unter diesem Aspekt muß auch $\triangle_\mu$ als Schaden verstanden werden. Eine neutrale Bewertung kann nur dann erfolgen, wenn $\triangle_\mu$ bei der Wahl von μ bereits berücksichtigt wurde. Und schließlich wird beim Optimierungsansatz (2.14) die veränderte Wahrscheinlichkeit $P_{d^*}(E_2)$ nicht berücksichtigt.

Aufgrund der modifizierten Signifikanzniveaus nimmt diese im Vergleich zu $P_{d_{opt}}(E_2)$ ab. Allerdings ist es auch problemlos möglich, eine optimale Entscheidungsfunktion d^*_{opt} mit den Fehlerwahrscheinlichkeiten μ^* und λ^* zu konstruieren, für welche im allgemeinen $P_{d^*_{opt}}(E_2) < P_{d^*}(E_2)$ gilt. Somit müssen im Vergleich zum Optimum zu viele E_2-Entscheidungen in Kauf genommen werden. Dies wiederum führt zu umfangreichen Nacharbeiten, welche mit einem Zeit- und Kostenaufwand verbunden sind.

Die Ausführungen zeigen, daß die Bestimmung eines optimalen Vergleichskriteriums kaum möglich ist. Zunächst einmal können nur Alternativen berücksichtigt werden, welche die Vergleichsprozedur wesentlich vereinfachen. Ansonsten ist der praktische Nutzen sehr gering. Der durch die einzelnen Alternativen reduzierte Aufwand muß dann den Veränderungen im Vergleich zur optimalen Lösung gegenübergestellt werden. Es müssen dabei die modifizierten Signifikanzniveaus und die - im Vergleich zur optimalen Lösung bei Anwendung von μ^* und λ^* - höhere Anzahl von E_2-Entscheidungen berücksichtigt, d.h. in gewisser Weise bewertet, werden. Diese Bewertung basiert wiederum auf subjektiven Elementen. In der Regel wird die Auswahl eines Blockkriteriums somit nicht anhand eines Optimierungsansatzes, sondern anhand der Erfahrungen des Anwenders erfolgen. Hierbei können die gewonnenen Erkenntnisse eingesetzt werden.

Kapitel 3

Schätzung der Modellparameter

3.1 Der EM Algorithmus

3.1.1 Konstruktion des EM Algorithmus

Zur Anwendung des Modells von Fellegi und Sunter werden die Wahrscheinlichkeitsfunktionen $m : \Gamma \to [0,1]$ und $u : \Gamma \to [0,1]$ benötigt. Diese sind in realen Situationen nicht bekannt und müssen somit vorab bestimmt werden. In der Regel werden m und u aus dem vorhandenen Datenmaterial geschätzt, wobei es hierfür verschiedene Ansätze gibt. Der gebräuchlichste Ansatz besteht in der Anwendung des sogenannten *EM Algorithmus* oder einer Variante davon. Der EM Algorithmus ist ein iteratives Verfahren zur Bestimmung von *Maximum-Likelihood-Schätzwerten*, dessen Namensgebung und allgemeine mathematische Formalisierung auf *Dempster et al.* (1977) zurück geht. Das grundsätzliche Schätzprinzip, bei welchem fehlende Daten auf Basis von bedingten Erwartungswerten geschätzt und diese Schätzungen bei jedem Schritt angepaßt werden, wurde bereits zuvor angewendet (vgl. z.B. *Hartley* 1958 oder *Hartley und Hocking* 1971). Ein wesentlicher Vorteil des Algorithmus besteht in seiner - im Vergleich zu konkurrierenden Verfahren - oftmals einfacheren Anwendbarkeit und leichteren technischen Umsetzbarkeit (vgl. *Couvreur* 1997, S. 219) sowie insbesondere auch in seiner numerischen Stabilität (vgl. *Meng und Rubin* 1993, S. 267). Im folgenden wird der EM Algorithmus eingeführt und seine Funktionsweise erläutert. Wesentliche mathematische Eigenschaften, welche im Rahmen der Arbeit von Bedeutung sind, werden in Abschnitt 3.1.2, dargestellt. Wie bereits angemerkt handelt es sich bei dem EM Algorithmus um ein Verfahren zur Bestimmung von Maximum-Likelihood-Schätzwerten. Dieser Begriff wird nun formalisiert.

Definition 9 *Gegeben seien ein Stichprobenraum* $(\mathcal{X}, \mathcal{A}, \mu)$ *sowie eine Stichprobe* $\mathbf{x} \in \mathcal{X}$. *Desweiteren sei ein Wahrscheinlichkeitsmaß* $Q_{\boldsymbol{\Phi}}$ *auf* $(\mathcal{X}, \mathcal{A})$ *mit zugehöriger* μ-*Dichte* $f(\cdot \mid \boldsymbol{\Phi})$ *gegeben, welches bis auf einen unbekannten* d-*dimensionalen Parametervektor* $\boldsymbol{\Phi} \in \Theta$ *vollständig bekannt ist. Dabei ist* $\Theta \subset \mathbb{R}^d$ *die Menge aller zulässigen Parameterwerte. Dann bezeichnet man die Abbildung*

$$L_{\mathbf{x}} : \Theta \to [0, \infty), \ \boldsymbol{\Phi} \mapsto L_{\mathbf{x}}(\boldsymbol{\Phi}) := f(\mathbf{x} \mid \boldsymbol{\Phi})$$

als Likelihoodfunktion der Stichprobe $\mathbf{x}$. *Der* d-*dimensionale Parametervektor* $\hat{\boldsymbol{\Phi}} \in \Theta$ *heißt Maximum-Likelihood-Schätzer (ML-Schätzer) für* $\boldsymbol{\Phi}$, *falls*

$$L_{\mathbf{x}}(\hat{\boldsymbol{\Phi}}) = \sup_{\boldsymbol{\Phi} \in \Theta} L_{\mathbf{x}}(\boldsymbol{\Phi}). \tag{3.1}$$

Mit Hilfe des EM Algorithmus soll für eine gegebene Stichprobe $\mathbf{x}$ also derjenige Parametervektor $\hat{\boldsymbol{\Phi}} \in \Theta$ bestimmt werden, für welchen die Likelihoodfunktion von $\mathbf{x}$ maximiert wird. Verwendet man für ein $\mathbf{x} \in \mathcal{X}$ die *log-Likelihoodfunktion*

$$l_{\mathbf{x}} : \Theta \to \mathbb{R} \cup \{-\infty\}, \ \boldsymbol{\Phi} \mapsto l_{\mathbf{x}}(\boldsymbol{\Phi}) := \begin{cases} \log L_{\mathbf{x}}(\boldsymbol{\Phi}) & \text{für } L_{\mathbf{x}}(\boldsymbol{\Phi}) > 0 \\ -\infty & \text{sonst,} \end{cases}$$

so ist (3.1) äquivalent zu

$$l_{\mathbf{x}}(\hat{\boldsymbol{\Phi}}) = \sup_{\boldsymbol{\Phi} \in \Theta} l_{\mathbf{x}}(\boldsymbol{\Phi})$$

(vgl. *Pruscha* 2000, S. 24).

Gegeben sind im weiteren ein Grundraum $(\Omega, \mathcal{A}, P)$ sowie die Stichprobenräume $(\mathcal{X}, \mathcal{A}_x, \mu_x)$, $(\mathcal{Y}, \mathcal{A}_y, \mu_y)$ und $(\mathcal{Z}, \mathcal{A}_z, \mu_z)$ mit $\mathcal{X} \subset \mathbb{R}^n$, $\mathcal{Y} \subset \mathbb{R}^k$ und $\mathcal{Z} \subset \mathbb{R}^{n-k}$. Es gelte $\mathcal{X} = \mathcal{Y} \times \mathcal{Z}$. Jedes Element aus $\mathcal{X}$ läßt sich also in der Form $\mathbf{x} = (\mathbf{y}, \mathbf{z})$ mit $\mathbf{y} \in \mathcal{Y}$ und $\mathbf{z} \in \mathcal{Z}$ darstellen. Die Maße μ_x, μ_y und μ_z seien σ-endlich und es gelte die Beziehung $\mu_x = \mu_y \otimes \mu_z$. Somit ist μ_x das Produktmaß von μ_y und μ_z. Ferner sind die beiden Zufallsvariablen

$$\tilde{\mathbf{x}} : \Omega \to \mathcal{X} \quad \text{und} \quad \tilde{\mathbf{y}} : \Omega \to \mathcal{Y}$$

gegeben, wobei die Realisation von $\tilde{\mathbf{y}}$ - also eine Stichprobe $\mathbf{y}$ - als direkt beobachtbar vorausgesetzt wird. Unbeobachtbar hingegen sei die Realisation von $\tilde{\mathbf{x}}$. Allerdings sei durch die meßbare Abbildung $\tilde{\boldsymbol{\nu}} : \mathcal{X} \to \mathcal{Y}$, $(\mathbf{y}, \mathbf{z}) \mapsto \tilde{\boldsymbol{\nu}}(\mathbf{y}, \mathbf{z}) := \mathbf{y}$ die Beziehung

$$\tilde{\mathbf{y}} = \tilde{\boldsymbol{\nu}} \circ \tilde{\mathbf{x}}.$$

gegeben. Die Abbildung $\tilde{\boldsymbol{\nu}}$ ist somit die Projektion von $\mathcal{Y} \times \mathcal{Z}$ auf $\mathcal{Y}$[1]. Folglich läßt sich die Realisation von $\tilde{\mathbf{x}}$ bei Vorliegen von $\mathbf{y}$ auf $\mathbf{x} \in \tilde{\boldsymbol{\nu}}^{-1}(\{\mathbf{y}\})$

---

[1]Die Theorie des EM Algorithmus läßt sich auch für allgemeinere Fälle formulieren. Allerdings ist die Darstellung technisch aufwendiger. Die gewählte Darstellung genügt den Anforderungen im Rahmen der Arbeit und stellt außerdem den gebräuchlichsten Fall dar (vgl. *Lange* 1999, S. 119).

einschränken. Man bezeichnet **y** oftmals als *unvollständige Daten*[2] bezüglich
x̃, da sich dadurch die Menge der möglichen Realisierungen von x̃ verkleinern
läßt, **x** im allgemeinen jedoch nicht eindeutig bestimmt ist. Es liegt durch **y**
also nur unvollständige Information über **x** vor. Dementsprechend bezeichnet
man **x** als *vollständige Daten*[3] (bezüglich x̃).

Es sei $f_{\tilde{x}}(\cdot \mid \Phi)$ eine μ_x-Dichte der bis auf einen nicht beobachtbaren d-dimen-
sionalen Parametervektor $\Phi \in \Theta$ bekannten Verteilung $P_{\tilde{x}}^{\Phi}$ von x̃. Somit gilt
für jedes $\Phi \in \Theta$

$$f_{\tilde{x}}(\cdot \mid \Phi) > 0 \tag{3.2}$$

$P_{\tilde{x}}^{\Phi}$-fast sicher. Aus $f_{\tilde{x}}(\cdot \mid \Phi)$ läßt sich eine μ_y-Dichte der Verteilung $P_{\tilde{y}}^{\Phi}$ von ỹ
durch

$$g_{\tilde{y}}(\mathbf{y} \mid \Phi) = \int_{\mathcal{Z}} f_{\tilde{x}}\big((\mathbf{y}, \mathbf{z}) \mid \Phi\big)\, d\mu_z(\mathbf{z}) \qquad \forall \mathbf{y} \in \mathcal{Y}$$

berechnen (vgl. *Lange* 1999, S. 119), was auch $g_{\tilde{y}}(\cdot \mid \Phi) > 0$ für $P_{\tilde{y}}^{\Phi}$-f.a. $\mathbf{y} \in \mathcal{Y}$
impliziert. Die Dichte der Verteilung von ỹ ist eine Randdichte der Verteilung
von x̃. Ist die Dichte von x̃ bekannt, so ist folglich auch diejenige von ỹ fast
sicher eindeutig bestimmt.

Ziel der Anwendung des noch zu definierenden EM Algorithmus ist es, den
Parametervektor $\hat{\Phi} \in \Theta$ zu bestimmen, welcher die log-Likelihoodfunktion l_y
maximiert. Bei vielen Anwendungen ist dies aufgrund der Beschaffenheit von l_y
auf dem direkten Wege nicht möglich. In Situationen, in denen das Maximum
$\hat{\Phi} \in \Theta$ der log-Likelihoodfunktion l_x relativ einfach zu bestimmen ist, bietet sich ein Umweg über die vollständigen Daten an. Die intuitive Idee besteht
darin, daß ein Maximum von l_x in vielen Fällen auch gleichzeitig ein Maximum
von l_y ist. Allerdings ist **x** nicht beobachtbar, sondern es liegt lediglich die Information $\mathbf{x} \in \tilde{\nu}^{-1}(\{\mathbf{y}\})$ vor. Somit ist die beste Schätzung für l_x der bedingte Erwartungswert unter **y**. Also wird der bedingte Erwartungswert der log-
Likelihoodfunktion von x̃ maximiert. Dieser bedingte Erwartungswert hängt
aber gerade von dem unbekannten Parametervektor Φ ab. Insofern läßt sich
auf Basis eines vorgegebenen *Startvektors* Φ_0 und des daraus resultierenden
ML-Schätzers eine neue log-Likelihoodfunktion und somit ein neuer bedingter
Erwartungswert berechnen und dieser dann auch wieder maximieren. Führt
man dies ausgehend von Φ_0 fort, so erhält man eine Iterationsvorschrift, welche
als EM Algorithmus bezeichnet wird. Aus dieser Konstruktion läßt sich auch
die Namensgebung ableiten. Das E charakterisiert den *Erwartungsbildungs-
Schritt*[4] und das M den *Maximierungs-Schritt*[5]. Bevor der Begriff des EM

---

[2]engl.: incomplete data, vgl. *Dempster et al.* (1977), S. 1
[3]engl.: complete data, vgl. *Dempster et al.* (1977), S. 1
[4]engl.: expectation step, vgl. *Dempster et al.* (1977), S. 1
[5]engl.: maximization step, vgl. *Dempster et al.* (1977), S. 1

Algorithmus endgültig formalisiert werden kann, sind noch einige Vorarbeiten notwendig.

Für die Berechnung des bedingten Erwartungswertes der log-Likelihoodfunktion wird die bezüglich $\mathbf{y}$ bedingte Verteilung $P^{\boldsymbol{\Phi}}_{\tilde{\mathbf{z}}|\tilde{\mathbf{y}}=\mathbf{y}}$ von $\tilde{\mathbf{z}}$ benötigt. Die zugehörige μ_z-Dichte wird in Abhängigkeit von dem unbekannten Parametervektor $\boldsymbol{\Phi}$ mit $k_{\tilde{\mathbf{z}}}(\cdot \mid \tilde{\mathbf{y}}=\mathbf{y}, \boldsymbol{\Phi})$ bezeichnet. Man erhält für $g_{\tilde{\mathbf{y}}}(\mathbf{y} \mid \boldsymbol{\Phi}) > 0$ eine Version durch (vgl. *Witting* 1985, S. 128 oder *Lange* 1999, S. 119)

$$k_{\tilde{\mathbf{z}}}(\mathbf{z} \mid \tilde{\mathbf{y}}=\mathbf{y}, \boldsymbol{\Phi}) = \frac{f_{\tilde{\mathbf{x}}}\big((\mathbf{y},\mathbf{z}) \mid \boldsymbol{\Phi}\big)}{g_{\tilde{\mathbf{y}}}(\mathbf{y} \mid \boldsymbol{\Phi})} \qquad \forall \mathbf{z} \in \mathcal{Z}. \tag{3.3}$$

Somit gilt auch

$$\int\limits_{\mathcal{Z}} k_{\tilde{\mathbf{z}}}(\mathbf{z} \mid \tilde{\mathbf{y}}=\mathbf{y}, \boldsymbol{\Phi})\, d\mu_z(\mathbf{z}) = \int\limits_{\mathcal{Z}} \frac{f_{\tilde{\mathbf{x}}}\big((\mathbf{y},\mathbf{z}) \mid \boldsymbol{\Phi}\big)}{g_{\tilde{\mathbf{y}}}(\mathbf{y} \mid \boldsymbol{\Phi})}\, d\mu_z(\mathbf{z}) = \frac{\int_{\mathcal{Z}} f_{\tilde{\mathbf{x}}}\big((\mathbf{y},\mathbf{z}) \mid \boldsymbol{\Phi}\big)\, d\mu_z(\mathbf{z})}{\int_{\mathcal{Z}} f_{\tilde{\mathbf{x}}}\big((\mathbf{y},\mathbf{z}) \mid \boldsymbol{\Phi}\big)\, d\mu_z(\mathbf{z})} = 1 \tag{3.4}$$

und $k_{\tilde{\mathbf{z}}}(\cdot \mid \tilde{\mathbf{y}} = \mathbf{y}, \boldsymbol{\Phi}) > 0$ für $P^{\boldsymbol{\Phi}}_{\tilde{\mathbf{z}}|\tilde{\mathbf{y}}=\mathbf{y}}$-f.a. $\mathbf{z} \in \mathcal{Z}$. Durch Logarithmieren und Umformen von (3.3) erhält man für $P^{\boldsymbol{\Phi}}_{\tilde{\mathbf{y}}}$-f.a. $\mathbf{y} \in \mathcal{Y}$ und $P^{\boldsymbol{\Phi}}_{\tilde{\mathbf{z}}|\tilde{\mathbf{y}}=\mathbf{y}}$-f.a. $\mathbf{z} \in \mathcal{Z}$

$$\ln g_{\tilde{\mathbf{y}}}(\mathbf{y} \mid \boldsymbol{\Phi}) = \ln f_{\tilde{\mathbf{x}}}\big((\mathbf{y},\mathbf{z}) \mid \boldsymbol{\Phi}\big) - \ln k_{\tilde{\mathbf{z}}}(\mathbf{z} \mid \tilde{\mathbf{y}}=\mathbf{y}, \boldsymbol{\Phi}). \tag{3.5}$$

Betrachtet wird im folgenden ein festes $\mathbf{y} \in \mathcal{Y}$. Gegeben seien weiterhin Parameter $\boldsymbol{\Psi}, \boldsymbol{\Phi} \in \Theta$ mit $g_{\tilde{\mathbf{y}}}(\mathbf{y} \mid \boldsymbol{\Psi}), g_{\tilde{\mathbf{y}}}(\mathbf{y} \mid \boldsymbol{\Phi}) > 0$ und jede $P^{\boldsymbol{\Phi}}_{\tilde{\mathbf{z}}|\tilde{\mathbf{y}}=\mathbf{y}}$-Nullmenge sei eine $P^{\boldsymbol{\Psi}}_{\tilde{\mathbf{z}}|\tilde{\mathbf{y}}=\mathbf{y}}$-Nullmenge (kurz: $P^{\boldsymbol{\Psi}}_{\tilde{\mathbf{z}}|\tilde{\mathbf{y}}=\mathbf{y}} << P^{\boldsymbol{\Phi}}_{\tilde{\mathbf{z}}|\tilde{\mathbf{y}}=\mathbf{y}}$). Es wird angenommen, daß in diesem Fall die bedingten Erwartungswerte

$$E_{\boldsymbol{\Psi}}\big(\ln f_{\tilde{\mathbf{x}}}(\cdot \mid \boldsymbol{\Phi}) \,\big|\, \tilde{\mathbf{y}}=\mathbf{y}\big) \qquad \text{und} \qquad E_{\boldsymbol{\Psi}}\big(\ln k_{\tilde{\mathbf{z}}}(\cdot \mid \tilde{\mathbf{y}}=\mathbf{y}, \boldsymbol{\Phi}) \,\big|\, \tilde{\mathbf{y}}=\mathbf{y}\big)$$

existieren. Dann resultiert mit Hilfe von (3.5)

$$E_{\boldsymbol{\Psi}}\big(\ln g_{\tilde{\mathbf{y}}}(\cdot \mid \boldsymbol{\Phi}) \,\big|\, \tilde{\mathbf{y}}=\mathbf{y}\big) = E_{\boldsymbol{\Psi}}\big(\ln f_{\tilde{\mathbf{x}}}(\cdot \mid \boldsymbol{\Phi}) \,\big|\, \tilde{\mathbf{y}}=\mathbf{y}\big) - E_{\boldsymbol{\Psi}}\big(\ln k_{\tilde{\mathbf{z}}}(\cdot \mid \tilde{\mathbf{y}}=\mathbf{y}, \boldsymbol{\Phi}) \,\big|\, \tilde{\mathbf{y}}=\mathbf{y}\big).$$

Wegen

$$E_{\boldsymbol{\Psi}}\big(\ln g_{\tilde{\mathbf{y}}}(\cdot \mid \boldsymbol{\Phi}) \,\big|\, \tilde{\mathbf{y}}=\mathbf{y}\big) = \int\limits_{\mathcal{Z}} \ln g_{\tilde{\mathbf{y}}}(\mathbf{y} \mid \boldsymbol{\Phi})\, k_{\tilde{\mathbf{z}}}(\mathbf{z} \mid \tilde{\mathbf{y}}=\mathbf{y}, \boldsymbol{\Psi})\, d\mu_z(\mathbf{z})$$

$$= \ln g_{\tilde{\mathbf{y}}}(\mathbf{y} \mid \boldsymbol{\Phi}) \int\limits_{\mathcal{Z}} k_{\tilde{\mathbf{z}}}(\mathbf{z} \mid \tilde{\mathbf{y}}=\mathbf{y}, \boldsymbol{\Psi})\, d\mu_z(\mathbf{z}) = \ln g_{\tilde{\mathbf{y}}}(\mathbf{y} \mid \boldsymbol{\Phi})$$

gilt somit

$$\ln g_{\tilde{\mathbf{y}}}(\mathbf{y} \mid \boldsymbol{\Phi}) = E_{\boldsymbol{\Psi}}\big(\ln f_{\tilde{\mathbf{x}}}(\cdot \mid \boldsymbol{\Phi}) \,\big|\, \tilde{\mathbf{y}}=\mathbf{y}\big) - E_{\boldsymbol{\Psi}}\big(\ln k_{\tilde{\mathbf{z}}}(\cdot \mid \tilde{\mathbf{y}}=\mathbf{y}, \boldsymbol{\Phi}) \,\big|\, \tilde{\mathbf{y}}=\mathbf{y}\big).$$

Aus diesen Überlegungen heraus werden die Abbildungen

$$Q : \Theta \times \Theta \to \mathbb{R} \cup \{-\infty\},$$

$$(\boldsymbol{\Phi}, \boldsymbol{\Psi}) \mapsto Q(\boldsymbol{\Phi}, \boldsymbol{\Psi}) := \begin{cases} E_{\boldsymbol{\Psi}}\big(\ln f_{\tilde{\mathbf{x}}}(\cdot \mid \boldsymbol{\Phi}) \,\big|\, \tilde{\mathbf{y}} = \mathbf{y}\big) & \text{für } g_{\tilde{\mathbf{y}}}(\mathbf{y} \mid \boldsymbol{\Psi}), g_{\tilde{\mathbf{y}}}(\mathbf{y} \mid \boldsymbol{\Phi}) > 0 \\ & \text{und } P_{\tilde{\mathbf{z}} \mid \tilde{\mathbf{y}} = \mathbf{y}}^{\boldsymbol{\Psi}} << P_{\tilde{\mathbf{z}} \mid \tilde{\mathbf{y}} = \mathbf{y}}^{\boldsymbol{\Phi}} \\ -\infty & \text{sonst,} \end{cases}$$

$$(3.6)$$

$$H : \Theta \times \Theta \to \mathbb{R} \cup \{-\infty\},$$

$$(\boldsymbol{\Phi}, \boldsymbol{\Psi}) \mapsto H(\boldsymbol{\Phi}, \boldsymbol{\Psi}) := \begin{cases} E_{\boldsymbol{\Psi}}\big(\ln k_{\tilde{\mathbf{z}}}(\cdot \mid \tilde{\mathbf{y}} = \mathbf{y}, \boldsymbol{\Phi}) \,\big|\, \tilde{\mathbf{y}} = \mathbf{y}\big) & \text{für } g_{\tilde{\mathbf{y}}}(\mathbf{y} \mid \boldsymbol{\Psi}) > 0, \\ & g_{\tilde{\mathbf{y}}}(\mathbf{y} \mid \boldsymbol{\Phi}) > 0 \\ & \text{und } P_{\tilde{\mathbf{z}} \mid \tilde{\mathbf{y}} = \mathbf{y}}^{\boldsymbol{\Psi}} << P_{\tilde{\mathbf{z}} \mid \tilde{\mathbf{y}} = \mathbf{y}}^{\boldsymbol{\Phi}} \\ -\infty & \text{sonst,} \end{cases}$$

$$(3.7)$$

und

$$L : \Theta \to \mathbb{R} \cup \{-\infty\}, \quad \boldsymbol{\Phi} \mapsto L(\boldsymbol{\Phi}) := \begin{cases} \ln g_{\tilde{\mathbf{y}}}(\mathbf{y} \mid \boldsymbol{\Phi}) & \text{für } g_{\tilde{\mathbf{y}}}(\mathbf{y} \mid \boldsymbol{\Phi}) > 0 \\ -\infty & \text{sonst} \end{cases} \quad (3.8)$$

für ein gegebenes $\mathbf{y} \in \mathcal{Y}$ eingeführt. Somit erhält man für jede Wahl von $\boldsymbol{\Psi}, \boldsymbol{\Phi} \in \Theta$ mit $g_{\tilde{\mathbf{y}}}(\mathbf{y} \mid \boldsymbol{\Psi}), g_{\tilde{\mathbf{y}}}(\mathbf{y} \mid \boldsymbol{\Phi}) > 0$ und $P_{\tilde{\mathbf{z}} \mid \tilde{\mathbf{y}} = \mathbf{y}}^{\boldsymbol{\Psi}} << P_{\tilde{\mathbf{z}} \mid \tilde{\mathbf{y}} = \mathbf{y}}^{\boldsymbol{\Phi}}$

$$L(\boldsymbol{\Phi}) = Q(\boldsymbol{\Phi}, \boldsymbol{\Psi}) - H(\boldsymbol{\Phi}, \boldsymbol{\Psi}). \quad (3.9)$$

Diese Gleichung erklärt den Zusammenhang zwischen der log-Likelihoodfunktion von $\mathbf{y}$ auf der linken Seite und dem bedingten Erwartungswert der log-Likelihoodfunktion von $\tilde{\mathbf{x}}$, welcher durch Q auf der rechten Seite repräsentiert wird. Für die Darstellung der mathematischen Eigenschaften des EM Algorithmus im nächsten Abschnitt ist diese Beziehung von entscheidender Bedeutung. Im weiteren wird zur Vereinfachung angenommen, daß für ein festes $\mathbf{y} \in \mathcal{Y}$ und jedes $\boldsymbol{\Phi} \in \Theta$ mit $g_{\tilde{\mathbf{y}}}(\mathbf{y} \mid \boldsymbol{\Phi}) > 0$ die Funktion $Q(\cdot, \boldsymbol{\Phi}) : \Theta \to \mathbb{R} \cup \{-\infty\}$ ein eindeutiges Maximum besitzt. Dies erleichtert die Darstellung und genügt den Anforderungen innerhalb dieser Arbeit[6].

Wie bereits angesprochen, soll ein iteratives Verfahren konstruiert werden. Dazu wird ein Iterationsindex $t \in \mathbb{N}_0$ eingeführt. Somit repräsentiert $\boldsymbol{\Phi}_t$ das

---

[6]Eine allgemeinere Darstellung, bei welcher das Maximum von $Q(\cdot, \boldsymbol{\Phi})$ nicht eindeutig sein muß, findet sich zum Beispiel in *Wu* (1983).

Schätzergebnis nach dem t-ten Iterationsschritt und $(\boldsymbol{\Phi}_t)_{t \in \mathbb{N}_0}$ ist eine Folge iterativ ermittelter Schätzwerte. Ein EM Algorithmus läßt sich dann folgendermaßen charakterisieren:

Definition 10 *Gegeben seien ein Grundraum $(\Omega, \mathcal{A}, P)$ sowie die Stichprobenräume $(\mathcal{X}, \mathcal{A}_x, \mu_y \otimes \mu_z)$, $(\mathcal{Y}, \mathcal{A}_y, \mu_y)$ und $(\mathcal{Z}, \mathcal{A}_z, \mu_z)$ mit $\mathcal{X} = \mathcal{Y} \times \mathcal{Z}$. Desweiteren seien die Zufallsvariablen $\tilde{\mathbf{x}} : \Omega \to \mathcal{X}$, $\tilde{\mathbf{y}} : \Omega \to \mathcal{Y}$ sowie die meßbare Abbildung $\tilde{\boldsymbol{\nu}} : \mathcal{X} \to \mathcal{Y}, (\mathbf{y}, \mathbf{z}) \mapsto \tilde{\boldsymbol{\nu}}(\mathbf{y}, \mathbf{z}) := \mathbf{y}$ mit der Eigenschaft*

$$\tilde{\mathbf{y}} = \tilde{\boldsymbol{\nu}} \circ \tilde{\mathbf{x}}$$

gegeben. Die von einem unbekannten Parametervektor $\boldsymbol{\Phi} \in \Theta \subset \mathbb{R}^d$ abhängige $\mu_y \otimes \mu_z$-Dichte der Verteilung $P_{\tilde{\mathbf{x}}}^{\boldsymbol{\Phi}}$ von $\tilde{\mathbf{x}}$ sei $f_{\tilde{\mathbf{x}}}(\cdot \mid \boldsymbol{\Phi})$. Für ein festes $\mathbf{y} \in \mathcal{Y}$ sind die Abbildungen

$$Q : \Theta \times \Theta \to \mathbb{R} \cup \{-\infty\} \qquad und \qquad L : \Theta \to \mathbb{R} \cup \{-\infty\}$$

gemäß (3.6) und (3.8) gegeben. Als EM Algorithmus wird eine Iterationsvorschrift bezeichnet, welche ausgehend von einem vorgegebenen Startvektor $\boldsymbol{\Phi}_0$ mit $L(\boldsymbol{\Phi}_0) > -\infty$ eine Folge $(\boldsymbol{\Phi}_t)_{t \in \mathbb{N}_0} \subset \Theta$ mit der Eigenschaft

$$\boldsymbol{\Phi}_t = \arg\max_{\boldsymbol{\Phi} \in \Theta} Q(\boldsymbol{\Phi}, \boldsymbol{\Phi}_{t-1}) \qquad \forall t \in \mathbb{N}$$

erzeugt. Die Berechnung von $Q(\cdot, \boldsymbol{\Phi}_{t-1})$ wird als (E)rwartungsbildungs-Schritt und die Bestimmung von $\boldsymbol{\Phi}_t$ aus $Q(\cdot, \boldsymbol{\Phi}_{t-1})$ als (M)aximierungs-Schritt bezeichnet.

Eine EM Iteration besteht somit aus zwei gedanklich trennbaren Teilschritten. Zur praktischen Anwendung des EM Algorithmus gibt man einen Startwert $\boldsymbol{\Phi}_0 \in \Theta$ mit $L(\boldsymbol{\Phi}_0) > 0$ vor und berechnet daraus $Q(\cdot, \boldsymbol{\Phi}_0)$. Als Ergebnis der anschließenden Maximierung erhält man $\boldsymbol{\Phi}_1 = \arg\max_{\boldsymbol{\Phi} \in \Theta} Q(\boldsymbol{\Phi}, \boldsymbol{\Phi}_0)$. Auf Basis dieses Parametervektors wird dann die Prozedur erneut durchgeführt. Man wiederholt den Vorgang so lange, bis nach dem T-ten Iterationsschritt ein vorgegebenes Stopkriterium erfüllt ist und bricht dann das Verfahren ab. Es wird $\boldsymbol{\Phi}_T$ als Schätzwert für den unbekannten Parametervektor $\boldsymbol{\Phi}$ verwendet. Wie im nächsten Abschnitt gezeigt wird, konvergiert die Folge $\left(L(\boldsymbol{\Phi}_t)\right)_{t \in \mathbb{N}_0}$ unter schwachen Voraussetzungen monoton gegen $L(\boldsymbol{\Phi}^*)$, wobei $\boldsymbol{\Phi}^*$ ein stationärer Punkt von L ist.

Untersuchungen zeigen, daß die konkrete Wahl des Startwertes und des Stopkriteriums die Ergebnisse beeinflussen kann (vgl. z.B. *Seidel, Mosler und Alker* 2000). Als Stopkriterium wird innerhalb dieser Arbeit die relative Änderung der log-Likelihood von **y** verwendet. Ist die durch eine Iteration hervorgerufene relative Änderung kleiner als eine vorgegebene Toleranzschwelle, so wird die Iteration abgebrochen. Dieser Ansatz wird in der Literatur nicht unkritisch betrachtet (vgl. z.B. *Lindstrom und Bates* 1988, S. 1021), allerdings sind alternative Konzepte (vgl. z.B. *Böhning, Dietz, Schaub, Schlattmann und Lindsay* 1994, S. 386f) mangels erfüllter Voraussetzungen nicht unbedingt überzeugender. Die Bestimmung des Startwertes wird in Abschnitt 3.2.5 diskutiert.

Im Laufe der Jahre wurden Varianten des EM Algorithmus entwickelt. Beispiele hierfür sind der ECM Algorithmus (siehe *Meng und Rubin* 1993), welcher breiter einsetzbar ist als der EM Algorithmus oder aber der ECME Algorithmus (vgl. *Liu und Rubin* 1994), welcher eine schnellere Konvergenz ermöglicht. Ein systematischer Überblick wird in *McLachlan und Krishnan* (1997) auf den Seiten 166ff gegeben.

3.1.2 Konvergenzeigenschaften des EM Algorithmus

Innerhalb dieses Abschnittes wird das Konvergenzverhalten des EM Algorithmus untersucht. Hierbei wird betrachtet, in wieweit und unter welchen Voraussetzungen der dargestellte Ansatz zu einem Maximum-Likelihood-Schätzwert für den unbekannten Parametervektor **Φ** führt. Zunächst werden hierzu einige Ergebnisse der elementaren Analysis bereitgestellt sowie ein allgemeiner Konvergenzsatz dargestellt. Mit Hilfe dieses Satzes ist es dann möglich, das Konvergenzverhalten des EM Algorithmus zu beschreiben, was in den Abschnitten 3.1.2.2 und 3.1.2.3 getan wird. Einführende Literatur zur Analysis stellen beispielsweise *Walter* (1999) und *Walter* (1995) dar, eine allgemeinere Darstellung des angeführten Konvergenzsatzes bezüglich *mengenwertiger Abbildungen* kann *Zangwill* (1969) auf den Seiten 91f entnommen werden.

3.1.2.1 Ein fundamentaler Konvergenzsatz

Im Folgenden wird ein Konvergenzsatz, welcher die Grundlage für die Konvergenzuntersuchungen bezüglich des EM Algorithmus bildet, dargestellt und bewiesen. Dazu werden die Begriffe offene, abgeschlossene, beschränkte und kompakte Menge benötigt. Bei der Einführung der Begriffe wird eine Norm

$$\| \cdot \| : \mathbb{R}^n \to \mathbb{R}$$

verwendet, also eine Abbildung, welche die Eigenschaften

1. $\|\mathbf{0}\| = 0$ und $\|\mathbf{x}\| > 0$ für alle $\mathbf{x} \in \mathbb{R}^n \setminus \{\mathbf{0}\}$

2. $\|\lambda \cdot \mathbf{x}\| = |\lambda| \cdot \|\mathbf{x}\|$ für alle $\lambda \in \mathbb{R}$ und $\mathbf{x} \in \mathbb{R}^n$

3. $\|\mathbf{x} + \mathbf{y}\| \leq \|\mathbf{x}\| + \|\mathbf{y}\|$ für alle $\mathbf{x}, \mathbf{y} \in \mathbb{R}^n$

erfüllt. Im Rahmen der Begriffsbildungen muß keine spezielle Norm ausgewählt werden, da im $\mathbb{R}^n$ alle Normen äquivalent sind (vgl. *Walter* 1995, S. 17).

Definition 11 *Gegeben sei eine Menge* $\mathbb{X} \subset \mathbb{R}^n$. *Es sei* $B_\varepsilon(\mathbf{x})$ *die Menge der Elemente* $\mathbf{y} \in \mathbb{R}^n$ *welche eine offene Kugel um den Mittelpunkt* $\mathbf{x} \in \mathbb{R}^n$ *mit dem Radius* $\epsilon > 0$ *bilden. D.h. es gilt*

$$B_\varepsilon(\mathbf{x}) := \left\{ \mathbf{y} \in \mathbb{R}^n \mid \|\mathbf{x} - \mathbf{y}\| < \varepsilon \right\}.$$

1. *Die Menge* $\mathbb{X}$ *wird dann als offen bezeichnet, wenn es zu jedem Punkt* $\mathbf{x} \in \mathbb{X}$ *ein* $\epsilon > 0$ *gibt, so daß* $B_\varepsilon(\mathbf{x}) \subset \mathbb{X}$. *Die Menge* $\mathbb{X}$ *wird als abgeschlossen bezeichnet, sofern ihr Komplement* $\mathbb{R}^n \setminus \mathbb{X}$ *offen ist.*

2. *Man bezeichnet* $\mathbb{X}$ *als beschränkt, sofern es ein* $M \geq 0$ *mit* $\|\mathbf{x}\| \leq M$ *für alle* $\mathbf{x} \in \mathbb{X}$ *gibt.*

3. *Die Menge* $\mathbb{X}$ *ist kompakt genau dann wenn sie abgeschlossen und beschränkt ist.*

Desweiteren werden zwei Ergebnisse aus der elementaren Analysis benötigt. Das erste bezieht sich auf monotone Folgen in $\mathbb{R}$.

Hilfssatz 1 *Es seien* $\mathbb{X} \subset \mathbb{R}$ *und* $(x_n)_{n \in \mathbb{N}_0} \subset \mathbb{X}$. *Ist* $(x_n)_{n \in \mathbb{N}_0}$ *monoton und gibt es eine Teilfolge* $(x_{n_l})_{l \in \mathbb{N}_0}$ *mit* $\lim_{l \to \infty} x_{n_l} = x$, *so gilt auch* $\lim_{n \to \infty} x_n = x$.

Beweis: Siehe *Forster* (2001), S. 48f. Die Voraussetzung der Beschränktheit wird durch diejenige der Existenz einer konvergenten Teilfolge ersetzt. $\qquad \Box$

Das zweite Ergebnis greift bei Vorliegen von Folgen aus einer kompakten Teilmenge des $\mathbb{R}^n$.

Hilfssatz 2

Es sei $\mathbb{X} \subset \mathbb{R}^n$ *und* $(\mathbf{x}_n)_{n \in \mathbb{N}_0} \subset \mathbb{X}$. *Ist* $\mathbb{X}$ *kompakt, so besitzt* $(\mathbf{x}_n)_{n \in \mathbb{N}_0}$ *eine konvergente Teilfolge.*

Beweis: Siehe *Kaballo* (1997), S. 34. □

Mit Hilfe der dargestellten Hilfssätze wird der nun folgende Konvergenzsatz bewiesen. Wie bereits erwähnt bildet dieser die Grundlage für die Konvergenzuntersuchungen des EM Algorithmus.

Satz 7 *Gegeben seien eine Menge $\mathbb{X} \subset \mathbb{R}^n$ sowie eine Abbildung $M : \mathbb{X} \to \mathbb{X}$. Ausgehend von einem Startwert $\mathbf{x}_0 \in \mathbb{X}$ wird durch $\mathbf{x}_{n+1} = M(\mathbf{x}_n) \, \forall \, n \in \mathbb{N}_0$ rekursiv eine Folge $(\mathbf{x}_n)_{n \in \mathbb{N}_0} \subset \mathbb{X}$ definiert. Es sei ferner eine Menge $\mathbb{X}_L \subset \mathbb{X}$ gegeben. Diese wird als Lösungsmenge bezeichnet. Außerdem gilt:*

i) es gibt eine kompakte Teilmenge $\mathbb{S} \subset \mathbb{X}$ mit $(\mathbf{x}_n)_{n \in \mathbb{N}_0} \subset \mathbb{S}$

ii) die Abbildung M ist stetig in $\mathbb{X} \setminus \mathbb{X}_L$

iii) es existiert eine stetige Funktion $g : \mathbb{X} \to \mathbb{R}$ mit den Eigenschaften

    a) $g(\mathbf{y}) > g(\mathbf{x})$ für alle $\mathbf{y} = M(\mathbf{x})$ mit $\mathbf{x} \notin \mathbb{X}_L$

    b) $g(\mathbf{y}) \geq g(\mathbf{x})$ für alle $\mathbf{y} = M(\mathbf{x})$ mit $\mathbf{x} \in \mathbb{X}_L$.

Dann existiert eine konvergente Teilfolge von $(\mathbf{x}_n)_{n \in \mathbb{N}_0}$ deren Grenzwert $\mathbf{x}$ in der Lösungsmenge $\mathbb{X}_L$ enthalten ist und $\big(g(\mathbf{x}_n)\big)_{n \in \mathbb{N}_0}$ konvergiert monoton gegen $g(\mathbf{x})$.

Beweis: Gemäß der Annahme *i)* existiert in Verbindung mit Hilfssatz 2 eine konvergente Teilfolge $(\mathbf{x}_{n_l})_{l \in \mathbb{N}_0}$ von $(\mathbf{x}_n)_{n \in \mathbb{N}_0}$ mit

$$\lim_{l \to \infty} \mathbf{x}_{n_l} =: \mathbf{x}.$$

Es gilt somit auch $\mathbf{x} \in \mathbb{S}$. Außerdem ist $(g(\mathbf{x}_{n_l}))_{l \in \mathbb{N}_0}$ eine Teilfolge von $(g(\mathbf{x}_n))_{n \in \mathbb{N}_0}$. Da aufgrund der Voraussetzung *iii)* die stetige Abbildung g die Eigenschaft

$$g(\mathbf{x}_{n+1}) \geq g(\mathbf{x}_n) \qquad \forall n \in \mathbb{N}_0$$

besitzt, impliziert dies nach Hilfssatz 1 bereits

$$g(\mathbf{x}) = g\big(\lim_{l \to \infty} \mathbf{x}_{n_l}\big) = \lim_{l \to \infty} g(\mathbf{x}_{n_l}) = \lim_{n \to \infty} g(\mathbf{x}_n). \tag{3.10}$$

Damit ist der zweite Teil der Behauptung bewiesen. Um auch den ersten Teil beweisen zu können, wird nun die gegenüber $(\mathbf{x}_{n_l})_{l \in \mathbb{N}_0}$ um eins verschobene

Folge $(\mathbf{x}_{n_l+1})_{l\in\mathbb{N}_0}$ betrachtet. Auch diese Folge besitzt aufgrund der Annahme $i)$ eine konvergente Teilfolge $(\mathbf{x}_{n_{l_m}+1})_{m\in\mathbb{N}_0}$. Es gilt also

$$\lim_{m\to\infty} \mathbf{x}_{n_{l_m}+1} =: \mathbf{z}$$

mit $\mathbf{z} \in \mathbb{S}$. Da $(\mathbf{x}_{n_l+1})_{l\in\mathbb{N}_0}$ auch eine Teilfolge von $(\mathbf{x}_n)_{n\in\mathbb{N}_0}$ und $(g(\mathbf{x}_{n_l+1}))_{l\in\mathbb{N}_0}$ somit eine Teilfolge von $(g(\mathbf{x}_n))_{n\in\mathbb{N}_0}$ ist, erhält man analog zu (3.10)

$$g(\mathbf{z}) = g\big(\lim_{m\to\infty} \mathbf{x}_{n_{l_m}+1}\big) = \lim_{m\to\infty} g(\mathbf{x}_{n_{l_m}+1}) = \lim_{l\to\infty} g(\mathbf{x}_{n_l+1}) = \lim_{n\to\infty} g(\mathbf{x}_n), \quad (3.11)$$

was aufgrund der Eindeutigkeit des Grenzwertes

$$g(\mathbf{x}) = g(\mathbf{z}) \qquad (3.12)$$

impliziert. Es wird nun angenommen, es sei $\mathbf{x} \in \mathbb{X}\backslash\mathbb{X}_L$, d.h. $\mathbf{x}$ sei kein Element der Lösungsmenge. Aufgrund der Stetigkeit von M in $\mathbb{X}\setminus\mathbb{X}_L$ folgt

$$\mathbf{y} := M(\mathbf{x}) = M\big(\lim_{l\to\infty} \mathbf{x}_{n_l}\big) = \lim_{l\to\infty} M(\mathbf{x}_{n_l}) = \lim_{l\to\infty} \mathbf{x}_{n_l+1}.$$

Somit würde aus (3.11) und (3.12) aber auch

$$g(\mathbf{x}) = \lim_{l\to\infty} g(\mathbf{x}_{n_l+1}) = g\big(\lim_{l\to\infty} \mathbf{x}_{n_l+1}\big) = g(\mathbf{y})$$

folgen, was einen Widerspruch zu $iiia)$ darstellt. Folglich muß $\mathbf{x} \in \mathbb{X}_L$ gelten. □

Der Satz gibt allgemeine Bedingungen vor, unter denen eine Folge $(g(\mathbf{x}_n))_{n\in\mathbb{N}_0}$ gegen $g(\mathbf{x})$ konvergiert, wobei $\mathbf{x}$ ein Element einer geeignet gewählten Lösungsmenge darstellt.

Im nächsten Abschnitt wird gezeigt, daß L die geforderte Monotonie-Eigenschaft bezüglich einer EM Sequenz $(\mathbf{\Phi}_t)_{t\in\mathbb{N}_0}$ besitzt. In 3.1.2.3 werden dann noch einige zusätzliche Voraussetzungen eingeführt und unter Anwendung von Satz 7 die Konvergenzeigenschaft von $\big(L(\mathbf{\Phi}_t)\big)_{t\in\mathbb{N}_0}$ abgeleitet.

3.1.2.2 Eigenschaften der eingeführten Abbildungen

Es werden nun wesentliche Eigenschaften der in Abschnitt 3.1.1 eingeführten Abbildungen L, Q und H sowie insbesondere die Beziehungen zwischen den Abbildungen untersucht. Diese Untersuchungen werden im Zusammenhang mit dem sogenannten *Verallgemeinerten EM*[7] *Algorithmus* (kurz: VEM) vorgenommen. Der EM Algorithmus ist ein Spezialfall des VEM, womit sämtliche Ergebnisse auch für diesen gelten.

---

[7]engl.: generalized EM (GEM), vgl. *Wu* (1983), S. 96

Ein VEM Algorithmus ist folgendermaßen definiert:

Definition 12 *Gegeben seien ein Grundraum* $(\Omega, \mathcal{A}, P)$ *sowie die Stichprobenräume* $(\mathcal{X}, \mathcal{A}_x, \mu_y \otimes \mu_z)$, $(\mathcal{Y}, \mathcal{A}_y, \mu_y)$ *und* $(\mathcal{Z}, \mathcal{A}_z, \mu_z)$ *mit* $\mathcal{X} = \mathcal{Y} \times \mathcal{Z}$. *Desweiteren seien die Zufallsvariablen* $\tilde{\mathbf{x}} : \Omega \to \mathcal{X}$, $\tilde{\mathbf{y}} : \Omega \to \mathcal{Y}$ *sowie die meßbare Abbildung* $\tilde{\boldsymbol{\nu}} : \mathcal{X} \to \mathcal{Y}, (\mathbf{y}, \mathbf{z}) \mapsto \tilde{\boldsymbol{\nu}}(\mathbf{y}, \mathbf{z}) := \mathbf{y}$ *mit der Eigenschaft*

$$\tilde{\mathbf{y}} = \tilde{\boldsymbol{\nu}} \circ \tilde{\mathbf{x}}$$

gegeben. Die von einem unbekannten Parametervektor $\boldsymbol{\Phi} \in \Theta \subset \mathbb{R}^d$ *abhängige* $\mu_y \otimes \mu_z$*-Dichte der Verteilung* $P_{\tilde{\mathbf{x}}}^{\boldsymbol{\Phi}}$ *von* $\tilde{\mathbf{x}}$ *sei* $f_{\tilde{\mathbf{x}}}(\cdot \mid \boldsymbol{\Phi})$. *Für ein festes* $\mathbf{y} \in \mathcal{Y}$ *sind die Abbildungen*

$$Q : \Theta \times \Theta \to \mathbb{R} \cup \{-\infty\} \qquad und \qquad L : \Theta \to \mathbb{R} \cup \{-\infty\}$$

gemäß (3.6) und (3.8) gegeben. Als VEM Algorithmus wird eine Iterationsvorschrift bezeichnet, welche ausgehend von einem vorgegebenen Startvektor $\boldsymbol{\Phi}_0$ *mit* $L(\boldsymbol{\Phi}_0) > -\infty$ *eine Folge* $(\boldsymbol{\Phi}_t)_{t \in \mathbb{N}_0} \subset \Theta$ *mit der Eigenschaft*

$$Q(\boldsymbol{\Phi}_{t+1}, \boldsymbol{\Phi}_t) \geq Q(\boldsymbol{\Phi}_t, \boldsymbol{\Phi}_t) \qquad \forall t \in \mathbb{N}_0$$

erzeugt.

Daß jeder EM Algorithmus zugleich auch ein VEM Algorithmus ist, läßt sich unmittelbar aus der Definition ablesen.

Für den Zusammenhang bezüglich der Zuwächse von L, Q und H läßt sich folgende Aussage treffen:

Hilfssatz 3 *Gegeben sei eine Folge* $(\boldsymbol{\Phi}_t)_{t \in \mathbb{N}_0} \subset \Theta$ *und ein* $\mathbf{y} \in \mathcal{Y}$ *mit* $g_{\tilde{\mathbf{y}}}(\mathbf{y} \mid \boldsymbol{\Phi}_t) > 0$ *sowie* $P_{\tilde{\mathbf{z}} \mid \tilde{\mathbf{y}} = \mathbf{y}}^{\boldsymbol{\Phi}_t} << P_{\tilde{\mathbf{z}} \mid \tilde{\mathbf{y}} = \mathbf{y}}^{\boldsymbol{\Phi}_{t+1}} \; \forall t \in \mathbb{N}_0$. *Dann gilt für jedes* $t \in \mathbb{N}_0$

$$L(\boldsymbol{\Phi}_{t+1}) - L(\boldsymbol{\Phi}_t) = Q(\boldsymbol{\Phi}_{t+1}, \boldsymbol{\Phi}_t) - Q(\boldsymbol{\Phi}_t, \boldsymbol{\Phi}_t) - H(\boldsymbol{\Phi}_{t+1}, \boldsymbol{\Phi}_t) + H(\boldsymbol{\Phi}_t, \boldsymbol{\Phi}_t).$$

Beweis: Aus (3.9) folgt für ein beliebiges $t \in \mathbb{N}_0$

$$L(\boldsymbol{\Phi}_{t+1}) = Q(\boldsymbol{\Phi}_{t+1}, \boldsymbol{\Phi}_t) - H(\boldsymbol{\Phi}_{t+1}, \boldsymbol{\Phi}_t)$$

und

$$L(\boldsymbol{\Phi}_t) = Q(\boldsymbol{\Phi}_t, \boldsymbol{\Phi}_t) - H(\boldsymbol{\Phi}_t, \boldsymbol{\Phi}_t).$$

Durch bilden der Differenz folgt die Behauptung. $\qquad \Box$

Für den Beweis des anschließenden Hilfssatzes wird die Jensensche Ungleichung für bedingte Erwartungswerte benötigt. Diese ist im folgenden Hilfssatz dargestellt.

Hilfssatz 4 *Gegeben seien ein Wahrscheinlichkeitsraum* $(\Omega, \mathcal{A}, P)$ *sowie die Meßräume* $(\Omega', \mathcal{A}')$ *und* $(\mathbb{R}, \mathcal{B})$. *Desweiteren seien* $\tilde{x}$ *und* $\tilde{y}$ $\mathcal{A}$-$\mathcal{B}$-*meßbare bzw.* $\mathcal{A}$-$\mathcal{A}'$-*meßbare Zufallsvariablen und* f *sei eine konkave* $\mathcal{B}$-$\mathcal{B}$-*meßbare Funktion. Ferner gelte*

$$E(|\tilde{x}|) < \infty \quad \text{und} \quad E(|f(\tilde{x})|) < \infty.$$

Dann gilt

$$E\big(f(\tilde{x}) \mid \tilde{y} = y\big) \leq f\big(E(\tilde{x} \mid \tilde{y} = y)\big)$$

für $P_{\tilde{y}}$-*f.a.* $y \in \Omega'$, *wobei* $E(\tilde{x} \mid \tilde{y} = y)$ *den bedingten Erwartungswert von* $\tilde{x}$ *unter* $\tilde{y} = y$ *darstellt.*

Beweis: *Witting* (1985), S.121. $\square$

Bezüglich der Abbildung H wird sich die folgende Eigenschaft als sehr nützlich erweisen.

Hilfssatz 5 *Für ein beliebiges* $\boldsymbol{\Psi} \in \Theta$ *und ein* $\mathbf{y} \in \mathcal{Y}$ *mit* $g_{\tilde{\mathbf{y}}}(\mathbf{y} \mid \boldsymbol{\Psi}) > 0$ *gilt für alle* $\boldsymbol{\Phi} \in \Theta$

$$H(\boldsymbol{\Phi}, \boldsymbol{\Psi}) - H(\boldsymbol{\Psi}, \boldsymbol{\Psi}) \leq 0.$$

Beweis: Aus der Voraussetzung $g_{\tilde{\mathbf{y}}}(\mathbf{y} \mid \boldsymbol{\Psi}) > 0$ folgt $H(\boldsymbol{\Psi}, \boldsymbol{\Psi}) > -\infty$. Ist für ein $\boldsymbol{\Phi} \in \Theta$ die Bedingung $g_{\tilde{\mathbf{y}}}(\mathbf{y} \mid \boldsymbol{\Phi}) = 0$ erfüllt oder gilt nicht $P_{\tilde{\mathbf{z}}|\tilde{\mathbf{y}}=\mathbf{y}}^{\boldsymbol{\Psi}} \ll P_{\tilde{\mathbf{z}}|\tilde{\mathbf{y}}=\mathbf{y}}^{\boldsymbol{\Phi}}$, so folgt aus der Definition (3.6) $H(\boldsymbol{\Phi}, \boldsymbol{\Psi}) = -\infty$ und somit

$$H(\boldsymbol{\Phi}, \boldsymbol{\Psi}) - H(\boldsymbol{\Psi}, \boldsymbol{\Psi}) = -\infty - H(\boldsymbol{\Psi}, \boldsymbol{\Psi}) = -\infty < 0. \qquad (3.13)$$

Ansonsten gilt $H(\boldsymbol{\Phi}, \boldsymbol{\Psi}) > -\infty$ und damit

$$H(\boldsymbol{\Phi}, \boldsymbol{\Psi}) - H(\boldsymbol{\Psi}, \boldsymbol{\Psi})$$

$$= E_{\boldsymbol{\Psi}}\big(\ln k_{\tilde{\mathbf{z}}}(\cdot \mid \tilde{\mathbf{y}}=\mathbf{y}, \boldsymbol{\Phi}) \mid \tilde{\mathbf{y}}=\mathbf{y}\big) - E_{\boldsymbol{\Psi}}\big(\ln k_{\tilde{\mathbf{z}}}(\cdot \mid \tilde{\mathbf{y}}=\mathbf{y}, \boldsymbol{\Psi}) \mid \tilde{\mathbf{y}}=\mathbf{y}\big)$$

$$= E_{\boldsymbol{\Psi}}\left(\ln \frac{k_{\tilde{\mathbf{z}}}(\cdot \mid \tilde{\mathbf{y}}=\mathbf{y}, \boldsymbol{\Phi})}{k_{\tilde{\mathbf{z}}}(\cdot \mid \tilde{\mathbf{y}}=\mathbf{y}, \boldsymbol{\Psi})} \,\Big|\, \tilde{\mathbf{y}}=\mathbf{y}\right),$$

sowie aufgrund der Konkavität der Logarithmusfunktion unter Verwendung von Hilfssatz 4

$$\leq \ln E_{\boldsymbol{\Psi}}\left(\frac{k_{\tilde{\mathbf{z}}}(\cdot \mid \tilde{\mathbf{y}}=\mathbf{y}, \boldsymbol{\Phi})}{k_{\tilde{\mathbf{z}}}(\cdot \mid \tilde{\mathbf{y}}=\mathbf{y}, \boldsymbol{\Psi})} \,\Big|\, \tilde{\mathbf{y}}=\mathbf{y}\right) = \ln \int_{\mathcal{Z}} \frac{k_{\tilde{\mathbf{z}}}(\mathbf{z} \mid \tilde{\mathbf{y}}=\mathbf{y}, \boldsymbol{\Phi})}{k_{\tilde{\mathbf{z}}}(\mathbf{z} \mid \tilde{\mathbf{y}}=\mathbf{y}, \boldsymbol{\Psi})} k_{\tilde{\mathbf{z}}}(\mathbf{z} \mid \tilde{\mathbf{y}}=\mathbf{y}, \boldsymbol{\Psi}) \, d\mu_z(\mathbf{z})$$

$$= \ln \int_{\mathcal{Z}} k_{\tilde{\mathbf{z}}}(\mathbf{z} \mid \tilde{\mathbf{y}} = \mathbf{y}, \boldsymbol{\Phi}) \, d\mu_z(\mathbf{z}).$$

In Verbindung mit (3.4) resultiert daraus schließlich

$$H(\boldsymbol{\Phi}, \boldsymbol{\Psi}) - H(\boldsymbol{\Psi}, \boldsymbol{\Psi}) \leq 0.$$

□

Wird eine Folge $(\boldsymbol{\Phi}_t)_{t \in \mathbb{N}_0}$ zugrunde gelegt, welche von einem VEM Algorithmus erzeugt ist, so läßt sich die folgende Aussage bezüglich der Monotonie von L treffen:

Satz 8 *Es sei* $(\boldsymbol{\Phi}_t)_{t \in \mathbb{N}_0} \subset \Theta$ *durch einen VEM Algorithmus erzeugt. Dann gilt*

$$L(\boldsymbol{\Phi}_{t+1}) \geq L(\boldsymbol{\Phi}_t) \qquad \forall t \in \mathbb{N}_0.$$

Gleichheit ist genau dann gegeben, wenn sowohl

$$Q(\boldsymbol{\Phi}_{t+1}, \boldsymbol{\Phi}_t) = Q(\boldsymbol{\Phi}_t, \boldsymbol{\Phi}_t) \tag{3.14}$$

als auch

$$H(\boldsymbol{\Phi}_{t+1}, \boldsymbol{\Phi}_t) = H(\boldsymbol{\Phi}_t, \boldsymbol{\Phi}_t) \tag{3.15}$$

erfüllt ist.

Beweis: Aus der Definition des VEM Algorithmus folgt $L(\boldsymbol{\Phi}_0) > -\infty$ und somit $g_{\tilde{\mathbf{y}}}(\mathbf{y} \mid \boldsymbol{\Phi}_0) > 0$ sowie $Q(\boldsymbol{\Phi}_0, \boldsymbol{\Phi}_0) > -\infty$. Ebenso gilt gemäß Definition

$$Q(\boldsymbol{\Phi}_{t+1}, \boldsymbol{\Phi}_t) - Q(\boldsymbol{\Phi}_t, \boldsymbol{\Phi}_t) \geq 0 \tag{3.16}$$

für alle $t \in \mathbb{N}_0$ und damit durch Induktion $g_{\tilde{\mathbf{y}}}(\mathbf{y} \mid \boldsymbol{\Phi}_t) > 0$ und $P_{\tilde{\mathbf{z}}|\tilde{\mathbf{y}}=\mathbf{y}}^{\boldsymbol{\Psi}} <<$ $P_{\tilde{\mathbf{z}}|\tilde{\mathbf{y}}=\mathbf{y}}^{\boldsymbol{\Phi}}$ für alle $t \in \mathbb{N}_0$. Sei $t \in \mathbb{N}_0$ beliebig, so erhält man nach Hilfssatz 3

$$L(\boldsymbol{\Phi}_{t+1}) - L(\boldsymbol{\Phi}_t) = Q(\boldsymbol{\Phi}_{t+1}, \boldsymbol{\Phi}_t) - Q(\boldsymbol{\Phi}_t, \boldsymbol{\Phi}_t) - \big(H(\boldsymbol{\Phi}_{t+1}, \boldsymbol{\Phi}_t) - H(\boldsymbol{\Phi}_t, \boldsymbol{\Phi}_t)\big). \tag{3.17}$$

Daher folgt aus Hilfssatz 5 bereits der erste Teil der Behauptung. Der zweite Teil ergibt sich unmittelbar. Denn ist sowohl (3.14) als auch (3.15) erfüllt, so folgt aus (3.17) auch $L(\boldsymbol{\Phi}_{t+1}) = L(\boldsymbol{\Phi}_t)$. Ist umgekehrt $L(\boldsymbol{\Phi}_{t+1}) - L(\boldsymbol{\Phi}_t) = 0$, so ergibt sich aus der Ungleichung (3.16) und Hilfssatz 5 in Verbindung mit Gleichung (3.17)

$$Q(\boldsymbol{\Phi}_{t+1}, \boldsymbol{\Phi}_t) = Q(\boldsymbol{\Phi}_t, \boldsymbol{\Phi}_t)$$

und

$$H(\boldsymbol{\Phi}_{t+1}, \boldsymbol{\Phi}_t) = H(\boldsymbol{\Phi}_t, \boldsymbol{\Phi}_t).$$

□

Wird also ein Folge $(\mathbf{\Phi}_t)_{t \in \mathbb{N}_0}$ von einem VEM Algorithmus erzeugt, so ist die daraus abgeleitete reellwertige Folge $\big(L(\mathbf{\Phi}_t)\big)_{t \in \mathbb{N}_0}$ monoton wachsend. Ist ferner L beschränkt, so folgt aus einem klassischen Satz der Analysis bereits, daß $\big(L(\mathbf{\Phi}_t)\big)_{t \in \mathbb{N}_0}$ konvergiert (vgl. z.B. *Meyberg und Vachenauer* 1995, S. 94). Mit Hilfe von Satz 7 läßt sich die Konvergenzaussage präzisieren. Dies wird im folgenden Abschnitt getan.

3.1.2.3 Konvergenzeigenschaften des EM Algorithmus

Es werden nun die Ergebnisse von Satz 7 auf den VEM und insbesondere auch auf den EM Algorithmus übertragen. Als monotone Funktion g wird hierfür die log-Likelihoodfunktion L verwendet. Durch diese Vorgehensweise läßt sich erkennen, unter welchen Voraussetzungen und gegen welchen Wert $\big(L(\mathbf{\Phi}_t)\big)_{t \in \mathbb{N}_0}$ konvergiert, sofern $(\mathbf{\Phi}_t)_{t \in \mathbb{N}_0}$ von einem VEM oder EM Algorithmus erzeugt wird.

Zunächst werden für den Rest des Abschnittes noch einige zusätzliche Annahmen getroffen (vgl. *Wu* 1983, S. 96).

1. Entweder Θ selbst ist kompakt, oder aber die Menge

$$\Theta_{\mathbf{\Phi}_0} := \big\{ \mathbf{\Phi} \in \Theta \,\big|\, L(\mathbf{\Phi}) \geq L(\mathbf{\Phi}_0) \big\}$$

   für jedes $\mathbf{\Phi}_0 \in \Theta$ mit $L(\mathbf{\Phi}_0) > -\infty$.

2. Für jeden Startvektor $\mathbf{\Phi}_0 \in \Theta$ gelte $\Theta_{\mathbf{\Phi}_0} \subset \Theta \setminus \partial\Theta$.

3. Die log-Likelihoodfunktion L sei - als Funktion auf ganz Θ betrachtet - stetig und ferner auf $\Theta \setminus \partial\Theta$ differenzierbar.

Aus Annahme 1. folgt, daß für eine durch den VEM Algorithmus erzeugte Folge $(\mathbf{\Phi}_t)_{t \in \mathbb{N}_0}$ eine kompakte Teilmenge von Θ existiert, so daß $\mathbf{\Phi}_t$ für alle $t \in \mathbb{N}_0$ in dieser Teilmenge enthalten ist. Entweder handelt es sich bei dieser Teilmenge um Θ selbst, oder aber um $\Theta_{\mathbf{\Phi}_0}$. Denn aus Satz 8 folgt, daß für $L(\mathbf{\Phi}_0) > -\infty$ stets $\mathbf{\Phi}_t \in \Theta_{\mathbf{\Phi}_0}$ für alle $t \in \mathbb{N}_0$ gilt. Durch Annahme 2. wird sichergestellt, daß es sich bei $\mathbf{\Phi}_t$ für alle $t \in \mathbb{N}$ um keine Randpunkte von Θ handelt und L somit gemäß Annahme 3. in allen Punkten $\mathbf{\Phi}_t$, $t \in \mathbb{N}_0$, differenzierbar ist.

Zusätzlich wird noch eine Lösungsmenge Θ_L durch

$$\Theta_L := \big\{ \mathbf{\Psi} \in \Theta \setminus \partial\Theta \,\big|\, \mathrm{grad}\, L(\mathbf{\Phi})|_{\mathbf{\Phi}=\mathbf{\Psi}} = \mathbf{0} \big\}$$

definiert, wobei

$$\operatorname{grad} L(\boldsymbol{\Phi})|_{\boldsymbol{\Phi}=\boldsymbol{\Psi}} := \left(\frac{\partial}{\partial \Phi_1} L(\boldsymbol{\Phi})|_{\boldsymbol{\Phi}=\boldsymbol{\Psi}}, \dots, \frac{\partial}{\partial \Phi_d} L(\boldsymbol{\Phi})|_{\boldsymbol{\Phi}=\boldsymbol{\Psi}} \right)$$

der Gradient von L, also der Vektor der partiellen Ableitungen von L, an der Stelle $\boldsymbol{\Phi} = \boldsymbol{\Psi}$ ist. Somit besteht Θ_L aus allen stationären Punkten von L in $\Theta \setminus \partial\Theta$. Auf Basis dieser Voraussetzungen läßt sich Satz 7 wie im folgenden dargestellt auf den VEM Algorithmus übertragen.

Satz 9 *Die Folge* $(\boldsymbol{\Phi}_t)_{t \in \mathbb{N}_0}$ *sei durch einen VEM-Algorithmus erzeugt. Die zugrundeliegende Iterationsvorschrift sei durch eine Abbildung* $M^{VEM} : \Theta \to \Theta$ *gegeben. Es gelte also*

$$\boldsymbol{\Phi}_{t+1} = M^{VEM}(\boldsymbol{\Phi}_t) \qquad \forall t \in \mathbb{N}_0.$$

Ist

i) M^{VEM} *stetig auf* $\Theta \setminus \Theta_L$ *und*

ii) $L(\boldsymbol{\Phi}_{t+1}) > L(\boldsymbol{\Phi}_t)$ *für alle* $\boldsymbol{\Phi}_t \notin \Theta_L$,

dann ist der Grenzwert $\hat{\boldsymbol{\Phi}}$ *einer konvergenten Teilfolge von* $(\boldsymbol{\Phi}_t)_{t \in \mathbb{N}_0}$ *ein stationärer Punkt von* L *und* $\left(L(\boldsymbol{\Phi}_t) \right)_{t \in \mathbb{N}_0}$ *konvergiert monoton gegen* $\hat{L} := L(\hat{\boldsymbol{\Phi}})$.

Beweis: Zu zeigen ist, daß die Voraussetzungen von Satz 7 (S. 65) erfüllt sind. Aus den Voraussetzungen 1. und *i)* folgen Satz 7 *i)* und Satz 7 *ii)*. Die Funktion L is stetig und es gilt nach Satz 8 (S. 69) $L(\boldsymbol{\Phi}_{t+1}) - L(\boldsymbol{\Phi}_t) \geq 0 \ \forall t \in \mathbb{N}_0$. Somit ist auch Voraussetzung Satz 7 *iiib)* gezeigt. Aus *ii)* folgt schließlich Satz 7 *iiia)*. $\qquad\qquad\square$

Der Satz läßt erkennen, daß bei Anwendung eines VEM Algorithmus - und somit auch bei Anwendung des EM Algorithmus als Spezialfall - bereits unter relativ schwachen Voraussetzungen die Konvergenz von $\left(L(\boldsymbol{\Phi}_t) \right)_{t \in \mathbb{N}_0}$ gegen $L(\hat{\boldsymbol{\Phi}})$ garantiert ist, wobei $\hat{\boldsymbol{\Phi}}$ ein stationärer Punkt von L ist. Aufgrund der speziellen Konstruktion des EM Algorithmus lassen sich die Konvergenzvoraussetzungen für diesen sogar noch abschwächen.

Ist $(\boldsymbol{\Phi}_t)_{t \in \mathbb{N}_0}$ durch einen EM Algorithmus erzeugt, so ist die zugehörige Iterationsvorschrift durch $M^{EM} : \Theta \to \Theta$, $\boldsymbol{\Psi} \mapsto \arg\max_{\boldsymbol{\Phi} \in \Theta} Q(\boldsymbol{\Phi}, \boldsymbol{\Psi})$ gegeben. Diese spezielle Eigenschaft des EM Algorithmus ermöglicht den Beweis des folgenden Hilfssatzes.

Hilfssatz 6 *Ist die Abbildung* $Q : \Theta \times \Theta \to \mathbb{R} \cup \{-\infty\}$, $(\boldsymbol{\Phi}, \boldsymbol{\Psi}) \mapsto Q(\boldsymbol{\Phi}, \boldsymbol{\Psi})$ *stetig in* $\boldsymbol{\Phi}$ *und* $\boldsymbol{\Psi}$, *so ist die über sie definierte Abbildung* $M^{EM} : \Theta \to \Theta$, $\boldsymbol{\Psi} \mapsto$ $\arg\max_{\boldsymbol{\Phi} \in \Theta} Q(\boldsymbol{\Phi}, \boldsymbol{\Psi})$ *stetig in* Θ.

Beweis: Es sei $(\boldsymbol{\Psi}_n)_{n \in \mathbb{N}_0} \subset \Theta$ eine konvergente Folge und es gelte $\lim\limits_{n \to \infty} \boldsymbol{\Psi}_n =:$ $\boldsymbol{\Psi}^*$. Zu zeigen ist $\lim\limits_{n \to \infty} M^{EM}(\boldsymbol{\Psi}_n) = M^{EM}(\boldsymbol{\Psi}^*)$. Per Definition des EM Algorithmus ist dies äquivalent zu

$$\max_{\boldsymbol{\Phi} \in \Theta} Q(\boldsymbol{\Phi}, \boldsymbol{\Phi}^*) = \lim_{n \to \infty} \max_{\boldsymbol{\Phi} \in \Theta} Q(\boldsymbol{\Phi}, \boldsymbol{\Psi}_n).$$

Man erhält die Behauptung folglich aus der Stetigkeit von Q, denn es gilt

$$\max_{\boldsymbol{\Phi} \in \Omega} Q(\boldsymbol{\Phi}, \boldsymbol{\Psi}^*) = \max_{\boldsymbol{\Phi} \in \Omega} Q(\boldsymbol{\Phi}, \lim_{n \to \infty} \boldsymbol{\Psi}_n) = \lim_{n \to \infty} \max_{\boldsymbol{\Phi} \in \Omega} Q(\boldsymbol{\Phi}, \boldsymbol{\Psi}_n).$$

$\square$

Die Stetigkeit der Abbildung Q genügt also bereits, um die Stetigkeit von M^{EM} zu gewährleisten. Diese Voraussetzung ist verhältnismäßig schwach und für die meisten praktischen Problemstellungen erfüllt (vgl. *Wu* 1983, S. 98). Unter der Voraussetzung der Stetigkeit erhält man den folgenden Konvergenzsatz, welcher die wesentliche Konvergenzeigenschaft des EM Algorithmus beschreibt.

Satz 10 *Gegeben sei eine Folge* $(\boldsymbol{\Phi}_t)_{t \in \mathbb{N}_0} \subset \Theta$, *welche von einem EM Algorithmus erzeugt wird. Desweiteren sei die Abbildung* Q *stetig in beiden Komponenten. Dann ist der Grenzwert* $\hat{\boldsymbol{\Phi}}$ *einer konvergenten Teilfolge von* $(\boldsymbol{\Phi}_t)_{t \in \mathbb{N}_0}$ *ein stationärer Punkt von* L *und die Folge* $\left(L(\boldsymbol{\Phi}_t)\right)_{t \in \mathbb{N}_0}$ *konvergiert monoton gegen* $\hat{L} := L(\hat{\boldsymbol{\Phi}})$.

Beweis: Da der EM Algorithmus einen speziellen VEM Algorithmus darstellt, gelten sämtliche Eigenschaften des VEM auch für den EM Algorithmus. Somit muß noch gezeigt werden, daß die verbliebenen Voraussetzungen *i)* und *ii)* aus Satz 9 erfüllt sind. Es ist *i)* erfüllt, da nach Hilfssatz 6 die Stetigkeit von Q bereits die Stetigkeit von M^{EM} impliziert. Auch *ii)* folgt aus der Konstruktion von M^{EM}. Gemäß der Annahme 1. in Verbindung mit Satz 8 (S. 69) gilt $\boldsymbol{\Phi}_t \in \Theta_{\boldsymbol{\Phi}_0}$. Aus Annahme 2. folgt $\Theta_{\boldsymbol{\Phi}_0} \subset \Theta \setminus \partial\Theta$ und somit aus Annahme 3. in Verbindung mit (3.9) die Differenzierbarkeit von L, Q und H in $\boldsymbol{\Phi}_t$ $\forall t \in \mathbb{N}_0$. Da nach Hilfssatz 5 (S. 68)

$$H(\boldsymbol{\Phi}_t, \boldsymbol{\Phi}_t) \geq H(\boldsymbol{\Phi}, \boldsymbol{\Phi}_t) \qquad \forall \boldsymbol{\Phi} \in \Theta$$

gilt, folgt für den Gradienten von $H(\cdot, \boldsymbol{\Phi}_t)$ an der Stelle $\boldsymbol{\Phi} = \boldsymbol{\Phi}_t$

$$\operatorname{grad} H(\boldsymbol{\Phi}, \boldsymbol{\Phi}_t)|_{\boldsymbol{\Phi} = \boldsymbol{\Phi}_t} = \mathbf{0}.$$

Hieraus wiederum folgt für den Gradienten von L an der Stelle $\mathbf{\Phi} = \mathbf{\Phi}_t$

$$\text{grad}\, L(\mathbf{\Phi})|_{\mathbf{\Phi}=\mathbf{\Phi}_t} = \text{grad}\, Q(\mathbf{\Phi},\mathbf{\Phi}_t)|_{\mathbf{\Phi}=\mathbf{\Phi}_t} - \text{grad}\, H(\mathbf{\Phi},\mathbf{\Phi}_t)|_{\mathbf{\Phi}=\mathbf{\Phi}_t}$$
$$= \text{grad}\, Q(\mathbf{\Phi},\mathbf{\Phi}_t)|_{\mathbf{\Phi}=\mathbf{\Phi}_t}\,.$$

(3.18)

Gelte nun $\mathbf{\Phi}_t \notin \Theta_L$, so folgt daraus

$$\text{grad}\, Q(\mathbf{\Phi},\mathbf{\Phi}_t)|_{\mathbf{\Phi}=\mathbf{\Phi}_t} = \text{grad}\, L(\mathbf{\Phi})|_{\mathbf{\Phi}=\mathbf{\Phi}_t} \neq \mathbf{0}.$$

(3.19)

Das bedeutet jedoch, daß $\mathbf{\Phi}_t$ kein Maximum von $Q(\cdot, \mathbf{\Phi}_t)$ ist und dies aufgrund der Definition von M^{EM} somit $\mathbf{\Phi}_{t+1} \neq \mathbf{\Phi}_t$ und

$$Q(\mathbf{\Phi}_{t+1}, \mathbf{\Phi}_t) > Q(\mathbf{\Phi}_t, \mathbf{\Phi}_t)$$

impliziert. In Verbindung mit Gleichung (3.9) und Hilfssatz 5 folgt daraus

$$L(\mathbf{\Phi}_{t+1}) = Q(\mathbf{\Phi}_{t+1}, \mathbf{\Phi}_t) - H(\mathbf{\Phi}_{t+1}, \mathbf{\Phi}_t) > Q(\mathbf{\Phi}_t, \mathbf{\Phi}_t) - H(\mathbf{\Phi}_t, \mathbf{\Phi}_t) = L(\mathbf{\Phi}_t).$$

Da $\mathbf{\Phi}_t \notin \Theta_L$ beliebig vorausgesetzt war, folgt $ii)$ und damit die Behauptung. $\square$

Bei Anwendung des EM Algorithmus konvergiert die Folge $\left(L(\mathbf{\Phi}_t)\right)_{t\in\mathbb{N}_0}$ - im Falle der Gültigkeit der Annahmen 1. bis 3. sowie der Stetigkeit von Q - gegen $L(\hat{\mathbf{\Phi}})$, wobei $\hat{\mathbf{\Phi}}$ ein stationärer Punkt von L ist. Nun stellt sich die Frage, ob die in Satz 10 unterstellte Lösungsmenge Θ_L durch die Menge Θ_M aller lokalen Maxima von L in $\Theta \setminus \partial\Theta$ ersetzt werden kann. Dazu betrachtet man ein beliebiges $\mathbf{\Phi}_t \in \Theta_L \setminus \Theta_M$, womit nach (3.18)

$$\text{grad}\, Q(\mathbf{\Phi},\mathbf{\Phi}_t)|_{\mathbf{\Phi}=\mathbf{\Phi}_t} = \text{grad}\, L(\mathbf{\Phi})|_{\mathbf{\Phi}=\mathbf{\Phi}_t} = \mathbf{0}$$

gilt. Es ist also möglich, daß ein $\mathbf{\Phi}_t \notin \Theta_M$ existiert, bei welchem es sich um ein Maximum von Q handelt. Somit ist auch $\mathbf{\Phi}_{t+1} = \mathbf{\Phi}_t$ nicht ausgeschlossen. Dies hätte jedoch

$$L(\mathbf{\Phi}_{t+1}) = L(\mathbf{\Phi}_t)$$

und somit einen Widerspruch zu Voraussetzung Satz 9 $ii)$ zur Folge. Es kann im allgemeinen also nicht gewährleistet werden, daß es sich bei $\hat{\mathbf{\Phi}}$ um ein lokales Maximum von L handelt. In *Wu* (1983) wird darauf hingewiesen, daß $\hat{\mathbf{\Phi}}$ dann ein lokales Maximum darstellt, wenn zusätzlich noch

$$\max_{\mathbf{\Phi}\in\Theta} Q(\mathbf{\Phi}, \mathbf{\Phi}_t) > Q(\mathbf{\Phi}_t, \mathbf{\Phi}_t) \qquad \forall \mathbf{\Phi}_t \in \Theta_L \setminus \Theta_M$$

gilt, was allerdings eine Aussage von eher theoretischem Interesse darstellt, da die Bedingung in praktischen Situationen schwer überprüfbar ist (vgl. *McLachlan und Krishnan* 1997, S. 86).

Daß $\hat{\boldsymbol{\Phi}}$ nicht notwendigerweise ein lokales Maximum von L ist, stellt keinen spezifischen Nachteil des EM Algorithmus dar, da kaum ein allgemeiner Maximum-Likelihood-Algorithmus diese Konvergenz garantiert (vgl. *Wu* 1983, S. 97). Besitzt L mehrere stationäre Punkte, so hängt $\hat{\boldsymbol{\Phi}}$ insbesondere von der Wahl des Startwertes ab (vgl. *Wu* 1983, S. 97).

Die Konvergenz von $\left(L(\boldsymbol{\Phi}_t)\right)_{t\in\mathbb{N}_0}$ gegen einen reellen Wert $\hat{L}$ impliziert nicht automatisch die Konvergenz von $(\boldsymbol{\Phi}_t)_{t\in\mathbb{N}_0}$ gegen einen reellen Parametervektor $\hat{\boldsymbol{\Phi}}$. In *McLachlan und Krishnan* (1997) wird eine detaillierte Betrachtung des Problems vorgenommen, bei der Bedingungen aufgezeigt werden, unter denen auch die Konvergenz von $(\boldsymbol{\Phi}_t)_{t\in\mathbb{N}_0}$ gewährleistet ist. Dies ist beispielsweise dann der Fall, wenn L keine zwei stationären Punkte $\hat{\boldsymbol{\Phi}}$ und $\hat{\boldsymbol{\Psi}}$ mit $L(\hat{\boldsymbol{\Phi}}) = L(\hat{\boldsymbol{\Psi}})$ besitzt (vgl. *McLachlan und Krishnan* 1997, S. 89). Weitere Voraussetzungen finden sich in *McLachlan und Krishnan* (1997) auf den Seiten 91ff. Auf eine nähere Betrachtung wird an dieser Stelle verzichtet, da die Konvergenz von $(\boldsymbol{\Phi}_t)_{t\in\mathbb{N}_0}$ innerhalb dieser Arbeit von geringerer Bedeutung ist.

Kurz soll noch auf die Konvergenzgeschwindigkeit des EM Algorithmus eingegangen werden. In *Meng und Rubin* (1994) wird mit Hilfe einer Taylor-Entwicklung gezeigt, daß, sofern $(\boldsymbol{\Phi}_t)_{t\in\mathbb{N}_0}$ gegen einen Wert $\hat{\boldsymbol{\Phi}}$ konvergiert, die Konvergenzgeschwindigkeit in einer hinreichend kleinen Umgebung von $\hat{\boldsymbol{\Phi}}$ linear ist. Dies wird gemeinhin als ein Nachteil des EM Algorithmus angesehen, da lineare Konvergenz verhältnismäßig langsam ist. Um diesen Nachteil zu verringern wurden Verfahren zur Beschleunigung der Konvergenzgeschwindigkeit entwickelt. Einen Überblick liefert *McLachlan und Krishnan* (1997).

3.2 Anwendung des EM Algorithmus zur Schätzung der Modellparameter

3.2.1 Konstruktion eines Modells auf Basis einer Mischverteilung

Im nächsten Schritt wird der EM Algorithmus zur Schätzung der Parameter des Fellegi und Sunter-Modells herangezogen. Hierfür ist eine Modellbildung erforderlich. Diese erfolgt auf Basis einer *endlichen Mischverteilung*, bei der die zu schätzenden Parameter die Wahrscheinlichkeiten für die einzelnen Ausprägungen sind. Eine Verteilungsannahme ist dabei zumindest aus zwei Gründen nicht erforderlich. Zum einen werden die geschätzten Verteilungen nur auf die Daten angewendet, aus denen sie geschätzt wurden. Somit enthalten sie auch alle notwendigen Informationen. Zum anderen ist die Datenmenge bei den üblichen Anwendungen so umfangreich, daß stabile Schätzungen problemlos möglich sind. Bei zwei Stichproben mit jeweils 1000 Elementen liegt beispielsweise bereits ein Stichprobenumfang von 1000000 Einheiten vor. Für derartige Problemstellungen werden der EM Algorithmus und seine Varianten vielfältig eingesetzt (vgl. *McLachlan und Peel* 2000). Die Konstruktion eines Modells erfordert eine konkrete Spezifikation des Vergleichsvektors. Auf Basis der Spezifikation lassen sich Annahmen bezüglich des Zusammenhanges zwischen den verwendeten Vergleichsmerkmalen treffen. Zwei Modelle basierend auf unterschiedlichen Annahmen sind in Abschnitt 3.2.2 und 3.2.3 dargestellt.

Bei der Entwicklung der Modelle werden jeweils die für den EM Algorithmus benötigten Funktionen Q und L bestimmt. Hierfür sind genau genommen Fallunterscheidungen wie in den Definitionen (3.6) und (3.8) erforderlich. Da in Abschnitt 3.1.2.2 aber gezeigt wurde, daß jede durch einen EM Algorithmus erzeugte Folge $(\boldsymbol{\Phi}_t)_{t \in \mathbb{N}_0}$ die Eigenschaften $Q(\boldsymbol{\Phi}_{t+1}, \boldsymbol{\Phi}_t) > -\infty$ und $L(\boldsymbol{\Phi}_t) > -\infty$ $\forall\, t \in \mathbb{N}_0$ besitzt, wird auf die Fallunterscheidungen verzichtet. Implizit wird im weiteren angenommen, daß die jeweiligen Argumente der Logarithmusfunktion größer als Null sind.

Die Menge $\mathbb{A}_s \times \mathbb{B}_s$ läßt sich bekanntermaßen in die beiden disjunkten Teilmengen $\mathbb{M} \cap (\mathbb{A}_s \times \mathbb{B}_s)$ und $\mathbb{U} \cap (\mathbb{A}_s \times \mathbb{B}_s)$ zerlegen. Bezüglich dieser Teilmengen besitzen die Ausprägungen des Vergleichsvektors $\boldsymbol{\gamma}$ unterschiedliche Charakteristiken. Bei Paaren aus $\mathbb{M} \cap (\mathbb{A}_s \times \mathbb{B}_s)$ stimmen die betrachteten Vergleichsmerkmale weitgehend überein, wohingegen bei denjenigen aus $\mathbb{U} \cap (\mathbb{A}_s \times \mathbb{B}_s)$ tendenziell wenige Übereinstimmungen zu beobachten sind. Im Sinne der Modellvorstellung aus Abschnitt 2.1.1 bedeutet dies, daß sich die Verteilungen von $\tilde{\boldsymbol{\gamma}}_j$ unter den Bedingungen $\tilde{\mathbf{g}}_j = (1, 0)$ bzw. $\tilde{\mathbf{g}}_j = (0, 1)$ stark voneinander unterscheiden.

Das Mischverhältnis von $\mathbb{M} \cap (\mathbb{A}_s \times \mathbb{B}_s)$ und $\mathbb{U} \cap (\mathbb{A}_s \times \mathbb{B}_s)$ ist durch die Wahrscheinlichkeit

$$\tau^M := P\big([\tilde{\mathbf{g}}_j = (1, 0)]\big)$$

festgelegt. Somit ergibt sich die unbedingte Wahrscheinlichkeitsfunktion

$$f_{\tilde{\boldsymbol{\gamma}}} : \boldsymbol{\Gamma} \to [0, 1]$$

von $\tilde{\boldsymbol{\gamma}}_j$ gemäß

$$
\begin{aligned}
f_{\tilde{\boldsymbol{\gamma}}}(\boldsymbol{\Gamma}_q) :&= P\big([\tilde{\boldsymbol{\gamma}}_j = \boldsymbol{\Gamma}_q]\big) = P\big([\tilde{\mathbf{g}}_j = (1,0)]\big) \cdot P\big([\tilde{\boldsymbol{\gamma}}_j = \boldsymbol{\Gamma}_q] \,\big|\, [\tilde{g}_j = (1,0)]\big) \\
&\quad + P\big([\tilde{\mathbf{g}}_j = (0,1)]\big) \cdot P\big([\tilde{\boldsymbol{\gamma}}_j = \boldsymbol{\Gamma}_q] \,\big|\, [\tilde{g}_j = (0,1)]\big) \\
&= \tau^M \cdot m(\boldsymbol{\Gamma}_q) + (1 - \tau^M) \cdot u(\boldsymbol{\Gamma}_q) \qquad \forall\, \boldsymbol{\Gamma}_q \in \boldsymbol{\Gamma}.
\end{aligned}
$$

Hierbei kann $j \in \{1, \ldots, n\}$ aufgrund der Modellannahmen beliebig gewählt werden. Führt man die Bezeichnungen $\tilde{\mathbf{y}} := (\tilde{\boldsymbol{\gamma}}_1, \ldots, \tilde{\boldsymbol{\gamma}}_n)$ ein, so stellt die durch

$$f_{\tilde{\mathbf{y}}}(\mathbf{y}) := \prod_{j=1}^{n} f_{\tilde{\gamma}}(\boldsymbol{\gamma}_j) = \prod_{j=1}^{n} \left(\tau^M \cdot m(\boldsymbol{\gamma}_j) + (1 - \tau^M) \cdot u(\boldsymbol{\gamma}_j) \right)$$

definierte Abbildung $f_{\tilde{\mathbf{y}}} : \boldsymbol{\Gamma}^n \to [0, 1]$ die Wahrscheinlichkeitsfunktion von $\tilde{\mathbf{y}}$ dar. Durch Logarithmieren ergibt sich

$$\ln f_{\tilde{\mathbf{y}}}(\mathbf{y}) = \sum_{j=1}^{n} \ln \left(\tau^M \cdot m(\boldsymbol{\gamma}_j) + (1 - \tau^M) \cdot u(\boldsymbol{\gamma}_j) \right). \tag{3.20}$$

Die Realisationen von $\tilde{\mathbf{y}}$ sind vollständig beobachtbar. Allerdings enthalten sie nicht alle Informationen, welche von Interesse sind. Nicht beobachtbar sind die Zugehörig-keiten der einzelnen Paare zu $\mathbb{M} \cap (\mathbb{A}_s \times \mathbb{B}_s)$ bzw. $\mathbb{U} \cap (\mathbb{A}_s \times \mathbb{B}_s)$, d.h. die Realisationen von $(\tilde{\mathbf{g}}_j)_{j \in \{1, \ldots, n\}}$.

Nun werden noch die Bezeichnungen

$$\tilde{\mathbf{z}} := (\tilde{\mathbf{g}}_1, \ldots, \tilde{\mathbf{g}}_n) \qquad \text{und} \qquad \tilde{\mathbf{x}} := (\tilde{\mathbf{y}}, \tilde{\mathbf{z}})$$

eingeführt. Somit ist eine Situation gegeben, wie sie bei der Konstruktion des EM Algorithmus vorausgesetzt wurde. Liegt eine Realisation $\mathbf{y}$ von $\tilde{\mathbf{y}}$ vor, so ist $\mathbf{x}$ nur unvollständig bestimmt. Insofern wird $\mathbf{y}$ als unvollständige Daten und $\mathbf{x}$ als vollständige Daten bezeichnet.

Für die Bestimmung der Wahrscheinlichkeitsfunktion von $\tilde{\mathbf{x}}$ wird noch diejenige von $\tilde{\mathbf{g}}_j$ benötigt. Diese wird mit

$$f_{\tilde{\mathbf{g}}} : \{(1, 0), (0, 1)\} \to [0, 1]$$

bezeichnet und ist durch

$$f_{\tilde{\mathbf{g}}}(\mathbf{g}_j) := \begin{cases} \tau^M & \text{falls } \mathbf{g}_j = (1, 0) \\ 1 - \tau^M & \text{falls } \mathbf{g}_j = (0, 1) \end{cases}$$

gegeben. Desweiteren wird die Funktion

$$f_{\tilde{\gamma} \mid \tilde{\mathbf{g}}} : \boldsymbol{\Gamma} \times \{(1, 0), (0, 1)\} \to [0, 1]$$

mit Hilfe der Definition

$$f_{\tilde{\gamma} \mid \tilde{\mathbf{g}}}(\boldsymbol{\gamma}_j, \mathbf{g}_j) := \begin{cases} m(\boldsymbol{\gamma}_j) & \text{falls } \mathbf{g}_j = (1, 0) \\ u(\boldsymbol{\gamma}_j) & \text{falls } \mathbf{g}_j = (0, 1) \end{cases}$$

eingeführt. Die Wahrscheinlichkeitsfunktion von $\tilde{\mathbf{x}}$ wird mit

$$f_{\tilde{\mathbf{x}}} : \mathbf{\Gamma}^n \times \{(1,0),(0,1)\}^n \to [0,1]$$

bezeichnet und es ergibt sich

$$f_{\tilde{\mathbf{x}}}(\mathbf{y},\mathbf{z}) = \prod_{j=1}^{n} P\big([\tilde{\mathbf{g}}_j = \mathbf{g}_j]\big) \cdot P\big([\tilde{\boldsymbol{\gamma}}_j = \boldsymbol{\gamma}_j] \,\big|\, [\tilde{\mathbf{g}}_j = \mathbf{g}_j]\big) = \prod_{j=1}^{n} f_{\tilde{\mathbf{g}}}(\mathbf{g}_j) \cdot f_{\tilde{\boldsymbol{\gamma}} \,|\, \tilde{\mathbf{g}}}(\boldsymbol{\gamma}_j, \mathbf{g}_j)$$

$$\forall \, \mathbf{y} \in \mathbf{\Gamma}^n, \mathbf{z} \in \{(1,0),(0,1)\}^n \,.$$

Durch Logarithmieren erhält man

$$\ln f_{\tilde{\mathbf{x}}}(\mathbf{y},\mathbf{z}) = \sum_{j=1}^{n} \ln f_{\tilde{\mathbf{g}}}(\mathbf{g}_j) + \sum_{j=1}^{n} \ln f_{\tilde{\boldsymbol{\gamma}} \,|\, \tilde{\mathbf{g}}}(\boldsymbol{\gamma}_j, \mathbf{g}_j). \qquad (3.21)$$

Verwendet man die Funktion

$$\mathbf{U} : \mathbf{\Gamma} \to \mathbb{R}^2, \mathbf{\Gamma}_q \mapsto U(\mathbf{\Gamma}_q) := \big(\ln m(\mathbf{\Gamma}_q), \ln u(\mathbf{\Gamma}_q) \big)^T$$

und den Vektor

$$\mathbf{v} := \big(\ln \tau^M, \ln(1 - \tau^M) \big)^T,$$

so ist Gleichung (3.21) äquivalent zu (vgl. *Dempster, Laird und Rubin* 1977, S. 16)

$$\ln f_{\tilde{\mathbf{x}}}(\mathbf{y},\mathbf{z}) = \sum_{j=1}^{n} \mathbf{g}_j \, U(\boldsymbol{\gamma}_j) + \sum_{j=1}^{n} \mathbf{g}_j \, \mathbf{v}. \qquad (3.22)$$

Zur Anwendung des EM Algorithmus sind noch weitere Schritte notwendig. Zunächst muß ein konkreter Vergleichsvektor eingeführt werden, da eine allgemeine Lösung des Problems nicht möglich ist.

Im Weiteren wird die einfachste Form eines Vergleichsvektors herangezogen, bei der lediglich „stimmt überein"/„stimmt nicht überein"-Vergleiche zugelassen werden. Die formale Definition lautet:

$$\gamma^k\big(\alpha(a),\beta(b)\big) := \begin{cases} 1 & \text{falls } \alpha(a) \text{ und } \beta(b) \text{ bezüglich des k-ten} \\ & \text{Merkmales übereinstimmen} \qquad \forall k \in \{1,\ldots,K\}. \\ 0 & \text{sonst} \end{cases}$$

$$(3.23)$$

Diese Definition ermöglicht - wie sich zeigen wird - eine vergleichsweise einfache Lösung des Problems. In Abschnitt 3.3 wird darauf eingegangen, wie der recht speziell gewählte Vergleichsvektor auf Basis der Schätzergebnisse verallgemeinert werden kann.

Zusätzlich zur Definition der Komponenten des Vergleichsvektors sind noch die angenommenen Zusammenhänge zwischen den Komponenten von Bedeutung. Sie bestimmen die weitere Spezifikation des Modells. Eine weit verbreitete Annahme stellt diejenige der bedingten Unabhängigkeit dar. Gemäß dieser sind die Komponenten des Vergleichsvektors innerhalb von $\mathbb{M} \cap (\mathbb{A}_s \times \mathbb{B}_s)$ und $\mathbb{U} \cap (\mathbb{A}_s \times \mathbb{B}_s)$ stochastisch unabhängig. Das auf Basis dieser Annahme konstruierte Modell wird im nächsten Abschnitt dargestellt. Anschließend wird die Unabhängigkeitsannahme aufgehoben und ein alternativer Ansatz entwickelt.

3.2.2 Schätzung bei Annahme von bedingter Unabhängigkeit

Eine häufig verwendete Annahme in Record Linkage-Modellen ist die der bedingten Unabhängigkeit (vgl. z.B. *Fellegi und Sunter* 1969, S. 1189f, *Jaro* 1989, S. 353, *Winkler* 1994, S. 6, *Winkler* 1995, S. 364, *Yancey* 2000, S, 3). Ihr liegt die These zugrunde, daß die Komponenten des Vergleichsvektors $\tilde{\gamma}$ innerhalb der Teilgesamtheiten $\mathbb{M} \cap (\mathbb{A}_s \times \mathbb{B}_s)$ und $\mathbb{U} \cap (\mathbb{A}_s \times \mathbb{B}_s)$ stochastisch unabhängig sind. Es wird also angenommen, daß innerhalb von $\mathbb{M} \cap (\mathbb{A}_s \times \mathbb{B}_s)$ bzw. $\mathbb{U} \cap (\mathbb{A}_s \times \mathbb{B}_s)$ Übereinstimmungen, Nicht-Übereinstimmungen und Fehler in den Komponenten unabhängig von den Ausprägungen der anderen Komponenten sind (vgl. *Fellegi und Sunter* 1969, S. 1190). Inwieweit diese Annahme zutreffend ist, wird vielfältig diskutiert. Zum Beispiel ist eine positive Korrelation zwischen der Übereinstimmung bezüglich des Vornamens und des Geschlechts zu erwarten (vgl. *Kirkendall* 1985, 192). Folgerichtig kommt William E. Winkler zu der Erkenntnis, daß die Unabhängigkeitsannahme oftmals nicht korrekt ist (vgl. *Winkler* 1985a, S. 441f, *Winkler* 1989, S. 107). Untersuchungen zeigen, daß es bei fehlender Unabhängigkeit zu Verzerrungen kommt und die Ergebnisse somit negativ beeinflußt werden (vgl. *Newcombe, Fair und Lalonde* 1992, S. 1198 oder *Belin und Rubin* 1995, S. 695).

Benötigt werden die Randverteilungen der einzelnen Komponenten des Vergleichsvektors. Formal seien

$$m^k(1) := \sum_{\{\Gamma_q \in \boldsymbol{\Gamma} \,|\, \Gamma_q^k = 1\}} m(\boldsymbol{\Gamma}_q) \qquad \text{und} \qquad u^k(1) := \sum_{\{\Gamma_q \in \boldsymbol{\Gamma} \,|\, \Gamma_q^k = 1\}} u(\boldsymbol{\Gamma}_q)$$

die Wahrscheinlichkeiten dafür, daß bei einem Paar aus $\mathbb{M} \cap (\mathbb{A}_s \times \mathbb{B}_s)$ bzw. $\mathbb{U} \cap (\mathbb{A}_s \times \mathbb{B}_s)$ bezüglich des k-ten Vergleichsmerkmales eine Übereinstimmung resultiert. Da jeweils nur die Ausprägungen 0 und 1 in Frage kommen, sind

$$m^k(0) := 1 - m^k(1) \qquad \text{und} \qquad u^k(0) := 1 - u^k(1) \qquad (3.24)$$

die entsprechenden Wahrscheinlichkeiten der Nicht-Übereinstimmung. Aus der Annahme der bedingten Unabhängigkeit folgt somit (vgl. *Fellegi und Sunter* 1969, S. 1189f)

$$m(\mathbf{\Gamma}_q) = m^1(\Gamma_q^1) \cdot m^2(\Gamma_q^2) \cdot \ldots \cdot m^K(\Gamma_q^K) \tag{3.25}$$

bzw.

$$u(\mathbf{\Gamma}_q) = u^1(\Gamma_q^1) \cdot u^2(\Gamma_q^2) \cdot \ldots \cdot u^k(\Gamma_q^k). \tag{3.26}$$

Die Wahrscheinlichkeiten ergeben sich also aus dem Produkt der - innerhalb der jeweiligen Mengen - unabhängigen Randwahrscheinlichkeiten. Unter Verwendung von (3.24) sind sie auch in der Form

$$m(\mathbf{\Gamma}_q) = \prod_{k=1}^{K} m^k(1)^{\Gamma_q^k} \left(1 - m^k(1)\right)^{(1-\Gamma_q^k)} \tag{3.27}$$

und

$$u(\mathbf{\Gamma}_q) = \prod_{k=1}^{K} u^k(1)^{\Gamma_q^k} \left(1 - u^k(1)\right)^{(1-\Gamma_q^k)} \tag{3.28}$$

darstellbar (vgl. *Winkler und Thibaudeau* 1991, S. 7).

Die Gleichungen (3.25) und (3.26) lassen interpretatorischen Spielraum zu. Als Fellegi und Sunter-Entscheidungskriterium wird bei gegebener Ausprägung $\boldsymbol{\gamma}$ das Verhältnis $m(\boldsymbol{\gamma})/u(\boldsymbol{\gamma})$ herangezogen. Für $m(\boldsymbol{\gamma})$, $u(\boldsymbol{\gamma}) \neq 0$ erhält man durch Logarithmieren sowie unter Verwendung von (3.25) und (3.26) die Gleichung

$$w := \ln \frac{m(\boldsymbol{\gamma})}{u(\boldsymbol{\gamma})} = \ln \frac{m^1(\gamma^1)}{u^1(\gamma^1)} + \cdots + \ln \frac{m^K(\gamma^K)}{u^K(\gamma^K)}.$$

Das Gesamtgewicht w ergibt sich also aus der Summe der Einzelgewichte

$$w^k := \ln \frac{m^k(\gamma^k)}{u^k(\gamma^k)} = \ln m^k(\gamma^k) - \ln u^k(\gamma^k) \qquad \forall k \in \{1, \ldots, K\}.$$

Die Einzelgewichte w^k liefern bei $m^k(\gamma^k) > u^k(\gamma^k)$ einen positiven Beitrag zu w und im umgekehrten Fall einen negativen. Bei Gleichheit gilt $w^k = 0$ (vgl. *Fellegi und Sunter* 1969, S. 1190). Einzelne Merkmale können einen großen Einfluß auf das Gesamtgewicht ausüben und die Entscheidung damit wesentlich beeinflussen. Dies ist durchaus plausibel, da ermöglicht wird, daß Attribute wie Name oder Rufnummer eine größere Bedeutung besitzen. Offensichtlich wird aber auch, daß die Annahme der Unabhängigkeit zum Problem werden könnte. Beispielsweise ist eine Übereinstimmung bezüglich des Vornamens im Regelfall mit einer Übereinstimmung des Geschlechts verbunden. Die zugehörigen

Gewichte gehen bei Übereinstimmung voll ein. Tatsächlich sollte das Gesamtgewicht jedoch kleiner sein als die Summe der Einzelgewichte. Würde beispielsweise bei einer Übereinstimmung des Vornamens das Geschlecht mit Sicherheit übereinstimmen, so würde durch das Geschlecht keine zusätzliche Information geliefert werden. Das zusätzliche Gewicht müßte somit auch 0 sein.

Im Folgenden wird wieder das eigentliche Problem der Parameterschätzung betrachtet. Geschätzt werden sollen die Wahrscheinlichkeitsfunktionen m und u sowie die Wahrscheinlichkeit τ^M. Gemäß der Gleichungen (3.25) und (3.26) lassen sich m und u aus den Randwahrscheinlichkeiten der K Merkmale bestimmen. Aus (3.24) wird außerdem ersichtlich, daß hierbei lediglich die Wahrscheinlichkeiten $m^k(1)$ und $u^k(1)$ $\forall k$ benötigt werden. Man erhält aus diesen Überlegungen den zu bestimmenden Parametervektor

$$\boldsymbol{\Phi} := \left(m^1(1), \ldots, m^K(1), u^1(1), \ldots, u^K(1), \tau^M \right),$$

woraus sich wiederum der kompakte Parameterraum $\Theta = [0,1]^{2K+1}$ ableiten läßt (vgl. *Forster* 1999, S. 19f). Somit ist Bedingung 1. aus Abschnitt 3.1.2.3 erfüllt. Da im weiteren ein Iterationsindex benötigt wird, bezeichnet

$$\boldsymbol{\Phi}_t = \left(m_t^1(1), \ldots, m_t^K(1), u_t^1(1), \ldots, u_t^K(1), \tau_t^M \right)$$

das Schätzergebnis nach dem t-ten Iterationsschritt.

Die Funktionen L und Q können aus den Darstellungen in Abschnitt 3.2.1 abgeleitet werden. Gemäß Gleichung (3.20) gilt für ein gegebenes $\mathbf{y} \in \boldsymbol{\Gamma}^n$ in Verbindung mit (3.27) und (3.28)

$$L(\boldsymbol{\Phi}_t) = \sum_{j=1}^{n} \ln \left(\tau_t^M \cdot \prod_{k=1}^{K} m_t^k(1)^{\gamma_j^k} \left(1 - m_t^k(1) \right)^{(1-\gamma_j^k)} \right.$$

$$\left. + (1 - \tau_t^M) \cdot \prod_{k=1}^{K} u_t^k(1)^{\gamma_j^k} \left(1 - u_t^k(1) \right)^{(1-\gamma_j^k)} \right).$$

Es handelt sich hierbei um eine Verknüpfung stetiger und differenzierbarer Funktionen, also ist L selbst stetig und differenzierbar in $\boldsymbol{\Phi}_t$ und folglich Bedingung 3. aus Abschnitt 3.1.2.3 erfüllt.

Die Ermittlung von Q gestaltet sich etwas aufwendiger, da dafür der bedingte Erwartungswert der log-Likelihoodfunktion bestimmt werden muß. Zunächst ergibt sich aus Gleichung (3.22)

$$Q(\boldsymbol{\Phi}, \boldsymbol{\Phi}_t) = E_{\boldsymbol{\Phi}_t} \left(\ln f_{\tilde{\mathbf{x}}}(\cdot \mid \boldsymbol{\Phi}) \,\middle|\, \tilde{\mathbf{y}} = \mathbf{y} \right)$$

$$= \sum_{j=1}^{n} E_{\boldsymbol{\Phi}_t} \left(\tilde{\mathbf{g}}_j \,\middle|\, \tilde{\boldsymbol{\gamma}}_j = \boldsymbol{\gamma}_j \right) U(\boldsymbol{\gamma}_j) + \sum_{j=1}^{n} E_{\boldsymbol{\Phi}_t} \left(\tilde{\mathbf{g}}_j \,\middle|\, \tilde{\boldsymbol{\gamma}}_j = \boldsymbol{\gamma}_j \right) \mathbf{v}$$

für beliebige $\boldsymbol{\Phi}_t, \boldsymbol{\Phi} \in \Theta$. Hierbei ist

$$
\begin{aligned}
E_{\boldsymbol{\Phi}_t}\big(\tilde{\mathbf{g}}_j \,\big|\, \tilde{\boldsymbol{\gamma}}_j = \boldsymbol{\gamma}_j\big) &= (1,0) \cdot P_{\boldsymbol{\Phi}_t}\big([\tilde{\mathbf{g}}_j = (1,0)] \,\big|\, [\tilde{\boldsymbol{\gamma}}_j = \boldsymbol{\gamma}_j]\big) \\
&\quad + (0,1) \cdot P_{\boldsymbol{\Phi}_t}\big([\tilde{\mathbf{g}}_j = (0,1)] \,\big|\, [\tilde{\boldsymbol{\gamma}}_j = \boldsymbol{\gamma}_j]\big) \\
&= \Big(P_{\boldsymbol{\Phi}_t}\big([\tilde{\mathbf{g}}_j = (1,0)] \,\big|\, [\tilde{\boldsymbol{\gamma}}_j = \boldsymbol{\gamma}_j]\big), P_{\boldsymbol{\Phi}_t}\big([\tilde{\mathbf{g}}_j = (0,1)] \,\big|\, [\tilde{\boldsymbol{\gamma}}_j = \boldsymbol{\gamma}_j]\big) \Big),
\end{aligned}
$$
$$(3.29)$$

wobei $P_{\boldsymbol{\Phi}_t}$ ein von $\boldsymbol{\Phi}_t$ abhängiges Wahrscheinlichkeitsmaß auf $(\Omega, \mathcal{A})$ ist.

Im Folgenden werden die abkürzenden Bezeichnungen

$$
P_{\boldsymbol{\Phi}_t}(\mathbb{M} \,|\, \boldsymbol{\Gamma}_q) := P_{\boldsymbol{\Phi}_t}\big([\tilde{\mathbf{g}}_j = (1,0)] \,\big|\, [\tilde{\boldsymbol{\gamma}}_j = \boldsymbol{\Gamma}_q]\big)
$$

und

$$
P_{\boldsymbol{\Phi}_t}(\mathbb{U} \,|\, \boldsymbol{\Gamma}_q) := P_{\boldsymbol{\Phi}_t}\big([\tilde{\mathbf{g}}_j = (0,1)] \,\big|\, [\tilde{\boldsymbol{\gamma}}_j = \boldsymbol{\Gamma}_q]\big)
$$

für beliebiges $j \in \{1, \ldots, n\}$ und für alle $\boldsymbol{\Gamma}_q \in \boldsymbol{\Gamma}$ verwendet. Aufgrund der Modellannahmen hängen diese Wahrscheinlichkeiten nicht von der konkreten Wahl von j, sondern lediglich von $\boldsymbol{\Gamma}_q$ und $\boldsymbol{\Phi}_t$ ab.

Die bisherigen Ergebnisse zeigen, daß der E-Schritt im wesentlichen aus der Berechnung von $P_{\boldsymbol{\Phi}_t}(\mathbb{M} \,|\, \boldsymbol{\Gamma}_q)$ und $P_{\boldsymbol{\Phi}_t}(\mathbb{U} \,|\, \boldsymbol{\Gamma}_q) \; \forall \boldsymbol{\Gamma}_q \in \boldsymbol{\Gamma}$ besteht. Dies erfolgt mit Hilfe des Satzes von Bayes. Wendet man diesen an, so resultieren

$$
P_{\boldsymbol{\Phi}_t}(\mathbb{M} \,|\, \boldsymbol{\Gamma}_q) = \frac{\tau_t^M \cdot m_t(\boldsymbol{\Gamma}_q)}{\tau_t^M \cdot m_t(\boldsymbol{\Gamma}_q) + (1 - \tau_t^M) \cdot u_t(\boldsymbol{\Gamma}_q)} \tag{3.30}
$$

$$
= \frac{\tau_t^M \cdot \prod\limits_{k=1}^{K} m_t^k(1)^{\Gamma_q^k}\big(1 - m_t^i(1)\big)^{(1 - \Gamma_q^k)}}{\tau_t^M \cdot \prod\limits_{k=1}^{K} m_t^k(1)^{\Gamma_q^k}\big(1 - m_t^k(1)\big)^{(1 - \Gamma_q^k)} + (1 - \tau_t^M) \cdot \prod\limits_{k=1}^{K} u_t^k(1)^{\Gamma_q^k}\big(1 - u_t^k(1)\big)^{(1 - \Gamma_q^k)}}
$$

und

$$
P_{\boldsymbol{\Phi}_t}(\mathbb{U} \,|\, \boldsymbol{\Gamma}_q) = \frac{(1 - \tau_t^M) \cdot u_t(\boldsymbol{\Gamma}_q)}{\tau_t^M \cdot m_t(\boldsymbol{\Gamma}_q) + (1 - \tau_t^M) \cdot u_t(\boldsymbol{\Gamma}_q)}
$$

$$
= \frac{(1 - \tau_t^M) \cdot \prod\limits_{k=1}^{K} u_t^k(1)^{\Gamma_q^k}\big(1 - u_t^k(1)\big)^{(1 - \Gamma_q^k)}}{\tau_t^M \cdot \prod\limits_{k=1}^{K} m_t^k(1)^{\Gamma_q^k}\big(1 - m_t^k(1)\big)^{(1 - \Gamma_q^k)} + (1 - \tau_t^M) \cdot \prod\limits_{k=1}^{K} u_t^k(1)^{\Gamma_q^k}\big(1 - u_t^k(1)\big)^{(1 - \Gamma_q^k)}}
$$

für alle $\boldsymbol{\Gamma}_q \in \boldsymbol{\Gamma}$ mit $P_{\boldsymbol{\Phi}_t}\big([\tilde{\boldsymbol{\gamma}}_j = \boldsymbol{\Gamma}_q]\big) > 0$. Im Falle von $P_{\boldsymbol{\Phi}_t}\big([\tilde{\boldsymbol{\gamma}}_j = \boldsymbol{\Gamma}_q]\big) = 0$ wird $P_{\boldsymbol{\Phi}_t}(\mathbb{M} \,|\, \boldsymbol{\Gamma}_q) = P_{\boldsymbol{\Phi}_t}(\mathbb{U} \,|\, \boldsymbol{\Gamma}_q) := 0$ gewählt.

Nun kann Q vollständig dargestellt werden. Man erhält unter Verwendung von (3.29)

$$Q(\mathbf{\Phi}, \mathbf{\Phi}_t) = \sum_{j=1}^{n} \left(P_{\mathbf{\Phi}_t}(\mathbb{M} \mid \boldsymbol{\gamma}_j), P_{\mathbf{\Phi}_t}(\mathbb{U} \mid \boldsymbol{\gamma}_j) \right) U(\boldsymbol{\gamma}_j)$$

$$+ \sum_{j=1}^{n} \left(P_{\mathbf{\Phi}_t}(\mathbb{M} \mid \boldsymbol{\gamma}_j), P_{\mathbf{\Phi}_t}(\mathbb{U} \mid \boldsymbol{\gamma}_j) \right) \mathbf{v}, \tag{3.31}$$

sowie durch Umformen und Einsetzen von (3.27) bzw. (3.28)

$$Q(\mathbf{\Phi}, \mathbf{\Phi}_t) = \sum_{j=1}^{n} P_{\mathbf{\Phi}_t}(\mathbb{M} \mid \boldsymbol{\gamma}_j) \ln \left(\prod_{i=1}^{K} m^k(1)^{\gamma_j^k} \left(1 - m^k(1) \right)^{(1-\gamma_j^k)} \right)$$

$$+ \sum_{j=1}^{n} P_{\mathbf{\Phi}_t}(\mathbb{U} \mid \boldsymbol{\gamma}_j) \ln \left(\prod_{i=1}^{K} u^k(1)^{\gamma_j^k} \left(1 - u^k(1) \right)^{(1-\gamma_j^k)} \right) \tag{3.32}$$

$$+ \sum_{j=1}^{n} P_{\mathbf{\Phi}_t}(\mathbb{M} \mid \boldsymbol{\gamma}_j) \ln \tau^M + \sum_{j=1}^{n} P_{\mathbf{\Phi}_t}(\mathbb{U} \mid \boldsymbol{\gamma}_j) \ln(1 - \tau^M).$$

Es handelt sich wieder um eine Verknüpfung stetiger und differenzierbarer Funktionen. Somit ist die Funktion Q stetig und differenzierbar in beiden Argumenten und erfüllt damit die an sie gestellten Voraussetzungen.

Bei der Durchführung des M-Schritts muß $Q(\mathbf{\Phi}, \mathbf{\Phi}_t)$ bezüglich $\mathbf{\Phi}$ maximiert werden. Gleichung (3.32) zeigt, daß die partiellen Ableitungen nach den einzelnen Komponenten von $\mathbf{\Phi}$ unabhängig von den anderen Komponenten sind. Somit läßt sich das Maximum auch relativ einfach bestimmen. Die notwendigen Bedingungen für $m^k(1)$, $k \in \{1, \dots, K\}$ unter den Voraussetzungen $0 < m^k(1) < 1$ lauten

$$\frac{\partial}{\partial m^k(1)} Q(\mathbf{\Phi}, \mathbf{\Phi}_t) = \frac{\partial}{\partial m^k(1)} \left(\sum_{j=1}^{n} P_{\mathbf{\Phi}_t}(\mathbb{M} \mid \boldsymbol{\gamma}_j) \right.$$

$$\left. \cdot \sum_{l=1}^{K} \ln \left(m^l(1)^{\gamma_j^l} \left(1 - m^l(1) \right)^{(1-\gamma_j^l)} \right) \right)$$

$$= \sum_{j=1}^{n} P_{\mathbf{\Phi}_t}(\mathbb{M} \mid \boldsymbol{\gamma}_j) \frac{\gamma_j^k - m^k(1)}{m^k(1) \left(1 - m^k(1) \right)} = 0.$$

Durch Umformen resultiert das Ergebnis (vgl. *Winkler und Thibaudeau* 1991, S. 8)

$$m_{t+1}^k(1) = \frac{\sum\limits_{j=1}^{n} P_{\Phi_t}(\mathbb{M} \,|\, \boldsymbol{\gamma}_j) \cdot \gamma_j^k}{\sum\limits_{j=1}^{n} P_{\Phi_t}(\mathbb{M} \,|\, \boldsymbol{\gamma}_j)}.$$

Analog erhält man

$$u_{t+1}^k(1) = \frac{\sum\limits_{j=1}^{n} P_{\Phi_t}(\mathbb{U} \,|\, \boldsymbol{\gamma}_j) \cdot \gamma_j^k}{\sum\limits_{j=1}^{n} P_{\Phi_t}(\mathbb{U} \,|\, \boldsymbol{\gamma}_j)}.$$

Bezüglich τ^M, $0 < \tau^M < 1$, lautet die notwendige Bedingung

$$\frac{\partial}{\partial \tau^M} Q(\boldsymbol{\Phi}, \boldsymbol{\Phi}_t) = \sum_{j=1}^{n} P_{\Phi_t}(\mathbb{M} \,|\, \boldsymbol{\gamma}_j) \frac{1}{\tau^M} - \sum_{j=1}^{n} P_{\Phi_t}(\mathbb{U} \,|\, \boldsymbol{\gamma}_j) \frac{1}{1 - \tau^M} = 0.$$

Daraus ergibt sich

$$\tau^M \cdot \sum_{j=1}^{n} P_{\Phi_t}(\mathbb{U} \,|\, \boldsymbol{\gamma}_j) = (1 - \tau^M) \cdot \sum_{j=1}^{n} P_{\Phi_t}(\mathbb{M} \,|\, \boldsymbol{\gamma}_j)$$

und unter Berücksichtigung von

$$\sum_{j=1}^{n} \left(P_{\Phi_t}(\mathbb{U} \,|\, \boldsymbol{\gamma}_j) + P_{\Phi_t}(\mathbb{M} \,|\, \boldsymbol{\gamma}_j) \right) = n$$

das Ergebnis (vgl. *Winkler und Thibaudeau* 1991, S. 8)

$$\tau_{t+1}^M = \frac{\sum\limits_{j=1}^{n} P_{\Phi_t}(\mathbb{M} \,|\, \boldsymbol{\gamma}_j)}{n}.$$

Aus den einschränkenden Bedingungen $0 < m_{t+1}^k(1), u_{t+1}^k(1), \tau_{t+1}^M < 1 \ \forall k \in \{1, \ldots, K\}$ geht unmittelbar $\boldsymbol{\Phi}_t \in (0,1)^{2K+1} = \Theta \setminus \partial\Theta \ \forall t \in \mathbb{N}_0$ hervor. Somit ist auch die noch verbliebene Bedingung 2. aus Abschnitt 3.1.2.3 erfüllt.

Noch zu zeigen ist, daß es sich bei der ermittelten Lösung tatsächlich um ein Maximum von $Q(\cdot, \boldsymbol{\Phi}_t)$ handelt. Zum Nachweis hierfür wird die *Hesse-Matrix* benötigt, welche allgemein die Form

$$
\mathbf{H}_f(\mathbf{x}) := \begin{pmatrix}
\dfrac{\partial^2 f(\mathbf{x})}{\partial x_1^2} & \dfrac{\partial^2 f(\mathbf{x})}{\partial x_1 \partial x_2} & \cdots & \dfrac{\partial^2 f(\mathbf{x})}{\partial x_1 \partial x_n} \\[2ex]
\dfrac{\partial^2 f(\mathbf{x})}{\partial x_2 \partial x_1} & \dfrac{\partial^2 f(\mathbf{x})}{\partial x_2^2} & \cdots & \dfrac{\partial^2 f(\mathbf{x})}{\partial x_2 \partial x_n} \\[2ex]
\vdots & \vdots & & \vdots \\[2ex]
\dfrac{\partial^2 f(\mathbf{x})}{\partial x_n \partial x_1} & \dfrac{\partial^2 f(\mathbf{x})}{\partial x_n \partial x_2} & \cdots & \dfrac{\partial^2 f(\mathbf{x})}{\partial x_n^2}
\end{pmatrix}
$$

besitzt (vgl. *Heuser* 2000, S. 312). Hinreichend für eine Maximum an der Stelle $\mathbf{\Phi}_{t+1}$ ist die *negative Definitheit* von $\mathbf{H}_{Q(\cdot,\mathbf{\Phi}_t)}(\mathbf{\Phi})$ im Punkt $\mathbf{\Phi} = \mathbf{\Phi}_{t+1}$ (vgl. *Heuser* 2000, S. 312f). Es muß also

$$
\mathbf{a}^T \cdot \mathbf{H}_{Q(\cdot,\mathbf{\Phi}_t)}(\mathbf{\Phi})|_{\mathbf{\Phi}=\mathbf{\Phi}_{t+1}} \cdot \mathbf{a} < 0 \qquad \forall\, \mathbf{a} \in \mathbb{R}^{2K+1} \setminus \{\mathbf{0}\}
$$

gelten.

Die zweiten partiellen Ableitungen von $Q(\cdot, \mathbf{\Phi}_t)$ nach $m^k(1)$ lauten

$$
\frac{\partial^2 Q(\mathbf{\Phi}, \mathbf{\Phi}_t)}{\partial m^k(1)^2}
$$

$$
= \sum_{j=1}^n P_{\mathbf{\Phi}_t}(\mathbb{M} \,|\, \boldsymbol{\gamma}_j) \frac{-m^k(1)\bigl(1 - m^k(1)\bigr) - \bigl(\gamma_j^k - m^k(1)\bigr)\bigl(1 - 2\,m^k(1)\bigr)}{\Bigl(m^k(1)\bigl(1 - m^k(1)\bigr)\Bigr)^2}.
$$

Definitionsgemäß nimmt die k-te Komponente des Vergleichsvektors nur die Werte 0 und 1 an. Somit gilt $\gamma_j^k = (\gamma_j^k)^2$, weshalb nach einigen Umformungen

$$
\frac{\partial^2 Q(\mathbf{\Phi}, \mathbf{\Phi}_t)}{\partial m^k(1)^2} = \sum_{j=1}^n P_{\mathbf{\Phi}_t}(\mathbb{M} \,|\, \boldsymbol{\gamma}_j) \frac{-\bigl(m^i(1) - \gamma_j^k\bigr)^2}{\Bigl(m^i(1)\bigl(1 - m^i(1)\bigr)\Bigr)^2} < 0
$$

resultiert. Analog folgt

$$
\frac{\partial^2 Q(\mathbf{\Phi}, \mathbf{\Phi}_t)}{\partial u^k(1)^2} < 0.
$$

Desweiteren gilt

$$
\frac{\partial^2 Q(\mathbf{\Phi}, \mathbf{\Phi}_t)}{\partial \tau^{M2}} = \sum_{j=1}^n P_{\mathbf{\Phi}_t}(\mathbb{M} \,|\, \boldsymbol{\gamma}_j) \frac{-1}{(\tau^M)^2} + \sum_{j=1}^n P_{\mathbf{\Phi}_t}(\mathbb{U} \,|\, \boldsymbol{\gamma}_j) \frac{-1}{(1 - \tau^M)^2} < 0.
$$

Die gemischten partiellen Ableitungen zweiter Ordnung sind jeweils Null. Somit handelt es sich bei $\mathbf{H}_{Q(\cdot,\mathbf{\Phi}_t)}(\mathbf{\Phi})|_{\mathbf{\Phi}=\mathbf{\Phi}_{t+1}}$ um eine Diagonalmatrix, bei der alle Elemente auf der Hauptdiagonalen kleiner als Null sind. Daraus folgt unmittelbar, daß die Matrix negativ definit ist (vgl. *Walter* 1995, S. 124). Folglich ist die ermittelte Lösung $\mathbf{\Phi}_{t+1}$ ein Maximum von $Q(\cdot,\mathbf{\Phi}_t)$.

3.2.3 Modellierung von bedingten Abhängigkeiten

Die Annahme der bedingten Unabhängigkeit wird nun fallengelassen und das im vorangegangenen Abschnitt dargestellte Modell explizit um bedingte Abhängigkeiten erweitert. Der Vergleichsvektor ist dabei weiterhin gemäß (3.23) definiert.

Zur Berücksichtigung von bedingten Abhängigkeiten sind die bedingten Randwahrscheinlichkeiten notwendig. Hierfür werden die Abbildungen $m^k(\cdot\,|\,\cdot)$ für alle $k \in \{2,\dots,K\}$ gemäß

$$m^k(\cdot\,|\,\cdot): \{0,1\} \times \{0,1\}^{k-1} \to [0,1],\ (\gamma^k,\gamma^{k-1},\dots,\gamma^1) \mapsto m^k(\gamma^k\,|\,\gamma^{k-1},\dots,\gamma^1)$$

mit

$$m^k(\gamma^k\,|\,\gamma^{k-1},\dots,\gamma^1) := \frac{\sum_{\{\mathbf{\Gamma}_q\in\mathbf{\Gamma}\,|\,\Gamma_q^k=\gamma^k,\Gamma_q^{k-1}=\gamma^{k-1},\dots,\Gamma_q^1=\gamma^1\}} m(\mathbf{\Gamma}_q)}{\sum_{\{\mathbf{\Gamma}_q\in\mathbf{\Gamma}\,|\,\Gamma_q^{k-1}=\gamma^{k-1},\dots,\Gamma_q^1=\gamma^1\}} m(\mathbf{\Gamma}_q)}$$

für $\sum_{\{\mathbf{\Gamma}_q\in\mathbf{\Gamma}\,|\,\Gamma_q^{k-1}=\gamma^{k-1},\dots,\Gamma_q^1=\gamma^1\}} m(\mathbf{\Gamma}_q) > 0$ und

$$m^k(\gamma^k\,|\,\gamma^{k-1},\dots,\gamma^1) := 0$$

für $\sum_{\{\mathbf{\Gamma}_q\in\mathbf{\Gamma}\,|\,\Gamma_q^{k-1}=\gamma^{k-1},\dots,\Gamma_q^1=\gamma^1\}} m(\mathbf{\Gamma}_q) = 0$ eingeführt. Somit gibt

$$m^k(\gamma^k\,|\,\gamma^{k-1},\dots,\gamma^1)$$

die Wahrscheinlichkeit für die Realisation von γ^k bezüglich der k-ten Komponente des Vergleichsvektors unter der Bedingung an, daß bezüglich der $k-1$ ersten Komponenten die Ausprägung $(\gamma^{k-1},\dots,\gamma^1)$ vorliegt. Diese Wahrscheinlichkeit gilt für Paare aus $\mathbb{M}\cap(\mathbb{A}_s\times\mathbb{B}_s)$. Analog definiert man für $\mathbb{U}\cap(\mathbb{A}_s\times\mathbb{B}_s)$

$$u^k(\cdot\,|\,\cdot): \{0,1\} \times \{0,1\}^{k-1} \to [0,1],\ (\gamma^k,\gamma^{k-1},\dots,\gamma^1) \mapsto u^k(\gamma^k\,|\,\gamma^{k-1},\dots,\gamma^1)$$

mit

$$u^k(\gamma^k\,|\,\gamma^{k-1},\dots,\gamma^1) := \frac{\sum_{\{\mathbf{\Gamma}_q\in\mathbf{\Gamma}\,|\,\Gamma_q^k=\gamma^k,\Gamma_q^{k-1}=\gamma^{k-1},\dots,\Gamma_q^1=\gamma^1\}} u(\mathbf{\Gamma}_q)}{\sum_{\{\mathbf{\Gamma}_q\in\mathbf{\Gamma}\,|\,\Gamma_q^{k-1}=\gamma^{k-1},\dots,\Gamma_q^1=\gamma^1\}} u(\mathbf{\Gamma}_q)}.$$

für $\sum_{\{\Gamma_q \in \Gamma \,|\, \Gamma_q^{k-1} = \gamma^{k-1}, \ldots, \Gamma_q^1 = \gamma^1\}} u(\Gamma_q) > 0$ und

$$u^k(\gamma^k \,|\, \gamma^{k-1}, \ldots, \gamma^1) := 0$$

für $\sum_{\{\Gamma_q \in \Gamma \,|\, \Gamma_q^{k-1} = \gamma^{k-1}, \ldots, \Gamma_q^1 = \gamma^1\}} u(\Gamma_q) = 0$. Da die k-te Komponente des Vergleichsvektors nur die Ausprägungen 0 und 1 annehmen kann, sind die Gleichungen

$$m^k(0 \,|\, \cdot) = 1 - m^k(1 \,|\, \cdot) \qquad \text{und} \qquad u^k(0 \,|\, \cdot) = 1 - u^k(1 \,|\, \cdot) \qquad (3.33)$$

zutreffend.

Läßt man von der Annahme der bedingten Unabhängigkeit ab, so verlieren (3.25) und (3.26) ihre Gültigkeit. Stattdessen lassen sich mit Hilfe der eingeführten Abbildungen die Gleichungen

$$m(\Gamma_q) = m^K(\Gamma_q^K \,|\, \Gamma_q^{K-1}, \ldots, \Gamma_q^1) \cdot m^{K-1}(\Gamma_q^{K-1} \,|\, \Gamma_q^{K-2}, \ldots, \Gamma_q^1) \cdot \ldots \cdot m^1(\Gamma_q^1) \tag{3.34}$$

und

$$u(\Gamma_q) = u^K(\Gamma_q^K \,|\, \Gamma_q^{K-1}, \ldots, \Gamma_q^1) \cdot u^{K-1}(\Gamma_q^{K-1} \,|\, \Gamma_q^{K-2}, \ldots, \Gamma_q^1) \cdot \ldots \cdot u^1(\Gamma_q^1) \tag{3.35}$$

für alle $\Gamma_q \in \Gamma$ aufstellen. Somit ergeben sich die Wahrscheinlichkeiten für eine Ausprägung Γ_q nicht mehr aus dem Produkt der unbedingten, sondern aus dem Produkt der bedingten Randwahrscheinlichkeiten.

Für die bedingte Randwahrscheinlichkeit der k-ten Komponente des Vergleichsvektors sind die $k-1$ vorangegangenen Komponenten von Bedeutung. Aufgrund der „stimmt überein"/ „stimmt nicht überein"-Vergleiche besitzt der Bedingungsvektor $(\Gamma_q^{k-1}, \ldots, \Gamma_q^1)$ für jedes $k \in \{2, \ldots, K\}$ genau 2^{k-1} verschiedene Ausprägungen. Diese lassen sich in eindeutiger Weise indizieren. Dazu betrachtet man $(\Gamma_q^{k-1}, \ldots, \Gamma_q^1)$ als Bit-Muster, welches eine Zahl zur Basis 2 darstellt. Eine solche Zahl läßt sich problemlos in eine zur Basis 10 umwandeln. Aus diesen Überlegungen heraus werden die Definitionen

$$m^k(\Gamma_q^k \,|\, \nu) := m^k(\Gamma_q^k \,|\, \Gamma_q^{k-1}, \ldots, \Gamma_q^1) \qquad \text{mit} \qquad 1 + \sum_{i=1}^{k-1} \Gamma_q^i \cdot 2^{i-1} = \nu$$

und

$$u^k(\Gamma_q^k \,|\, \nu) := u^k(\Gamma_q^k \,|\, \Gamma_q^{k-1}, \ldots, \Gamma_q^1) \qquad \text{mit} \qquad 1 + \sum_{i=1}^{k-1} \Gamma_q^i \cdot 2^{i-1} = \nu$$

für alle $\boldsymbol{\Gamma}_q \in \boldsymbol{\Gamma}$, $\nu \in \{1, \ldots, 2^{k-1}\}$ und $k \in \{2, \ldots, K\}$ vorgenommen. Somit sind auch die Vektoren

$$\mathbf{m}^k(1) := \big(m^k(1 \mid 1), \ldots, m^k(1 \mid 2^{k-1})\big)^T$$

und

$$\mathbf{u}^k(1) := \big(u^k(1 \mid 1), \ldots, u^k(1 \mid 2^{k-1})\big)^T$$

für $k \in \{2, \ldots K\}$ wohldefiniert. Der Spezialfall $k = 1$ wird mit Hilfe der Definitionen

$$\mathbf{m}^1(1) := m^1(1 \mid 1) := m^1(1) \qquad \text{und} \qquad \mathbf{u}^1(1) := u^1(1 \mid 1) := u^1(1)$$

berücksichtigt. Im weiteren werden die Funktionen

$$\mathbf{w}^k : \boldsymbol{\Gamma} \to \{0,1\}^{2^{k-1}}, \ \boldsymbol{\Gamma}_q \mapsto \mathbf{w}^k(\boldsymbol{\Gamma}_q) := \big(w^{k,1}(\boldsymbol{\Gamma}_q), \ldots, w^{k,2^{k-1}}(\boldsymbol{\Gamma}_q)\big)^T$$

mit

$$w^{k,\nu} : \boldsymbol{\Gamma} \to \{0,1\}, \boldsymbol{\Gamma}_q \mapsto w^{k,\nu}(\boldsymbol{\Gamma}_q) := \begin{cases} 1 & \text{für } \nu = 1 + \sum_{i=1}^{k-1} \Gamma_q^i \cdot 2^{i-1} \\ 0 & \text{sonst} \end{cases}$$

für alle $\nu \in \{1, \ldots, 2^{k-1}\}$ und $k \in \{2, \ldots, K\}$ benötigt. Für den Spezialfall $k = 1$ wird $\mathbf{w}^1(\boldsymbol{\Gamma}_q) := 1$ gewählt. Wendet man die eingeführte Bezeichnungsweise unter Berücksichtigung von (3.33) an, so erhält man für ein beliebiges $\boldsymbol{\Gamma}_q \in \boldsymbol{\Gamma}$ und $k \in \{1, \ldots, K\}$

$$m^k(\Gamma_q^k \mid \Gamma_q^{k-1}, \ldots, \Gamma_q^1) = \big(\mathbf{w}^k(\boldsymbol{\Gamma}_q)^T \mathbf{m}^k(1)\big)^{\Gamma_q^k} \big(1 - \mathbf{w}^k(\boldsymbol{\Gamma}_q)^T \mathbf{m}^k(1)\big)^{1-\Gamma_q^k}$$

und

$$u^k(\Gamma_q^k \mid \Gamma_q^{k-1}, \ldots, \Gamma_q^1) = \big(\mathbf{w}^k(\boldsymbol{\Gamma}_q)^T \mathbf{u}^k(1)\big)^{\Gamma_q^k} \big(1 - \mathbf{w}^k(\boldsymbol{\Gamma}_q)^T \mathbf{u}^k(1)\big)^{1-\Gamma_q^k},$$

sowie durch Einsetzen in (3.34) bzw. (3.35)

$$m(\boldsymbol{\Gamma}_q) = \prod_{k=1}^K \big(\mathbf{w}^k(\boldsymbol{\Gamma}_q)^T \mathbf{m}^k(1)\big)^{\Gamma_q^k} \big(1 - \mathbf{w}^k(\boldsymbol{\Gamma}_q)^T \mathbf{m}^k(1)\big)^{1-\Gamma_q^k} \qquad (3.36)$$

bzw.

$$u(\boldsymbol{\Gamma}_q) = \prod_{k=1}^K \big(\mathbf{w}^k(\boldsymbol{\Gamma}_q)^T \mathbf{u}^k(1)\big)^{\Gamma_q^k} \big(1 - \mathbf{w}^k(\boldsymbol{\Gamma}_q)^T \mathbf{u}^k(1)\big)^{1-\Gamma_q^k}. \qquad (3.37)$$

Die etwas aufwendigere Symbolik ermöglicht es, die Wahrscheinlichkeiten $m(\boldsymbol{\Gamma}_q)$ und $u(\boldsymbol{\Gamma}_q)$ in Analogie zu (3.27) und (3.28) darzustellen. Der Unterschied besteht darin, daß in (3.36) und (3.37) explizit bedingte Abhängigkeiten berücksichtigt werden.

Wie dargestellt, können die zu schätzenden Wahrscheinlichkeiten $m(\boldsymbol{\Gamma}_q)$ und $u(\boldsymbol{\Gamma}_q)$ mit Hilfe der Vektoren $\mathbf{m}^k(1)$ und $\mathbf{u}^k(1)$, $\forall k \in \{1, \ldots, K\}$ bestimmt werden. Somit ergibt sich der zu schätzende Parametervektor

$$\boldsymbol{\Phi} = \left(\mathbf{m}^1(1), \ldots, \mathbf{m}^K(1), \mathbf{u}^1(1), \ldots, \mathbf{u}^K(1), \tau^M\right),$$

woraus der Parameterraum $\Theta = [0,1]^{2^{K+1}-1}$ folgt. Dieser ist wiederum kompakt und somit ist Bedingung 1. aus Abschnitt 3.1.2.3 erfüllt. Im weiteren werden die zu schätzenden Parameter wieder mit einem Iterationsindex t versehen. Dadurch wird - analog zum vorangegangenen Abschnitt - das Schätzergebnis nach $t \in \mathbb{N}_0$ Iterationen gekennzeichnet.

Die folgenden Ausführungen knüpfen an die Vorgehensweise in Abschnitt 3.2.2 an. Es ergibt sich für L unter Verwendung von (3.36) und (3.37)

$$L(\boldsymbol{\Phi}) = \sum_{j=1}^n \ln\left(\tau^M \cdot \prod_{k=1}^K \left(\mathbf{w}^k(\boldsymbol{\Gamma}_q)^T \mathbf{m}^k(1)\right)^{\Gamma_q^k} \left(1 - \mathbf{w}^k(\boldsymbol{\Gamma}_q)^T \mathbf{m}^k(1)\right)^{1-\Gamma_q^k}\right.$$

$$\left. + (1 - \tau^M) \cdot \prod_{k=1}^K \left(\mathbf{w}^k(\boldsymbol{\Gamma}_q)^T \mathbf{u}^k(1)\right)^{\Gamma_q^k} \left(1 - \mathbf{w}^k(\boldsymbol{\Gamma}_q)^T \mathbf{u}^k(1)\right)^{1-\Gamma_q^k}\right).$$

Die Funktion ist stetig und differenzierbar bezüglich $\boldsymbol{\Phi}$ und folglich auch Annahme 3. aus Abschnitt 3.1.2.3 erfüllt.

Ausgangspunkt für die Bestimmung von Q ist Gleichung (3.31). Die weiteren Schritte laufen analog zu denen aus Abschnitt 3.2.2 ab. Es werden lediglich an Stelle von (3.27) und (3.28) die Gleichungen (3.36) und (3.37) verwendet. Für die Wahrscheinlichkeiten $P_{\boldsymbol{\Phi}_t}(\mathbb{M} \,|\, \boldsymbol{\Gamma}_q)$ und $P_{\boldsymbol{\Phi}_t}(\mathbb{U} \,|\, \boldsymbol{\Gamma}_q)$ erhält man

$$P_{\boldsymbol{\Phi}_t}(\mathbb{M} \,|\, \boldsymbol{\Gamma}_q) = \frac{\tau_t^M \cdot \displaystyle\prod_{k=1}^K \left(\mathbf{w}^k(\boldsymbol{\Gamma}_q)^T \mathbf{m}_t^k(1)\right)^{\Gamma_q^k} \left(1 - \mathbf{w}^k(\boldsymbol{\Gamma}_q)^T \mathbf{m}_t^k(1)\right)^{1-\Gamma_q^k}}{Z}$$

sowie

$$P_{\boldsymbol{\Phi}_t}(\mathbb{U} \,|\, \boldsymbol{\Gamma}_q) = \frac{(1 - \tau_t^M) \cdot \displaystyle\prod_{k=1}^K \left(\mathbf{w}^k(\boldsymbol{\Gamma}_q)^T \mathbf{u}_t^k(1)\right)^{\Gamma_q^k} \left(1 - \mathbf{w}^k(\boldsymbol{\Gamma}_q)^T \mathbf{u}_t^k(1)\right)^{1-\Gamma_q^k}}{Z}$$

mit

$$Z := \tau_t^M \cdot \prod_{k=1}^{K} \left(\mathbf{w}^k(\boldsymbol{\Gamma}_q)^T \mathbf{m}_t^k(1) \right)^{\Gamma_q^k} \left(1 - \mathbf{w}^k(\boldsymbol{\Gamma}_q)^T \mathbf{m}_t^k(1) \right)^{1-\Gamma_q^k}$$

$$+ (1 - \tau_t^M) \cdot \prod_{k=1}^{K} \left(\mathbf{w}^k(\boldsymbol{\Gamma}_q)^T \mathbf{u}_t^k(1) \right)^{\Gamma_q^k} \left(1 - \mathbf{w}^k(\boldsymbol{\Gamma}_q)^T \mathbf{u}_t^k(1) \right)^{1-\Gamma_q^k}$$

im Falle von $Z > 0$ und $P_{\boldsymbol{\Phi}_t}(\mathbb{M} \,|\, \boldsymbol{\Gamma}_q) = P_{\boldsymbol{\Phi}_t}(\mathbb{U} \,|\, \boldsymbol{\Gamma}_q) := 0$ im Falle von $Z = 0$. Setzt man (3.36) und (3.37) in (3.31) ein, so resultiert durch Umformung

$$Q(\boldsymbol{\Phi}, \boldsymbol{\Phi}_t)$$

$$= \sum_{j=1}^{n} P_{\boldsymbol{\Phi}_t}(\mathbb{M} \,|\, \boldsymbol{\gamma}_j) \ln \left(\prod_{k=1}^{K} \left(\mathbf{w}^k(\boldsymbol{\gamma}_j)^T \mathbf{m}^k(1) \right)^{\gamma_j^k} \left(1 - \mathbf{w}^k(\boldsymbol{\gamma}_j)^T \mathbf{m}^k(1) \right)^{1-\gamma_j^k} \right)$$

$$+ \sum_{j=1}^{n} P_{\boldsymbol{\Phi}_t}(\mathbb{U} \,|\, \boldsymbol{\gamma}_j) \ln \left(\prod_{k=1}^{K} \left(\mathbf{w}^k(\boldsymbol{\gamma}_j)^T \mathbf{u}^k(1) \right)^{\gamma_j^k} \left(1 - \mathbf{w}^k(\boldsymbol{\gamma}_j)^T \mathbf{u}^k(1) \right)^{1-\gamma_j^k} \right)$$

$$+ \sum_{j=1}^{n} P_{\boldsymbol{\Phi}_t}(\mathbb{M} \,|\, \boldsymbol{\gamma}_j) \ln \tau^M + \sum_{j=1}^{n} P_{\boldsymbol{\Phi}_t}(\mathbb{U} \,|\, \boldsymbol{\gamma}_j) \ln(1 - \tau^M).$$

Es ist $Q(\boldsymbol{\Phi}, \boldsymbol{\Phi}_t)$ wieder bezüglich $\boldsymbol{\Phi}$ zu maximieren.

Für die partiellen Ableitungen nach $m^k(1 \,|\, \nu)$, $\nu \in \left\{ 1, \ldots, 2^{k-1} \right\}$ und $k \in \{1, \ldots, K\}$, ergibt sich unter der Bedingung

$$\left(\mathbf{w}^k(\boldsymbol{\gamma}_j)^T \mathbf{m}^k(1) \right) \left(1 - \mathbf{w}^k(\boldsymbol{\gamma}_j)^T \mathbf{m}^k(1) \right) \neq 0$$

für alle $j \in \{1, \ldots, n\}$

$$\frac{\partial Q(\boldsymbol{\Phi}, \boldsymbol{\Phi}_t)}{\partial \, m^k(1 \,|\, \nu)} = \sum_{j=1}^{n} P_{\boldsymbol{\Phi}_t}(\mathbb{M} \,|\, \boldsymbol{\gamma}_j) \left(\frac{\gamma_j^k \cdot w^{k,\nu}(\boldsymbol{\gamma}_j)}{\mathbf{w}^k(\boldsymbol{\gamma}_j)^T \, \mathbf{m}_t^k(1)} + \frac{(1 - \gamma_j^k) \cdot \left(-w^{k,\nu}(\boldsymbol{\gamma}_j) \right)}{1 - \mathbf{w}^k(\boldsymbol{\gamma}_j)^T \, \mathbf{m}_t^k(1)} \right)$$

$$= \sum_{j=1}^{n} P_{\boldsymbol{\Phi}_t}(\mathbb{M} \,|\, \boldsymbol{\gamma}_j) \left(\frac{w^{k,\nu}(\boldsymbol{\gamma}_j) \cdot \left(\gamma_j^k - \mathbf{w}^k(\boldsymbol{\gamma}_j)^T \mathbf{m}_t^k(1) \right)}{\left(\mathbf{w}^k(\boldsymbol{\gamma}_j)^T \mathbf{m}^k(1) \right) \left(1 - \mathbf{w}^k(\boldsymbol{\gamma}_j)^T \mathbf{m}^k(1) \right)} \right).$$

Summenglieder, für welche $w^{k,\nu}(\boldsymbol{\gamma}_j) = 0$ gilt, müssen nicht berücksichtigt werden, da die Summanden in diesem Fall den Wert Null annehmen. Somit erhält man für $0 < m^k(1 \,|\, \nu) < 1$

$$\frac{\partial Q(\boldsymbol{\Phi}, \boldsymbol{\Phi}_t)}{\partial \, m^k(1 \,|\, \nu)} = \sum_{\{ j \,|\, w^{k,\nu}(\boldsymbol{\gamma}_j) = 1 \}} P_{\boldsymbol{\Phi}_t}(\mathbb{M} \,|\, \boldsymbol{\gamma}_j) \left(\frac{\gamma_j^k - m^k(1 \,|\, \nu)}{m^k(1 \,|\, \nu) \left(1 - m^k(1 \,|\, \nu) \right)} \right).$$

Setzt man diese Ableitung gleich Null, so ergibt sich nach einigen Umformungen als Ergebnis der $(t + 1)$-ten EM-Iteration

$$m_{t+1}^k(1\,|\,\nu) = \frac{\sum\limits_{\{j\,|\,w^{k,\nu}(\boldsymbol{\gamma}_j)=1\}} P_{\boldsymbol{\Phi}_t}(\mathbb{M}\,|\,\boldsymbol{\gamma}_j) \cdot \gamma_j^k}{\sum\limits_{\{j\,|\,w^{k,\nu}(\boldsymbol{\gamma}_j)=1\}} P_{\boldsymbol{\Phi}_t}(\mathbb{M}\,|\,\boldsymbol{\gamma}_j)} \tag{3.38}$$

und analog

$$u_{t+1}^k(1\,|\,\nu) = \frac{\sum\limits_{\{j\,|\,w^{k,\nu}(\boldsymbol{\gamma}_j)=1\}} P_{\boldsymbol{\Phi}_t}(\mathbb{U}\,|\,\boldsymbol{\gamma}_j) \cdot \gamma_j^k}{\sum\limits_{\{j\,|\,w^{k,\nu}(\boldsymbol{\gamma}_j)=1\}} P_{\boldsymbol{\Phi}_t}(\mathbb{U}\,|\,\boldsymbol{\gamma}_j)}. \tag{3.39}$$

Die Bestimmung von τ_{t+1}^M erfolgt analog der Vorgehensweise in Abschnitt 3.2.2. Es resultiert

$$\tau_{t+1}^M = \frac{\sum\limits_{j=1}^{n} P_{\boldsymbol{\Phi}_t}(\mathbb{M}\,|\,\boldsymbol{\gamma}_j)}{n}.$$

Aus den Voraussetzungen $0 < m_t^k(1\,|\,\nu), u_t^k(1\,|\,\nu), \tau_t^M < 1$ folgt

$$\boldsymbol{\Phi}_t \in (0, 1)^{2^{(K+1)}-1} = \Theta \setminus \partial\Theta$$

für alle $t \in \mathbb{N}_0$ und somit Bedingung 2. aus Abschnitt 3.1.2.3.

Noch zu prüfen ist, ob es sich bei dem ermittelten stationären Punkt auch um ein lokales Maximum handelt. Das hinreichende Kriterium hierfür ist wieder die negative Definitheit der Hesse-Matrix. Die gemischten partiellen Ableitungen zweiter Ordnung sind jeweils Null. Somit muß nur noch gezeigt werden, daß die Elemente der Hauptdiagonalen der Matrix kleiner Null sind. Es ergibt sich aufgrund $\gamma_j^k = (\gamma_j^k)^2$

$$\frac{\partial^2 Q(\boldsymbol{\Phi}, \boldsymbol{\Phi}_t)}{\partial m^k(1\,|\,\nu)^2} = -\sum_{\{j\,|\,w^{k,\nu}(\boldsymbol{\gamma}_j)=1\}} P_{\boldsymbol{\Phi}_t}(\mathbb{M}\,|\,\boldsymbol{\gamma}_j) \frac{\left(m^k(1\,|\,\nu) - \gamma_j^k\right)^2}{\left(m^k(1\,|\,\nu)\left(1 - m^k(1\,|\,\nu)\right)\right)^2} < 0$$

und analog

$$\frac{\partial^2 Q(\boldsymbol{\Phi}, \boldsymbol{\Phi}_t)}{\partial u^k(1\,|\,\nu)^2} < 0.$$

Daß die zweite Ableitung bezüglich τ^M kleiner Null ist wurde bereits in Abschnitt 3.2.2 gezeigt. Somit handelt es sich bei der Hesse-Matrix wieder um eine Diagonalmatrix, deren Elemente auf der Hauptdiagonalen kleiner Null sind. Dies wiederum impliziert die negative Definitheit der Matrix. Folglich handelt es sich bei $\boldsymbol{\Phi}_{t+1}$ um ein Maximum von $Q(\cdot, \boldsymbol{\Phi}_t)$.

Die Ergebnisse zeigen eine deutliche Ähnlichkeit zum Fall der bedingten Unabhängigkeit. Es handelt sich wiederum um gewichtete Anteilsschätzer. In die Bestimmung einzelner bedingter Wahrscheinlichkeiten gehen diesmal jedoch nur Paare ein, welche die jeweilige bedingte Ausprägung besitzen. Somit ist das Ergebnis im Sinne einer Weiterentwicklung der Methode aus 3.2.2 durchaus plausibel. So ähnlich die Verfahren auf den ersten Blick scheinen, so unterschiedlich sind die jeweiligen Eigenschaften. Diese werden im nächsten Abschnitt untersucht.

3.2.4 Vergleich der wesentlichen Eigenschaften der beiden Methoden

Im folgenden werden einige wesentliche Eigenschaften der in 3.2.2 und 3.2.3 dargestellten Verfahren untersucht. Dabei werden Vergleiche angestellt und Unterschiede herausgearbeitet. Die Resultate helfen, die Funktionsweisen der Methoden besser zu verstehen und sind somit von großer Bedeutung für die Anwendung.

Zunächst einmal ist offensichtlich, daß die beiden Methoden äquivalent sind, wenn lediglich ein Merkmal zum Vergleich herangezogen wird. Da dann keine Abhängigkeiten zu berücksichtigen sind, stimmen die Lösungen in beiden Fällen überein. Wie sich zeigen wird, ist diese Äquivalenz bei Verwendung von $K > 1$ Merkmalen nur noch im Spezialfall gegeben.

Für die weiteren Untersuchungen ist es hilfreich, die Gleichungen (3.38) und (3.39) auf andere Art und Weise zu interpretieren. Dazu werden diese nicht als Summe über alle Paare, sondern als Summe über bestimmte Ausprägungen des Vergleichsvektors dargestellt. Es resultiert

$$
m_{t+1}^k(1 \mid \Gamma_q^1, \ldots, \Gamma_q^{k-1}) = m_{t+1}^k \left(1 \;\middle|\; 1 + \sum_{i=1}^{k-1} \Gamma_q^i \cdot 2^{i-1} \right)
$$

$$
= \frac{\sum_{\left\{ \boldsymbol{\Gamma}_z \mid (\Gamma_z^1, \ldots, \Gamma_z^k) = (\Gamma_q^1, \ldots, \Gamma_q^{k-1}, 1) \right\}} n_{\boldsymbol{\Gamma}_z} \cdot P_{\boldsymbol{\Phi}_t}(\mathbb{M} \mid \boldsymbol{\Gamma}_z)}{\sum_{\left\{ \boldsymbol{\Gamma}_Z \mid (\Gamma_z^1, \ldots, \Gamma_z^{k-1}) = (\Gamma_q^1, \ldots, \Gamma_q^{k-1}) \right\}} n_{\boldsymbol{\Gamma}_z} \cdot P_{\boldsymbol{\Phi}_t}(\mathbb{M} \mid \boldsymbol{\Gamma}_z)}
$$

$$(3.40)$$

und

$$u_{t+1}^k(1 \mid \Gamma_q^1, \ldots, \Gamma_q^{k-1}) = u_{t+1}^k(1 \mid 1 + \sum_{i=1}^{k-1} \Gamma_q^i \cdot 2^{i-1})$$

$$= \frac{\sum_{\{\boldsymbol{\Gamma}_z \mid (\Gamma_z^1, \ldots, \Gamma_z^k) = (\Gamma_q^1, \ldots, \Gamma_q^{k-1}, 1)\}} n_{\boldsymbol{\Gamma}_z} \cdot P_{\Phi_t}(\mathbb{U} \mid \boldsymbol{\Gamma}_z)}{\sum_{\{\boldsymbol{\Gamma}_z \mid (\Gamma_z^1, \ldots, \Gamma_z^{k-1}) = (\Gamma_q^1, \ldots, \Gamma_q^{k-1})\}} n_{\boldsymbol{\Gamma}_z} \cdot P_{\Phi_t}(\mathbb{U} \mid \boldsymbol{\Gamma}_z)}. \tag{3.41}$$

Für τ_{t+1}^M ergibt sich

$$\tau_{t+1}^M = \frac{\sum_{\boldsymbol{\Gamma}} n_{\boldsymbol{\Gamma}_q} \cdot P_{\Phi_t}(\mathbb{M} \mid \boldsymbol{\Gamma}_q)}{n}. \tag{3.42}$$

Hierbei ist $n_{\boldsymbol{\Gamma}_q}$ die Anzahl der Paare, für welche der Vergleichsvektor die Ausprägung $\boldsymbol{\Gamma}_q$ besitzt. Somit läßt sich der folgende Hilfssatz ableiten.

Hilfssatz 7 *Wird die Methode aus Abschnitt 3.2.3 mit $K \in \mathbb{N}$ Vergleichsmerkmalen angewendet, so gilt für jedes $L \in \{1, 2, \cdots, K\}$ und für alle $\boldsymbol{\Gamma}_q \in \boldsymbol{\Gamma}$ und $t \in \mathbb{N}_0$*

$$\prod_{k=1}^L \left(\mathbf{w}^k(\boldsymbol{\Gamma}_q)^T \mathbf{m}_{t+1}^k(1)\right)^{\Gamma_q^k} \left(1 - \mathbf{w}^k(\boldsymbol{\Gamma}_q)^T \mathbf{m}_{t+1}^k(1)\right)^{1-\Gamma_q^k}$$

$$= \frac{\sum_{\{\boldsymbol{\Gamma}_z \mid (\Gamma_z^1, \ldots, \Gamma_z^L) = (\Gamma_q^1, \ldots, \Gamma_q^L)\}} n_{\boldsymbol{\Gamma}_z} \cdot P_{\Phi_t}(\mathbb{M} \mid \boldsymbol{\Gamma}_z)}{\sum_{\boldsymbol{\Gamma}} n_{\boldsymbol{\Gamma}_z} \cdot P_{\Phi_t}(\mathbb{M} \mid \boldsymbol{\Gamma}_z)}$$

und

$$\prod_{k=1}^L \left(\mathbf{w}^k(\boldsymbol{\Gamma}_q)^T \mathbf{u}_{t+1}^k(1)\right)^{\Gamma_q^k} \left(1 - \mathbf{w}^k(\boldsymbol{\Gamma}_q)^T \mathbf{u}_{t+1}^k(1)\right)^{1-\Gamma_q^k}$$

$$= \frac{\sum_{\{\boldsymbol{\Gamma}_z \mid (\Gamma_z^1, \ldots, \Gamma_z^L) = (\Gamma_q^1, \ldots, \Gamma_q^L)\}} n_{\boldsymbol{\Gamma}_z} \cdot P_{\Phi_t}(\mathbb{U} \mid \boldsymbol{\Gamma}_z)}{\sum_{\boldsymbol{\Gamma}} n_{\boldsymbol{\Gamma}_z} \cdot P_{\Phi_t}(\mathbb{U} \mid \boldsymbol{\Gamma}_z)}. \tag{3.43}$$

Im Falle $L = K$ gilt speziell

$$m_{t+1}(\boldsymbol{\Gamma}_q) = \frac{n_{\boldsymbol{\Gamma}_q} \cdot P_{\Phi_t}(\mathbb{M} \mid \boldsymbol{\Gamma}_q)}{\sum_{\boldsymbol{\Gamma}} n_{\boldsymbol{\Gamma}_z} \cdot P_{\Phi_t}(\mathbb{M} \mid \boldsymbol{\Gamma}_z)} \tag{3.44}$$

und

$$u_{t+1}(\boldsymbol{\Gamma}_q) = \frac{n_{\boldsymbol{\Gamma}_q} \cdot P_{\Phi_t}(\mathbb{U} \mid \boldsymbol{\Gamma}_q)}{\sum_{\boldsymbol{\Gamma}} n_{\boldsymbol{\Gamma}_z} \cdot P_{\Phi_t}(\mathbb{U} \mid \boldsymbol{\Gamma}_z)}. \tag{3.45}$$

Beweis: Der Beweis erfolgt mittels Induktion nach L unter Verwendung von beliebigen aber festen $\mathbf{\Gamma}_q \in \mathbf{\Gamma}$ und $t \in \mathbb{N}_0$.

Induktionsanfang: $L = 1$

Für $L = 1$ resultiert

$$\prod_{k=1}^{1} \left(\mathbf{w}^k(\mathbf{\Gamma}_q)^T \mathbf{m}_{t+1}^k(1) \right)^{\Gamma_q^k} \left(1 - \mathbf{w}^k(\mathbf{\Gamma}_q)^T \mathbf{m}_{t+1}^k(1) \right)^{1-\Gamma_q^k}$$

$$= m_{t+1}^1(1)^{\Gamma_q^1} \left(1 - m_{t+1}^1(1) \right)^{1-\Gamma_q^1} = \begin{cases} \dfrac{\sum_{\{\mathbf{\Gamma}_z \mid \Gamma_z^1 = 1\}} n_{\mathbf{\Gamma}_z} \cdot P_{\Phi_t}(\mathbb{M} \mid \mathbf{\Gamma}_z)}{\sum_{\mathbf{\Gamma}} n_{\mathbf{\Gamma}_z} \cdot P_{\Phi_t}(\mathbb{M} \mid \mathbf{\Gamma}_z)} & \text{für } \Gamma_q^1 = 1 \\[3ex] \dfrac{\sum_{\{\mathbf{\Gamma}_z \mid \Gamma_z^1 = 0\}} n_{\mathbf{\Gamma}_z} \cdot P_{\Phi_t}(\mathbb{M} \mid \mathbf{\Gamma}_z)}{\sum_{\mathbf{\Gamma}} n_{\mathbf{\Gamma}_z} \cdot P_{\Phi_t}(\mathbb{M} \mid \mathbf{\Gamma}_z)} & \text{für } \Gamma_q^1 = 0 \end{cases}$$

$$= \frac{\sum_{\{\mathbf{\Gamma}_z \mid \Gamma_z^1 = \Gamma_q^1\}} n_{\mathbf{\Gamma}_z} \cdot P_{\Phi_t}(\mathbb{M} \mid \mathbf{\Gamma}_z)}{\sum_{\mathbf{\Gamma}} n_{\mathbf{\Gamma}_z} \cdot P_{\Phi_t}(\mathbb{M} \mid \mathbf{\Gamma}_z)}.$$

Induktionsschritt: $L \to L+1$

Mit Hilfe von (3.40) erhält man

$$\prod_{k=1}^{L+1} \left(\mathbf{w}^k(\mathbf{\Gamma}_q)^T \mathbf{m}_{t+1}^k(1) \right)^{\Gamma_q^k} \left(1 - \mathbf{w}^k(\mathbf{\Gamma}_q)^T \mathbf{m}_{t+1}^k(1) \right)^{1-\Gamma_q^k}$$

$$= m_{t+1}^{L+1}(1 \mid \Gamma_q^L, \ldots, \Gamma_q^1)^{\Gamma_q^{L+1}} \cdot \left(1 - m_{t+1}^{L+1}(1 \mid \Gamma_q^L, \ldots, \Gamma_q^1) \right)^{1-\Gamma_q^{L+1}}$$

$$\cdot \prod_{k=1}^{L} \left(\mathbf{w}^k(\mathbf{\Gamma}_q)^T \mathbf{m}_{t+1}^k(1) \right)^{\Gamma_q^k} \left(1 - \mathbf{w}^k(\mathbf{\Gamma}_q)^T \mathbf{m}_{t+1}^k(1) \right)^{1-\Gamma_q^k}$$

$$\underset{\substack{\text{Induktions-}\\\text{voraussetzung}}}{=} \frac{\sum_{\{\mathbf{\Gamma}_z \mid (\Gamma_z^1, \ldots, \Gamma_z^{L+1}) = (\Gamma_q^1, \ldots, \Gamma_q^{L+1})\}} n_{\mathbf{\Gamma}_z} \cdot P_{\Phi_t}(\mathbb{M} \mid \mathbf{\Gamma}_z)}{\sum_{\{\mathbf{\Gamma}_z \mid (\Gamma_z^1, \ldots, \Gamma_z^L) = (\Gamma_q^1, \ldots, \Gamma_q^L)\}} n_{\mathbf{\Gamma}_z} \cdot P_{\Phi_t}(\mathbb{M} \mid \mathbf{\Gamma}_z)}$$

$$\cdot \frac{\sum_{\{\mathbf{\Gamma}_z \mid (\Gamma_z^1, \ldots, \Gamma_z^L) = (\Gamma_q^1, \ldots, \Gamma_q^L)\}} n_{\mathbf{\Gamma}_z} \cdot P_{\Phi_t}(\mathbb{M} \mid \mathbf{\Gamma}_z)}{\sum_{\mathbf{\Gamma}} n_{\mathbf{\Gamma}_z} \cdot P_{\Phi_t}(\mathbb{M} \mid \mathbf{\Gamma}_z)}$$

$$= \frac{\sum_{\{\mathbf{\Gamma}_z \mid (\Gamma_z^1, \ldots, \Gamma_z^{L+1}) = (\Gamma_q^1, \ldots, \Gamma_q^{L+1})\}} n_{\mathbf{\Gamma}_z} \cdot P_{\Phi_t}(\mathbb{M} \mid \mathbf{\Gamma}_z)}{\sum_{\mathbf{\Gamma}} n_{\mathbf{\Gamma}_z} \cdot P_{\Phi_t}(\mathbb{M} \mid \mathbf{\Gamma}_z)}.$$

Der Beweis von Gleichung (3.43) erfolgt analog und es ergeben sich (3.44) und (3.45) als Spezialfall des soeben Bewiesenen für $L = K$ in Verbindung mit (3.36) und (3.37). $\qquad\qquad\qquad\qquad\qquad\qquad\qquad\qquad\qquad\qquad\qquad\qquad \square$

Die etwas unübersichtlichen Gleichungen (3.36) und (3.37) lassen sich also stark vereinfachen, wobei es sich bei dem Resultat gemäß (3.44) und (3.45) um gewichtete Anteilswerte handelt. Aus dieser Erkenntnis kann eine zunächst überraschende Eigenschaft abgeleitet werden, welche aus dem folgendem Satz hervorgeht.

Satz 11 *Wird die Methode aus Abschnitt 3.2.3 angewendet, so gilt*

$$P_{\boldsymbol{\Phi}_{t+1}}(\mathbb{M}\,|\,\boldsymbol{\Gamma}_q) = P_{\boldsymbol{\Phi}_t}(\mathbb{M}\,|\,\boldsymbol{\Gamma}_q) \ und \ P_{\boldsymbol{\Phi}_{t+1}}(\mathbb{U}\,|\,\boldsymbol{\Gamma}_q) = P_{\boldsymbol{\Phi}_t}(\mathbb{U}\,|\,\boldsymbol{\Gamma}_q)$$

für alle $\boldsymbol{\Gamma}_q \in \boldsymbol{\Gamma}$ *und* $t \in \mathbb{N}_0$.

Beweis: Berücksichtigt man die Gleichungen (3.44), (3.45) und (3.42) in (3.30), so resultiert

$$P_{\boldsymbol{\Phi}_{t+1}}(\mathbb{M}\,|\,\boldsymbol{\Gamma}_q) = \frac{\dfrac{n_{\boldsymbol{\Gamma}_q} \cdot P_{\boldsymbol{\Phi}_t}(\mathbb{M}\,|\,\boldsymbol{\Gamma}_q)}{n}}{\dfrac{n_{\boldsymbol{\Gamma}_q} \cdot P_{\boldsymbol{\Phi}_t}(\mathbb{M}\,|\,\boldsymbol{\Gamma}_q)}{n} + \dfrac{n_{\boldsymbol{\Gamma}_q} \cdot P_{\boldsymbol{\Phi}_t}(\mathbb{U}\,|\,\boldsymbol{\Gamma}_q)}{n}}$$

$$= P_{\boldsymbol{\Phi}_t}(\mathbb{M}\,|\,\boldsymbol{\Gamma}_q).$$

Der Beweis für $P_{\boldsymbol{\Phi}_{t+1}}(\mathbb{U}\,|\,\boldsymbol{\Gamma}_q)$ erfolgt analog. $\square$

Die Wirkungsweise der Methodik kann so interpretiert werden, daß der E-Schritt zur Bestimmung von Gewichten und der M-Schritt zur Schätzung von Parametern mit Hilfe von gewichteten Anteilen verwendet wird. Der soeben bewiesene Satz zeigt, daß sich die am Anfang festgelegten Gewichte nicht ändern, sie also bei jedem Iterationsschritt gleich sind. Betrachtet man nochmals die Gleichungen (3.44), (3.45) und (3.42), so bedeutet dies, daß

$$\boldsymbol{\Phi}_{t+1} = \boldsymbol{\Phi}_t$$

für alle $t > 0$ gilt. Die Parameterschätzungen ändern sich also nach dem ersten Iterationsschritt nicht mehr. Aus dem Beweis von Satz 10 geht hervor, daß es sich in diesem Fall bei $\boldsymbol{\Phi}_1$ um einen stationären Punkt von L handelt. Bei Anwendung des Verfahrens wird also nach der ersten Iteration bereits ein stationärer Punkt bestimmt.

Dieses Ergebnis ist zunächst sehr überraschend und seine Auswirkungen sind nicht klar. Der EM Algorithmus ist als iteratives Verfahren konstruiert, eine wesentliche Eigenschaft wird hier also nicht genutzt. Insofern ist eine Analyse der Ursachen und Folgen erforderlich. Dabei muß auch geklärt werden, weshalb bei Anwendung der Methode aus Abschnitt 3.2.2 die Ein-Iteration-Eigenschaft nicht gegeben ist. Dies ist insbesondere notwendig, da die Methode aus 3.2.2 im Grunde nur einen Spezialfall derjenigen aus 3.2.3 darstellt. Der einzige Unterschied besteht in der Berücksichtigung von Abhängigkeiten. Insofern muß die Ursache für nur eine Iteration auch darin gesucht werden.

Dazu wird das Problem auf eine etwas vereinfachte Art betrachtet. Gegeben sei eine diskrete Grundmenge Ω und die vier Ereignisse A, B, M, $U \in \mathcal{P}(\Omega)$ mit den Eigenschaften

$$M \cap U = \varnothing \quad \text{und} \quad M \cup U = \Omega$$

sowie

$$A \cap M \neq \varnothing \quad A \cap U \neq \varnothing \quad \text{bzw.} \quad B \cap M \neq \varnothing \quad B \cap U \neq \varnothing.$$

Dies entspricht der Problematik, welche dem Record Linkage-Ansatz zugrunde liegt. M und U entsprechen $\mathbb{M} \cap (\mathbb{A}_s \times \mathbb{B}_s)$ und $\mathbb{U} \cap (\mathbb{A}_s \times \mathbb{B}_s)$, mit A und B können die Ausprägungen des Vergleichsvektors bezüglich zweier Vergleichsmerkmale assoziiert werden. Für ein auf $(\Omega, \mathcal{P}(\Omega))$ definiertes Wahrscheinlichkeitsmaß P_t zum Zeitpunkt t gilt dann unter der Voraussetzung $P_t(M), P_t(U) > 0$

$$P_t(A \cap B \mid M) = \frac{P_t(A \cap B \cap M)}{P_t(M)} \quad \text{und} \quad P_t(A \cap B \mid U) = \frac{P_t(A \cap B \cap U)}{P_t(U)}.$$
$$(3.46)$$

Wird nun die Wahrscheinlichkeit $P_{t+1}(M \mid A \cap B)$ zum Zeitpunkt $t + 1$ mit Hilfe des Satzes von Bayes und dem Wahrscheinlichkeitsmaß P_t bestimmt, so resultiert

$$P_{t+1}(M \mid A \cap B) = \frac{P_t(M) \cdot P_t(A \cap B \mid M)}{P_t(M) \cdot P_t(A \cap B \mid M) + P_t(U) \cdot P_t(A \cap B \mid U)}.$$

Durch Einsetzen von (3.46) erhält man

$$P_{t+1}(M \mid A \cap B) = \frac{P_t(M) \cdot \dfrac{P_t(A \cap B \cap M)}{P_t(M)}}{P_t(M) \cdot \dfrac{P_t(A \cap B \cap M)}{P_t(M)} + P_t(U) \cdot \dfrac{P_t(A \cap B \cap U)}{P_t(U)}}$$

$$= P_t(M \mid A \cap B).$$
$$(3.47)$$

Analoges gilt für U. Dieses Resultat entspricht genau der Aussage von Satz 11. Somit zeigt das einfache Beispiel, daß diese wesentliche Eigenschaft keineswegs so überraschend ist wie zunächst vermutet und im Grunde eine logische Konsequenz aus der Anwendung des Satzes von Bayes darstellt.

Für die soeben angestellten Überlegungen sind keinerlei Annahmen über den Zusammenhang von A und B getroffen worden. Insofern gelten diese Aussagen sowohl bei Vorliegen von bedingter Unabhängigkeit als auch bei Vorliegen von bedingter Abhängigkeit. Trotzdem ist bei Anwendung der Methode aus Abschnitt 3.2.2 ein abweichendes Verhalten zu beobachten. Zur Klärung dieses scheinbaren Widerspruches muß man sich nochmals vor Augen halten, was bedingte Unabhängigkeit bedeutet. Auf das obige Problem bezogen ist damit

$$P_t(A \mid B \cap M) = P_t(A \mid M) \quad \text{und} \quad P_t(A \mid B \cap U) = P_t(A \mid U)$$

gemeint. Sofern diese Annahme richtig ist, ändert sich an den Aussagen nichts. Ist die Annahme jedoch falsch, so gilt

$$P_t(A \mid M) \cdot P_t(B \mid M) \neq P_t(A \mid B \cap M) \cdot P_t(B \mid M) = P(A \cap B \mid M)$$

und damit auch

$$P_t(A \mid M) \cdot P_t(B \mid M) \neq \frac{P_t(A \cap B \cap M)}{P_t(M)}.$$

Diese Aussagen gelten für die bezüglich U bedingten Wahrscheinlichkeiten analog. Verwendet man also fälschlicherweise die Unabhängigkeitsannahme, so kann in Gleichung (3.47) nicht mehr gekürzt werden. Dies führt im allgemeinen dazu, daß das Ergebnis nicht mehr gültig ist.

Die Wahrscheinlichkeiten werden bekanntermaßen aus den Daten geschätzt. Selbst wenn bedingte Unabhängigkeit zwischen den Komponenten des Vergleichsvektors vorliegt, werden Variabilitäten innerhalb der Stichproben im Regelfall dazu führen, daß diese von den Daten nicht vollständig reflektiert wird. Dies führt dann zu dem soeben beschriebenen Effekt. Somit gilt bei Annahme von Unabhängigkeit im allgemeinen auch

$$P_{\Phi_{t+1}}(\mathbb{M} \mid \mathbf{\Gamma}_q) \neq P_{\Phi_t}(\mathbb{M} \mid \mathbf{\Gamma}_q).$$

Die Iterationen dienen also dazu, die Schätzwerte und die Daten unter der Annahme der bedingten Unabhängigkeit in Einklang zu bringen. Dabei wird gemäß den Eigenschaften des EM Algorithmus die Likelihood bei jedem Schritt erhöht.

Das Ergebnis von Satz 11 läßt sich auch noch auf eine sehr anschauliche Art und Weise begründen, indem man die grundsätzliche Funktionsweise des

EM Algorithmus mit einbezieht. Es handelt sich bei den folgenden Überlegungen weniger um eine streng mathematische Begründung, als mehr um eine intuitive Vorgehensweise, welche aber die zugrundeliegende Problematik sehr gut beschreibt. Betrachtet man das Schätzproblem innerhalb der Mengen $\mathbb{M} \cap (\mathbb{A}_s \times \mathbb{B}_s)$ und $\mathbb{U} \cap (\mathbb{A}_s \times \mathbb{B}_s)$ isoliert voneinander, so kann man die Ausprägungen der Vergleichsvektoren innerhalb der Mengen als die Realisierungen einer Multinomialverteilung ansehen. Dazu muß man jede mögliche Realisierung als eigene Klasse betrachten. Entsprechend besteht die Schätzproblematik in der Bestimmung der Parameter der Multinomialverteilungen, also in der Bestimmung der Realisierungswahrscheinlichkeiten der einzelnen Klassen bzw. der einzelnen Ausprägungen des Vergleichsvektors. Hierfür ist die Lösung bekannt. Die Maximum-Likelihood-Schätzwerte für diese Wahrscheinlichkeiten sind die jeweiligen relativen Anteile in der Stichprobe. Das Hauptproblem besteht nun aber darin, daß die Zugehörigkeit der Elemente zu $\mathbb{M} \cap (\mathbb{A}_s \times \mathbb{B}_s)$ bzw. $\mathbb{U} \cap (\mathbb{A}_s \times \mathbb{B}_s)$ nicht beobachtet werden kann.

Die unbekannten Anzahlen der Ausprägungen $\mathbf{\Gamma}_q \in \mathbf{\Gamma}$ in $\mathbb{M} \cap (\mathbb{A}_s \times \mathbb{B}_s)$ bzw. $\mathbb{U} \cap (\mathbb{A}_s \times \mathbb{B}_s)$ werden mit $\tilde{n}_{\mathbf{\Gamma}_q}^M$ bzw. $\tilde{n}_{\mathbf{\Gamma}_q}^U$ bezeichnet. Bekannt ist lediglich, daß $\tilde{n}_{\mathbf{\Gamma}_q}^M + \tilde{n}_{\mathbf{\Gamma}_q}^U = n_{\mathbf{\Gamma}_q}$ gilt. Gemäß der Ausführungen in Abschnitt 3.1 werden die fehlenden Informationen auf Basis der bedingten Erwartungswerte rekonstruiert. Betrachtet man $\tilde{n}_{\mathbf{\Gamma}_q}^M$ als binomialverteilte Zufallsvariable mit $\theta = P_{\mathbf{\Phi}_0}(\mathbb{M} \mid \mathbf{\Gamma}_q)$, so resultieren die Erwartungswerte

$$E(\tilde{n}_{\mathbf{\Gamma}_q}^M) = n_{\mathbf{\Gamma}_q} \cdot P_{\mathbf{\Phi}_0}(\mathbb{M} \mid \mathbf{\Gamma}_q) \qquad \text{bzw.} \qquad E(\tilde{n}_{\mathbf{\Gamma}_q}^U) = n_{\mathbf{\Gamma}_q} \cdot P_{\mathbf{\Phi}_0}(\mathbb{U} \mid \mathbf{\Gamma}_q).$$

Auf Basis dieser Erwartungswerte werden die Maximum-Likelihood-Schätzwerte bestimmt. Für die jeweiligen Anteilsschätzer erhält man

$$m_1(\mathbf{\Gamma}_q) = \frac{E(\tilde{n}_{\mathbf{\Gamma}_q}^M)}{\sum_{\mathbf{\Gamma}} E(\tilde{n}_{\mathbf{\Gamma}_z}^M)} = \frac{n_{\mathbf{\Gamma}_q} \cdot P_{\mathbf{\Phi}_0}(\mathbb{M} \mid \mathbf{\Gamma}_q)}{\sum_{\mathbf{\Gamma}} n_{\mathbf{\Gamma}_z} \cdot P_{\mathbf{\Phi}_0}(\mathbb{M} \mid \mathbf{\Gamma}_z)}$$

und

$$u_1(\mathbf{\Gamma}_q) = \frac{E(\tilde{n}_{\mathbf{\Gamma}_q}^U)}{\sum_{\mathbf{\Gamma}} E(\tilde{n}_{\mathbf{\Gamma}_z}^U)} = \frac{n_{\mathbf{\Gamma}_q} \cdot P_{\mathbf{\Phi}_0}(\mathbb{U} \mid \mathbf{\Gamma}_q)}{\sum_{\mathbf{\Gamma}} n_{\mathbf{\Gamma}_z} \cdot P_{\mathbf{\Phi}_0}(\mathbb{U} \mid \mathbf{\Gamma}_z)}.$$

Außerdem ergibt sich nach dem gleichen Prinzip

$$\tau_1^M = \frac{\sum_{\mathbf{\Gamma}} E(\tilde{n}_{\mathbf{\Gamma}_q}^M)}{n} = \frac{\sum_{\mathbf{\Gamma}} n_{\mathbf{\Gamma}_q} \cdot P_{\mathbf{\Phi}_0}(\mathbb{M} \mid \mathbf{\Gamma}_q)}{n}.$$

Diese intuitive Vorgehensweise führt also für $t = 0$ unmittelbar zu den Gleichungen (3.44), (3.45) und (3.42).

Bei Anwendung des EM Algorithmus werden im E-Schritt die Häufigkeiten $n_{\mathbf{\Gamma}_q}$ auf $\mathbb{M} \cap (\mathbb{A}_s \times \mathbb{B}_s)$ und $\mathbb{U} \cap (\mathbb{A}_s \times \mathbb{B}_s)$ aufgeteilt. Somit basieren alle weiteren Schritte auf dieser Aufteilung. Durch den M-Schritt kommen keine neuen

Informationen hinzu, welche der bestehenden Separation widersprechen. Auf Basis der durch den Startwert implizierten Wahrscheinlichkeiten handelt es sich somit um einen Maximum-Likelihood-Schätzer für Φ. Folglich liegt ein Ergebnis vor, welches bei Anwendung des EM Algorithmus zu erwarten ist. Die durch die fehlenden Daten entstehenden Informationslücken werden mit Hilfe der bedingten Erwartungswerte geschlossen, und auf Basis derer wird dann ein Schätzwert bestimmt.

Überträgt man die soeben angestellten Überlegungen auf die unter der Annahme der Unabhängigkeit konstruierte Methode, so wird erneut die These gestützt, daß die EM-Iterationen auf die Unabhängigkeitshypothese zurückzuführen sind. Die Aufteilung der Stichprobenpaare auf $\mathbb{M} \cap (\mathbb{A}_s \times \mathbb{B}_s)$ und $\mathbb{U} \cap (\mathbb{A}_s \times \mathbb{B}_s)$ ist alleine auf Basis der vorliegenden Beobachtungen nicht möglich. Werden Zusatzinformationen in Form eines Startwertes hinzugefügt, so wird das Informationsdefizit beseitigt und es liegt nach einer Iteration ein Maximum-Likelihood-Schätzwert auf Basis dieser anfänglichen Information vor. Durch die Annahme der bedingten Unabhängigkeit kommt es dann zu einer Veränderung der Werte. Offensichtlich handelt es sich im Sinne der Hypothese bei Φ_1 um keinen stationären Punkt von L. Somit werden im nächsten Iterationsschritt die Schätzwerte entsprechend angepaßt und die Likelihood erhöht. Dies geschieht so lange, bis im Sinne der Nebenbedingung ein stationärer Punkt vorliegt oder aber der Iterationsprozeß durch den Anwender abgebrochen wird.

Der Iterationsprozeß wird demnach durch die Annahme der bedingten Unabhängigkeit ausgelöst. Demzufolge ist aber auch anzunehmen, daß der Einfluß des Startwertes begrenzt ist, da die Unabhängigkeitsannahme sehr dominant wirkt. Dies ist insbesondere dann von Vorteil, wenn innerhalb der Daten keine oder lediglich geringe Abhängigkeiten vorliegen. Die Schätzwerte werden durch die Iterationen von dem Startwert weg zu realistischeren Werten hingeführt. Liegen allerdings starke Abhängigkeiten vor, so können die im Sinne der Annahme richtigen Schätzwerte auch falsch sein. Dies kann zu extremen Verzerrungen führen.

Im Gegensatz zu der unter Verwendung der Unabhängigkeitsannahme konstruierten Methode, hängen die Ergebnisse des in Abschnitt 3.2.3 entwickelten Ansatzes stark von dem vorgegebenen Startwert ab. Die dadurch implizierten Wahrscheinlichkeiten $P_{\Phi_0}(\mathbb{M} \,|\, \Gamma_q)$ und $P_{\Phi_0}(\mathbb{U} \,|\, \Gamma_q)$ gehen unmittelbar in die Schätzwerte ein. Auf Basis der gegebenen Wahrscheinlichkeiten handelt es sich dann um einen eindeutig bestimmten Maximum-Likelihood-Schätzwert für Φ. Für unterschiedliche $P_{\Phi_0}(\mathbb{M} \,|\, \Gamma_q)$ und $P_{\Phi_0}(\mathbb{U} \,|\, \Gamma_q)$ hingegen unterscheiden sich die Schätzwerte. Somit muß ein besonderes Augenmerk auf die Bestimmung des Startwertes gelegt werden. Eine Methode hierfür wird im nächsten Abschnitt vorgestellt.

3.2.5   Ein Ansatz zur Bestimmung des Startwertes

Wie die bisherigen Untersuchungen gezeigt haben, bestimmt die Wahl des Startwertes die Ergebnisse des in Abschnitt 3.2.3 eingeführten Schätzverfahrens. Die aus dem Startwert resultierenden Wahrscheinlichkeiten $P_{\Phi_0}(\mathbb{M} \,|\, \Gamma_q)$ und $P_{\Phi_0}(\mathbb{U} \,|\, \Gamma_q)$ gehen direkt in die Schätzwerte ein. In diesem Abschnitt wird ein Ansatz vorgestellt, welcher die Bestimmung des Startwertes auf Basis einer bestimmten Charakteristik der Menge $\mathbb{M} \cap (\mathbb{A}_s \times \mathbb{B}_s)$ erlaubt, was die Vorgabe realistischer Werte unter Verwendung relativ weniger Vorinformationen ermöglicht. Der so gewonnene Startwert kann natürlich nicht nur für das in Abschnitt 3.2.3 entwickelte Verfahren, sondern auch für dasjenige aus Abschnitt 3.2.2 eingesetzt werden.

Die Idee besteht darin, nur diejenigen Werte direkt vorzugeben, deren Bestimmung relativ geringe Anforderungen an den Anwender stellt. Die verbleibenden Parameter werden dann aus den beobachtbaren Sachverhalten geschätzt. Ziel der Vorgehensweise ist es, die Anforderungen an den Anwender systematisch zu reduzieren und möglichst viele Informationen aus den vorliegenden Daten zu gewinnen.

Zunächst wird ein Paar $(a, b) \in \mathbb{M} \cap (\mathbb{A}_s \times \mathbb{B}_s)$ mit dem zugehörigen Vergleichsvektor $\boldsymbol{\gamma}\big(\alpha(a), \beta(b)\big)$ betrachtet. Angenommen, die beiden Stichproben $\mathbb{A}_s$ und $\mathbb{B}_s$ wurden zum selben Zeitpunkt erhoben, $\mathbb{L}_A$ und $\mathbb{L}_B$ auf dieselbe Art und Weise generiert und es wurden keine Fehler gemacht. Dann würden a und b bezüglich aller Merkmale übereinstimmen und es würde somit $\gamma^k\big(\alpha(a), \beta(b)\big) = 1$ für alle $k \in \{1, \ldots, K\}$ resultieren. Dies hätte dann aber auch zur Folge, daß die Wahrscheinlichkeit der Übereinstimmung für alle K Komponenten des Vektors 1 betragen würde. Wurden die Stichproben zu unterschiedlichen Zeitpunkten erhoben, so können gewisse Unterschiede auftreten. Diese hängen insbesondere auch von den erhobenen Merkmalen ab. Adressänderungen treten häufiger auf, Änderungen des Vornamens sind eher selten. Insgesamt reduziert sich die Wahrscheinlichkeit der Übereinstimmung bezüglich einzelner Merkmale. Selbiges gilt, wenn die Daten auf unterschiedliche Weise erhoben wurden und realistischerweise auch Fehler darin enthalten sind. Trotzdem befinden sich die Wahrscheinlichkeiten der Übereinstimmung bezüglich der K Komponenten immer noch „in der Nähe" von 1. Wie groß die Abweichung ist, hängt von der konkreten Situation und den jeweiligen Merkmalen ab. Kennt man die Umstände, unter welchen die Daten erhoben wurden, so ist eine realistische Abschätzung vergleichsweise einfach. Sind beispielsweise die Erhebungszeitpunkte von $\mathbb{A}_s$ und $\mathbb{B}_s$ ein Jahr auseinander, so können die Anteile der in diesem Zeitraum erfolgten Namens- und Adressänderungen in der zugrundeliegenden Grundgesamtheit als erste realistische Näherung für die Wahrscheinlichkeit der Nicht-Übereinstimmung von Name und Adresse angesehen werden. Zusätzlich müssen dann noch eventuelle Fehlerquellen berücksichtigt werden.

Die Situation bezüglich $(a, b) \in \mathbb{U} \cap (\mathbb{A}_s \times \mathbb{B}_s)$ gestaltet sich deutlich schwieriger. Die Spannweiten der Wahrscheinlichkeiten der Übereinstimmung bezüglich der K Merkmale sind deutlich größer als bei einem Element $(a, b) \in \mathbb{M} \cap (\mathbb{A}_s \times \mathbb{B}_s)$. Beispielsweise dürfte die Wahrscheinlichkeit der Übereinstimmung bezüglich des Geschlechts relativ hoch sein und in der Nähe von $0, 5$ liegen. Andererseits ist die Wahrscheinlichkeit eines gleichen Namens deutlich geringer. Selbiges gilt für Vorname, Straße oder Wohnort. In welchem Bereich diese Wahrscheinlichkeiten liegen, ist sehr schwierig abzuschätzen, da die Einflußfaktoren vielfältiger sind, als bei den Elementen aus $\mathbb{M} \cap (\mathbb{A}_s \times \mathbb{B}_s)$. Insbesondere ist auch die Zusammensetzung der Grundgesamtheit, aus der die Elemente stammen, von Bedeutung. So spiegelt sich zum Beispiel die Vielseitigkeit der Namensgebung auch in den Stichproben wieder. Stammen die Elemente aus einer Grundgesamtheit, in der alle Elemente denselben Namen besitzen, so liegt die Wahrscheinlichkeit der Übereinstimmung bei den Elementen aus $\mathbb{U} \cap (\mathbb{A}_s \times \mathbb{B}_s)$ in der Nähe von 1. Umgekehrt liegt die Wahrscheinlichkeit bei 0, wenn jedes Element in der Grundgesamtheit einen einmaligen Namen besitzt. Selbiges gilt auch für andere Vergleichsmerkmale. Natürlich sind diese Fälle konstruiert. Die „Wahrheit" liegt im Normalfall irgendwo dazwischen. Dennoch läßt sich an diesem Beispiel die grundsätzliche Problematik erkennen. Es ist bei den Elementen aus $\mathbb{U} \cap (\mathbb{A}_s \times \mathbb{B}_s)$ sehr viel schwieriger, die tatsächlichen Gegebenheiten realistisch einzuschätzen, als dies bei den Elemente aus $\mathbb{M} \cap (\mathbb{A}_s \times \mathbb{B}_s)$ der Fall ist.

Die soeben angestellten Überlegungen bilden die gedankliche Grundlage für das im weiteren vorgestellte Verfahren. Zunächst muß der Anwender die Wahrscheinlichkeiten $m_0^k(1 \mid \nu)$ vorgeben. Um dies zu vereinfachen, wird bei der Bestimmung des Startwertes von bedingter Unabhängigkeit ausgegangen, d.h es werden lediglich die unbedingten Randwahrscheinlichkeiten $m_0^k(1)$ vorgegeben und für die bedingten $m_0^k(1 \mid \nu) = m_0^k(1)$ gewählt. Dadurch müssen nicht $\sum_{k=1}^{K} 2^{k-1} = 2^K - 1$, sondern lediglich K Wahrscheinlichkeiten abgeschätzt werden. Inhaltlich läßt sich diese Vorgehensweise dadurch begründen, daß die bedingten Randwahrscheinlichkeiten innerhalb von $\mathbb{M} \cap (\mathbb{A}_s \times \mathbb{B}_s)$ schwer abschätzbar sind. Müßten alle Werte vorgegeben werden, so würde dies im Regelfall eine Überforderung des Anwenders mit sich bringen. Insofern muß eine detailliertere Vorgabe auch nicht notwendigerweise zu besseren Ergebnissen führen. Ein zweiter Grund ist darin zu sehen, daß in die zu bestimmenden Schätzwerte letztendlich nicht der Startwert selbst, sondern die daraus resultierenden Wahrscheinlichkeiten $P_{\Phi_0}(\mathbb{M} \mid \Gamma_q)$ und $P_{\Phi_0}(\mathbb{U} \mid \Gamma_q)$ eingehen. Es wird im M-Schritt nicht mehr erfaßt, ob diese auf Basis der Unabhängigkeitsannahme bestimmt wurden oder nicht. Probleme treten allerdings dann auf, wenn sich verzerrte Werte $P_{\Phi_0}(\mathbb{M} \mid \Gamma_q)$ und $P_{\Phi_0}(\mathbb{U} \mid \Gamma_q)$ ergeben.

Neben den Wahrscheinlichkeiten $m_0^k(1)$ muß vom Anwender noch die Überschneidung der Stichproben abgeschätzt, also die Wahrscheinlichkeit τ_0^M vorgegeben werden. Offensichtlich muß für diese

$$0 < \tau_0^M \le \frac{\min(n_A, n_B)}{n}$$

gelten. Wird der Anteil der Elemente der kleineren Stichprobe, welcher ebenfalls in der größeren enthalten ist, mit $\rho \in (0; 1]$ bezeichnet, so wird als Vorgabe

$$\tau_0^M = \rho \cdot \frac{\min(n_A, n_B)}{n}$$

gewählt. Zur Festlegung von τ_0^M ist somit die Bestimmung von ρ ausreichend. Diese Größe muß aber bereits zur Beurteilung der Wirtschaftlichkeit einer Record Linkage-Anwendung bestimmt werden, da vorab klar sein muß, ob der Aufwand durch den Umfang von $\mathbb{M} \cap (\mathbb{A}_s \times \mathbb{B}_s)$ gerechtfertigt ist. Ein Schätzwert liegt im allgemeinen also bereits vor.

Nachdem die $K+1$ Parameter vorgegeben sind, werden die noch verbleibenden aus dem Datenmaterial geschätzt. Es sei L^k die Anzahl unterschiedlicher Ausprägungen des k-ten Merkmales in den Datensätzen $\mathbb{L}_A$ und $\mathbb{L}_B$. Mit h_A^l und h_B^l werden die absoluten Häufigkeiten bezeichnet, in denen die l-te Ausprägung des k-ten Merkmales in $\mathbb{L}_A$ bzw. $\mathbb{L}_B$ resultiert. Diese Häufigkeiten lassen sich für alle $l \in \{l = 1, \ldots, L^k\}$ und $k \in \{1, \ldots K\}$ aus den Daten durch einfaches Abzählen ermitteln. Darauf basierend können die Wahrscheinlichkeiten der Ausprägungen $\gamma_j^k = 1 \; \forall k \in \{1, \ldots K\}$ mit Hilfe der relativen Häufigkeiten geschätzt werden. Es ergibt sich

$$P\big(\widehat{[\tilde{\gamma}_j^k = 1]}\big) = \frac{\sum\limits_{l=1}^{L^k} h_A^l \cdot h_B^l}{n} \qquad \forall k \in \{1, \ldots, K\}\,.$$

Gemäß des Satzes von Bayes gilt

$$P\big([\tilde{\gamma}_j^k = 1]\big) = m^k(1) \cdot \tau^M + u^k(1) \cdot (1 - \tau^M) \qquad \forall k \in \{1, \ldots, K\}\,.$$

Durch Umformen und Einsetzen von $P\big(\widehat{[\tilde{\gamma}_j^k = 1]}\big)$, $m_0^k(1)$, $u_0^k(1)$ und τ_0^M anstatt $P\big([\tilde{\gamma}_j^k = 1]\big)$, $m^k(1)$, $u^k(1)$ und τ^M erhält man

$$u_0^k(1) = \frac{P\big(\widehat{[\gamma_j^k = 1]}\big) - m_0^k(1) \cdot \tau_0^M}{1 - \tau_0^M} \qquad \forall k \in \{1, \ldots, K\}\,. \tag{3.48}$$

Es wird auch hier wiederum von bedingter Unabhängigkeit ausgegangen und folglich

$$u_0^k(1 \mid \nu) = u_0^k(1) \qquad \forall \nu \in \left\{1, \dots, 2^{k-1}\right\}, \, k \in \{1, \dots, K\}.$$

gewählt.

Die dargestellte Vorgehensweise ermöglicht es, den Startwert auf Basis einer spezifischen Eigenschaft von $\mathbb{M} \cap (\mathbb{A}_s \times \mathbb{B}_s)$ zu bestimmen. Es müssen dabei lediglich $K + 1$ Werte vom Anwender vorgegeben werden. Allerdings birgt das Verfahren immer noch zwei Unsicherheitsfaktoren in sich. Zum einen müssen die $K + 1$ vorgegebenen Werte - trotz der bekannten Eigenschaften - keineswegs richtig sein, zum anderen geht die Annahme der bedingten Unabhängigkeit in die Vorgaben ein. Die Auswirkungen werden simulativ in Abschnitt 4.2 untersucht.

Der Ansatz zur Bestimmung des Startwertes beinhaltet noch implizit einen Kontrollmechanismus. Sind eine oder mehrere der mittels (3.48) geschätzten Wahrscheinlichkeiten $u_0^k(1)$ negativ, so ist zumindest eine der Vorgaben $m_0^k(1)$ und ρ zu hoch. Sie müssen nochmals geprüft und neu angepasst werden. Dies kann insbesondere bei sehr aussagekräftigen Merkmalen der Fall sein, bei welchen eine Übereinstimmung für Elemente aus $\mathbb{U} \cap (\mathbb{A}_s \times \mathbb{B}_s)$ vergleichsweise selten ist.

3.3 Verallgemeinerung des Vergleichsvektors durch Häufigkeitsadjustierung

3.3.1 Gegenstand einer Häufigkeitsadjustierung

Für die Verfahren aus Abschnitt 3.2 wurde jeweils ein Vergleichsvektor mit den Komponenten

$$\gamma^k(\alpha(a), \beta(b)) = \begin{cases} 1 & \text{falls } \alpha(a) \text{ und } \beta(b) \text{ bezüglich des k-ten} \\ & \text{Merkmales übereinstimmen} \qquad \forall k \in \{1, \dots, K\} \\ 0 & \text{sonst} \end{cases}$$

verwendet. Diese Definition ermöglicht eine vergleichsweise einfache Schätzung der benötigten Parameter. Andererseits führt die durch bloße „stimmt überein"/ „stimmt nicht überein"-Vergleiche implizierte Komprimierung der Informationen auch zu einem Informationsverlust. Beispielsweise wird nicht erfaßt, daß eine Übereinstimmung bezüglich häufiger Namen wie „Müller" eine geringere Bedeutung besitzt, als die Übereinstimmung bezüglich seltenerer

Namen wie „Vijayan" (vgl. *Winkler* 1995, S. 365). Man geht deshalb in vielen
Fällen dazu über, komplexere Vergleichsmuster heranzuziehen. Hierbei bietet
es sich an, die durch die 0/1-Vergleiche geschätzten Wahrscheinlichkeiten zu
verwenden und sie mit Hilfe zusätzlicher Informationen auf allgemeinere Vergleichsvektoren zu übertragen. Dies erfolgt auf Basis von den relativen Häufigkeiten der einzelnen Ausprägungen. Insofern wird die Prozedur im weiteren als
Häufigkeitsadjustierung der Schätzwerte bezeichnet.

Je nach verfolgtem Ansatz stammen die relativen Häufigkeiten aus unterschiedlichen Quellen. Eine Möglichkeit zur Bestimmung der Häufigkeiten besteht darin, diese aus vorangegangenen Untersuchungen zu gewinnen und in Form von
Tabellen vorzugeben (vgl. z.B. *Jaro* 1984, S. 8). Dies bringt allerdings verschiedene Probleme mit sich. Wird beispielsweise anhand des Namens adjustiert,
so besteht die Möglichkeit, daß in verschiedenen Regionen unterschiedliche
Namen dominieren. Somit sind die verwendeten Tabellen nicht ohne weiteres auf andere Regionen übertragbar (vgl. *Winkler* 1995, S. 366). *Jaro* (1984)
schlägt vor, für bestimmte Gebiete eine temporäre Modifikation der Tabellen
vorzunehmen. Dabei sollen Kenntnisse über regionale Besonderheiten einflie-
ßen. Beispielsweise kann berücksichtigt werden, daß der Name „Gonzales" in
spanisch-sprechenden Gegenden häufiger vorkommt als in anderen (vgl. *Jaro*
1984, S. 8). Auch dies ist mit Schwierigkeiten verbunden. Die Anzahl der zu
berücksichtigenden Ausprägungen kann unter Umständen sehr groß und die
Anpassungen somit sehr aufwendig sein. Notwendige Vereinfachungen führen
dazu, daß die Methodik starken subjektiven Einflüssen ausgesetzt ist. Wird dieselbe Tabelle in unterschiedlichen Regionen eingesetzt, so ist unter Umständen
für jede Region eine eigene Modifikation erforderlich. Und nicht zuletzt beruhen
vergangenheitsbasierte Daten in der Regel auf Stichproben. Somit unterliegen
auch diese gewissen Unsicherheiten, welche zum einen durch die Problematik
der Teilerhebung an sich und zum anderen durch die zeitliche Differenz zur
aktuellen Anwendung hervorgerufen werden. Die Tabellen müssen folglich in
einem aufwendigen Prozeß gepflegt werden.

Alternativ bietet es sich an, die benötigten Informationen direkt aus den vorliegenden Stichproben zu gewinnen (vgl. z.B. *Winkler und Thibaudeau* 1991,
Winkler 1995, *Winkler* 2000a und *Yancey* 2000). Dies kann auf Basis zweier
grundlegend unterschiedlicher Ansätze erfolgen. Der erste geht auf ein in *Fellegi
und Sunter* (1969) dargestelltes Modell zur Schätzung der Wahrscheinlichkeitsfunktionen m und u zurück. Dabei wird von den fehlerfreien Ausprägungen in
der zugrundegelegten Grundgesamtheit ausgegangen und versucht, den Eintragsgenerierungsprozeß zu modellieren und somit das Zustandekommen der
Stichproben zu erklären. Eine Darstellung findet sich in Abschnitt 3.3.2. Beim
zweiten Ansatz wird von den Realisierungen in den Datensätzen ausgegangen.

Die Grundidee stammt aus *Yancey* (2000) und die Umsetzung besitzt - wie sich zeigen wird - gegenüber dem ersten Ansatz deutliche Vorteile. Die Methodik wird in Abschnitt 3.3.3 aufgegriffen und erweitert. Grundlage beider Ansätze bildet das in Abschnitt 3.2.2 vorgestellte Schätzverfahren.

3.3.2   An der Grundgesamtheit orientiertes Modell

In *Fellegi und Sunter* (1969) wird ein Ansatz zur Berechnung der Parameter des Record Linkage-Modells dargestellt, welcher auf detaillierter Kenntnis der Grundgesamtheit sowie des Zustandekommens der Stichproben beruht. Liegen die Informationen vor, so lassen sich die gesuchten Wahrscheinlichkeiten auf Basis von relativen Häufigkeiten bestimmen. Zusätzlich müssen noch die Eigenschaften der Eintragsgenerierung berücksichtigt werden (vgl. *Fellegi und Sunter* 1969, S. 1192ff). Die geforderten Informationen sind im Allgemeinen nicht vorhanden. Insofern ist eine direkte Umsetzung praktisch ausgeschlossen. Anwendung findet der Ansatz hingegen in Verbindung mit einer Häufigkeitsadjustierung. Hierbei werden die unter Verwendung der Unabhängigkeitsannahme mit Hilfe des EM Algorithmus geschätzten Wahrscheinlichkeiten $m^k(1)$ und $u^k(1)$ sowie die relativen Häufigkeiten in den Stichproben herangezogen, um Informationslücken zu schließen.

Eine Adjustierung kann im Prinzip anhand eines oder mehrerer beliebiger Merkmale vorgenommen werden. Die weiteren Ausführungen beziehen sich auf ein beliebiges Attribut, wobei zur Übersichtlichkeit bei den betrachteten Häufigkeiten auf den Index k verzichtet wird. Angenommen wird, daß für das betrachtete Merkmal L verschiedene fehlerfreie Ausprägungen existieren und diese auch bekannt sind. Die Anzahlen der Realisierung der l-ten Ausprägung in $\mathbb{A}$ bzw. $\mathbb{B}$ - also in den Grundgesamtheiten, aus denen $\mathbb{A}_s$ und $\mathbb{B}_s$ entstammen - werden mit H_A^l bzw. H_B^l bezeichnet. Es seien $N_A := |\mathbb{A}|$ und $N_B := |\mathbb{B}|$ sowie $N := N_A \cdot N_B$. Man erhält folglich (vgl. *Fellegi und Sunter* 1969, S. 1192)

$$N_A = \sum_{l=1}^{L} H_A^l \quad \text{und} \quad N_B = \sum_{l=1}^{L} H_B^l.$$

Entsprechend sei H_{AB}^l die Häufigkeit der l-ten Ausprägung in $\mathbb{A} \cap \mathbb{B}$. Hieraus resultiert (vgl. *Fellegi und Sunter* 1969, S. 1192)

$$N_{AB} = \sum_{l=1}^{L} H_{AB}^l,$$

wobei $N_{AB} := |\mathbb{A} \cap \mathbb{B}|$ gilt. Desweiteren wird angenommen, daß die Stichproben $\mathbb{A}_s$ und $\mathbb{B}_s$ mit Hilfe einer uneingeschränkten Zufallsstichprobe gewonnen werden. Die anschließende Eintragsgenerierung soll die Möglichkeit von Fehlern beinhalten, welche mit folgenden Wahrscheinlichkeiten auftreten (vgl. *Fellegi und Sunter* 1969, S. 1192):

- e_A bzw. e_B: ein Merkmalseintrag wird fehlerhaft erfaßt

- e_A^0 bzw. e_B^0: ein Merkmalseintrag fehlt, d.h. er wird überhaupt nicht erfaßt

- e_T: es werden unterschiedliche, aber jeweils korrekte Ausprägungen erfasst.

Angenommen wird, daß die drei Fehlerarten unabhängig voneinander und von konkreten Ausprägungen des Merkmales sind. Es wird außerdem vorausgesetzt, daß die Wahrscheinlichkeit dafür, daß Merkmalsausprägungen aufgrund eines Fehlers übereinstimmen, vernachlässigbar klein ist (vgl. *Fellegi und Sunter* 1969, S. 1192).

Durch die Wahrscheinlichkeit e_T wird berücksichtigt, daß bezüglich einer Einheit aus $\mathbb{A} \cap \mathbb{B}$ unterschiedliche - aber jeweils korrekte - Einträge in $\mathbb{L}_A$ und $\mathbb{L}_B$ aufgenommen werden. Ein solches Phänomen ist vor allem auf zeitliche Differenzen zwischen der Erhebung von $\mathbb{A}_s$ und $\mathbb{B}_s$ zurückzuführen (vgl. z.B. *Yancey* 2000, S. 28). Beispielsweise kann ein Name aufgrund einer Eheschließung geändert werden. Genaugenommen handelt es sich also um keinen Fehler, sondern um einen korrekten Vorgang. Modelltheoretisch ist dies aber unbedeutend. Wichtiger hingegen ist, daß sich die Wahrscheinlichkeit - im Gegensatz zu den anderen Fehlerwahrscheinlichkeiten - auf ein Element aus $\mathbb{A} \cap \mathbb{B}$ bezieht. Denn nur ein Element, welches in beiden Grundgesamtheiten enthalten ist, kann auch in beide Stichproben aufgenommen werden und darin mit unterschiedlichen Ausprägungen enthalten sein. Diese Überlegungen werden später von Bedeutung sein.

Die k-te Komponente des Vergleichsvektors soll nun die Gestalt

$$\gamma^k(a, b) := \begin{cases} -1 & \text{zumindest einer der beiden Einträge fehlt} \\ 0 & \text{beide Einträge sind vorhanden, stimmen aber nicht überein} \\ l & \text{es liegt eine Übereinstimmung vor und es handelt} \\ & \text{sich jeweils um die } l\text{-te Ausprägung} \end{cases}$$

besitzen. Im Gegensatz zur der Definition aus Abschnitt 3.2 werden jetzt also verschiedene Ausprägungen des betrachteten Merkmales explizit erfaßt. Wie bereits angemerkt, soll es sich dabei um korrekte Ausprägungen handeln. Eine Übereinstimmung aufgrund von Fehlern wurde ja bereits als sehr unwahrscheinlich vorausgesetzt.

Zunächst wird die Wahrscheinlichkeitsfunktion m^k betrachtet. Die Wahrscheinlichkeit für eine Übereinstimmung bezüglich der l-ten Ausprägung beträgt für ein beliebiges $j \in \{1, \dots n\}$

$$m^k(l) = \frac{P\left([\tilde{\gamma}_j^k = l] \cap [\tilde{\mathbf{g}} = (1,0)]\right)}{P\left([\tilde{\mathbf{g}} = (1,0)]\right)}.$$

Aus obigen Annahmen folgt

$$P\left([\tilde{\mathbf{g}} = (1,0)]\right) = \frac{N_{AB}}{N}$$

sowie

$$P\left([\tilde{\gamma}_j^k = l] \cap [\tilde{\mathbf{g}} = (1,0)]\right) = \frac{H_{AB}^l}{N} \cdot (1 - e_A)(1 - e_B)(1 - e_A^0)(1 - e_B^0)(1 - e_T)$$

und damit (vgl. *Fellegi und Sunter* 1969, S. 1193)

$$m^k(l) = \frac{H_{AB}^l}{N_{AB}} \cdot (1 - e_A)(1 - e_B)(1 - e_A^0)(1 - e_B^0)(1 - e_T). \tag{3.49}$$

Die Wahrscheinlichkeit für das Fehlen eines Eintrages - d.h. diejenige für die Ausprägung $\gamma^k = -1$ - beträgt (vgl. *Fellegi und Sunter* 1969, S. 1193)

$$m^k(-1) = 1 - (1 - e_A^0)(1 - e_B^0).$$

Aus den Wahrscheinlichkeiten $m^k(l) \; \forall l \in \{1, \dots L\}$ und $m^k(1)$ läßt sich auch noch $m^k(0)$ bestimmen. Es resultiert (vgl. *Fellegi und Sunter* 1969, S. 1193)

$$m(0) = 1 - m^k(-1) - \sum_{l=1}^{L} m^k(l) = \left(1 - (1 - e_T)(1 - e_A)(1 - e_B)\right)(1 - e_A^0)(1 - e_B^0).$$

Nun wird die Wahrscheinlichkeitsfunktion u^k betrachtet. Die Wahrscheinlichkeit eines fehlenden Eintrags ergibt sich analog zu oben, d.h. (vgl. *Fellegi und Sunter* 1969, S. 1193)

$$u^k(-1) = 1 - (1 - e_A^0)(1 - e_B^0). \tag{3.50}$$

Für die Wahrscheinlichkeiten $u^k(l)$ werden in der Literatur zwei verschiedene Ansätze genannt. In *Fellegi und Sunter* (1969) wird die Gleichung

$$u^k(l) = \frac{H_A^l \cdot H_B^l}{N_A \cdot N_B} \cdot (1 - e_A)(1 - e_B)(1 - e_A^0)(1 - e_B^0)(1 - e_T),$$

angegeben, wobei es sich hierbei wohl „mehr um eine Näherung handelt" (*Yancey* 2000, S. 5). Der zweite Ansatz lautet (vgl. *Winkler* 2000a, S. 5)

$$u^k(1) = \frac{H_A^l \cdot H_B^l - H_{AB}^l}{N_A \cdot N_B - N_{AB}} \cdot (1 - e_A)(1 - e_B)(1 - e_A^0)(1 - e_B^0)(1 - e_T), \quad (3.51)$$

wobei auch dieser keine exakte Lösung darstellt. Wie oben diskutiert, bezieht sich die Wahrscheinlichkeit e_T auf Elemente aus $\mathbb{A} \cap \mathbb{B}$. In (3.51) werden explizit aber nur Elemente aus $\overline{\mathbb{A}} \cap \overline{\mathbb{B}}$ berücksichtigt, woraus die Behauptung folgt.

Auf Basis von (3.50) und (3.51) ergibt sich für die noch fehlende Wahrscheinlichkeit (vgl. *Winkler* 2000a, S. 5)

$$u^k(0) = 1 - u^k(-1) - \sum_{l=1}^{L} u^k(l)$$

$$= \left(1 - (1 - e_T)(1 - e_A)(1 - e_B) \sum_{l=1}^{L} \frac{H_A^l \cdot H_B^l - H_{AB}^l}{N_A \cdot N_B - N_{AB}}\right)(1 - e_A^0)(1 - e_B^0).$$

Um die aufgestellten Gleichungen nutzbar zu machen, müssen die vorhandenen Informationsdefizite beseitigt werden. Dafür sind einige heuristische Festlegungen notwendig.

Zur besseren Unterscheidbarkeit werden die durch den EM Algorithmus gewonnenen Wahrscheinlichkeiten mit $m_{EM}^k(1)$ bzw. $u_{EM}^k(1)$ bezeichnet. Die zu H_A^l, H_B^l und H_{AB}^l korrespondierenden Häufigkeiten in den Stichproben sind h_A^l, h_B^l und h_{AB}^l. Es seien $h_A^\varnothing$ und $h_B^\varnothing$ die Anzahlen der leeren Felder in $\mathbb{L}_A$ bzw. $\mathbb{L}_B$. Von diesen Häufigkeiten sind außer h_{AB}^l und somit $h_{AB} := \sum_{l=1}^{L} h_{AB}^l$ alle beobachtbar.

Die fehlenden Häufigkeiten h_{AB}^l werden in der Praxis - mangels besserer Informationen - oftmals auf Basis von Erfahrungen aus der Vergangenheit geschätzt (vgl. *Winkler* 2000a, S. 5). In *Winkler* (2000a) wird beispielsweise für das Merkmal Name die Heuristik

$$\widehat{h_{AB}^l} := \begin{cases} \min(h_A^l, h_B^l) & \text{falls } h_A^l \neq 1 \text{ oder } h_B^l \neq 1 \\ 2/3 & \text{sonst} \end{cases}$$

vorgeschlagen. Gibt es also lediglich ein Paar, welches bezüglich der l-ten Namensausprägung übereinstimmt, so geht man davon aus, daß es sich zu 2/3 um ein Element aus $\mathbb{M} \cap (\mathbb{A}_s \times \mathbb{B}_s)$ handelt (vgl. *Winkler* 2000a, S. 7). Ansonsten geht man von der größtmöglichen Anzahl $\min(h_A^l, h_B^l)$ aus.

Die Wahrscheinlichkeiten für fehlende Einträge können durch

$$\widehat{e_A^0} = \frac{h_A^\varnothing}{n_A} \quad \text{und} \quad \widehat{e_B^0} = \frac{h_B^\varnothing}{n_B}$$

direkt aus der Stichprobe geschätzt werden. Desweiteren werden $\widehat{N_A} = n_{\dot{A}}$, $\widehat{N_B} = n_B$, $\widehat{H_A^l} = h_A^l$, $\widehat{H_B^l} = h_B^l$ und $\widehat{H_{AB}^l} = h_{AB}^l$ gewählt. Diese Festlegungen sind in absoluten Zahlen sicherlich falsch, ermöglichen aber eine Abschätzung der Häufigkeitsverhältnisse in der Grundgesamtheit. Aufgrund der unterstellten uneingeschränkten Zufallsauswahl übertragen sich diese auf die Stichproben. Das noch verbleibende Produkt der Fehlerwahrscheinlichkeiten kann mittels m_{EM}^k bestimmt werden (vgl. *Winkler* 2000a, S. 5) . Hierzu wird die Gleichung

$$1 - m_{EM}^k(1) = m^k(-1) + m^k(0)$$

$$= 1 - (1 - \frac{h_A^\varnothing}{n_A})(1 - \frac{h_B^\varnothing}{n_B}) + \big(1 - (1 - e_T)(\widehat{1 - e_A})(1 - e_B)\big)(1 - \frac{h_A^\varnothing}{n_A})(1 - \frac{h_B^\varnothing}{n_B})$$

$$= 1 - (1 - e_T)(\widehat{1 - e_A})(1 - e_B)(1 - \frac{h_A^\varnothing}{n_A})(1 - \frac{h_B^\varnothing}{n_B})$$

aufgestellt, woraus sich

$$(1 - e_T)(\widehat{1 - e_A})(1 - e_B) = \frac{m_{EM}^k(1)}{(1 - \frac{h_A^\varnothing}{n_A})(1 - \frac{h_B^\varnothing}{n_B})}$$

ergibt. Aus diesem Ansatz folgt, daß die geschätzten Wahrscheinlichkeiten $\widehat{m^k(l)}$ in Einklang mit $m_{EM}^k(1)$ sind, da gemäß (3.49)

$$\sum_{l=1}^{L} \widehat{m^k(l)} = (1 - e_T)(\widehat{1 - e_A})(1 - e_B)(1 - \frac{h_A^\varnothing}{n_A})(1 - \frac{h_B^\varnothing}{n_B}) = m_{EM}^k(1),$$

gilt. Für $u_{EM}^k(1)$ ist diese Verträglichkeit nicht ohne weiteres gegeben, da - wie bereits angesprochen - Gleichung (3.51) keine exakte Lösung darstellt. Dieses Problem wird in *Winkler* (2000a) durch Verwendung einer weiteren Näherung umgangen (vgl. *Winkler* 2000a, S. 7f).

Der dargestellte Ansatz bringt einige Schwierigkeiten mit sich. Zunächst ist das zugrundegelegte Modell auf den Prüfstand zu stellen. Beispielsweise ist nicht ohne weiteres klar, ob auch wirklich alle möglichen Fehler erfaßt sind (vgl. *Yancey* 2000, S. 5). Die Voraussetzung einer uneingeschränkten Zufallsstichprobe ist in vielen Fällen nicht erfüllt. Es wird auch noch angenommen, daß die fehlerfreien Ausprägungen in der Grundgesamtheit bekannt sind. Denkbar ist zum einen, diese aus einer vorab angelegten Datenbank zu entnehmen. Dadurch ist aber nicht gewährleistet, daß sämtliche in den Stichproben enthaltenen Ausprägungen auch wirklich vorhanden sind. Eine Alternative besteht darin, die Ausprägungen direkt aus den Stichproben zu gewinnen, was aber insofern problematisch ist, da die Werte in den Stichproben nicht ohne weiteres in „richtig" und „falsch" unterteilt werden können. Die Fehler sollen per Konstruktion des Modells jedoch erst bei der Generierung der Einträge entstehen. Werden also fehlerhafte Ausprägungen als richtig angenommen, so widerspricht dies den Modellannahmen. Dieses Problem kann nur auf Basis weiterer heuristischer Ansätze gelöst werden. Außerdem führt die „Näherung" (3.51) dazu, daß die resultierenden Wahrscheinlichkeiten mit $u_{EM}^k(1)$ nicht verträglich sind. Auch dieses Problem läßt sich nur mit Hilfe weiterer Anpassungen lösen.

3.3.3 An der Stichprobe orientiertes Modell

In *Yancey* (2000) wird ein Ansatz zur Häufigkeitsadjustierung vorgestellt, welcher im Vergleich zu dem im vorangegangenen Abschnitt diskutierten Verfahren gewisse Vorteile mit sich bringt. Der wesentliche Unterschied besteht darin, daß nicht mehr von den Grundgesamtheiten $\mathbb{A}$ und $\mathbb{B}$, sondern von den realisierten Stichproben $\mathbb{A}_s$ und $\mathbb{B}_s$ ausgegangen wird. Es sind folglich auch keine Informationen aus den Grundgesamtheiten erforderlich. Die Modellierung der Eintragsgenerierung entfällt und es sind insgesamt deutlich schwächere Annahmen notwendig. In diesem Abschnitt werden die Ideen von *Yancey* (2000) aufgegriffen und erweitert. Als Ergebnis resultiert ein ohne zusätzliche Annahmen anwendbares Schätzmodell.

Die Anzahl der unterschiedlichen Ausprägungen, welche bezüglich des betrachteten Merkmales in $\mathbb{L}_A \cup \mathbb{L}_B$ beobachtbar sind, wird mit L bezeichnet und die einzelnen Ausprägungen werden mit $l \in \{1, \dots, L\}$ indiziert. Es wird analog zum vorangegangenen Abschnitt die betrachtete Komponente des Vergleichsvektors durch

$$\gamma^k(a, b) := \begin{cases} -1 & \text{zumindest einer der beiden Einträge fehlt} \\ 0 & \text{beide Einträge sind vorhanden, stimmen aber nicht überein} \\ l & \text{es liegt eine Übereinstimmung vor und es handelt} \\ & \text{sich jeweils um die } l\text{-te Ausprägung} \end{cases}$$

definiert. Interpretatorisch besteht jedoch ein Unterschied zu der Darstellung in Abschnitt 3.3.2. Während zuvor von den fehlerfreien Ausprägungen der Grundgesamtheit ausgegangen wurde, werden nun die realisierten - d.h. unter

Umständen auch fehlerhaften - Ausprägungen betrachtet. Dadurch können die Ausprägungen im Sinne der Modellannahmen direkt aus den Stichproben entnommen werden und es wird desweiteren auch die Übereinstimmung aufgrund von Fehlern implizit berücksichtigt. Somit ist die entsprechende Annahme aus dem vorangegangenen Abschnitt nicht mehr notwendig.

Das grundsätzliche Prinzip besteht nun darin, daß man die absoluten Häufigkeiten der einzelnen Ausprägungen in den Stichproben als Realisierungen von binomialverteilten Zufallsvariablen ansieht. In diesem Fall lassen sich auf einfache Weise effiziente Schätzer[8] für die Wahrscheinlichkeiten in Form der relativen Häufigkeiten in den Stichproben angeben.

Wie bisher werden mit h_A^l und h_B^l die Anzahlen der l-ten Ausprägung in $\mathbb{L}_A$ bzw. $\mathbb{L}_B$ bezeichnet. Die Anzahlen der leeren Felder seien wieder $h_A^\varnothing$ und $h_B^\varnothing$, woraus sich

$$\sum_{l=1}^{L} h_A^l + h_A^\varnothing = n_A \quad \text{und} \quad \sum_{l=1}^{L} h_B^l + h_B^\varnothing = n_B$$

ergibt. Folglich beträgt die Anzahl der leeren Felder in $\mathbb{L}_A \times \mathbb{L}_B$

$$h^\varnothing = n - (n_A - h_A^\varnothing)(n_B - h_B^\varnothing).$$

Nicht beobachtbar sind die Eigenschaften der Elemente aus $\mathbb{A}_s \cap \mathbb{B}_s$ und somit auch nicht die Häufigkeiten h_{AB}^l und $h_{AB} = \sum_{l=1}^{L} h_{AB}^l$. Eine Möglichkeit diese vorzugeben besteht darin, eine Heuristik heranzuziehen. In Abschnitt 3.3.2 wurde als Beispiel der aus *Winkler* (2000a) stammende Ansatz

$$h_{AB}^l = \begin{cases} \min(h_A^l, h_B^l) & \text{falls } h_A^l \neq 1 \text{ oder } h_B^l \neq 1 \\ 2/3 & \text{sonst} \end{cases}$$

für das Merkmal Name dargestellt. Abgesehen davon, daß er nur für dieses Merkmal konzipiert ist, besteht noch ein weiterer Nachteil. Wählt man $h_{AB}^l = \min(h_A^l, h_B^l)$, so handelt es sich hierbei um die maximale Ausprägung von h_{AB}^l. Es kommt also tendenziell zu einer Überschätzung der realen Gegebenheiten.

Innerhalb dieser Arbeit werden h_{AB}^l und h_{AB} auf eine alternative Art und Weise geschätzt, welche unabhängig vom verwendeten Merkmal ist. Genutzt werden dabei die mittels des EM Algorithmus bestimmten Wahrscheinlichkeiten τ_{EM}^M und $m_{EM}^k(1)$. Betrachtet man die Häufigkeit h_{AB} als Zufallsvariable $\tilde{h}_{AB}$, so

---

[8]Zur Definition einer effizienten Schätzfunktion vgl. *Schaich* (1998), S. 165.

resultiert für den Erwartungswert

$$\widehat{h_{AB}} := E(\tilde{h}_{AB}) = n \cdot P\left(\bigcup_{l=1}^{L}[\tilde{\gamma}_j^k = l] \cap [\tilde{\mathbf{g}} = (1,0)]\right)$$

$$= n \cdot \frac{P\left(\bigcup_{l=1}^{L}[\tilde{\gamma}_j^k = l] \cap [\tilde{\mathbf{g}} = (1,0)]\right)}{P([\tilde{\mathbf{g}} = (1,0)])} P([\tilde{\mathbf{g}} = (1,0)]) = n \cdot m_{EM}^k(1) \cdot \tau_{EM}^M.$$

Dieser Wert wird als Schätzwert für h_{AB} herangezogen. Im Gegensatz zum obigen Ansatz wird somit eine systematische Überschätzung des wahren Werts vermieden, womit implizit natürlich unterstellt wird, daß die EM-basierten Wahrscheinlichkeiten korrekt sind.

Bezüglich h_{AB}^l ist die Abschätzung

$$h_{AB}^l \leq \min(h_A^l, h_B^l)$$

bekannt (vgl. *Yancey* 2000, S. 7). Hieraus folgend wird die Größe

$$\pi := \frac{\widehat{h_{AB}}}{\sum_{l=1}^{L} \min(h_A^l, h_B^l)}$$

bestimmt. Gilt $\pi > 1$, so sind die verwendeten EM-basierten Schätzwerte offensichtlich zu hoch. Es sollten dann alternative Schätzungen vorgenommen werden. Nimmt man bei $\pi \leq 1$ an, daß sich das Verhältnis proportional auf die L Ausprägungen überträgt[9], so erhält man die Schätzwerte (vgl. *Yancey* 2000, S. 8)

$$\widehat{h_{AB}^l} := \pi \cdot \min(h_A^l, h_B^l) \qquad \forall l \in \{1, \ldots, L\}.$$

Mit Hilfe dieser Heuristik sind alle benötigten Häufigkeiten bekannt oder zumindest geschätzt.

Die Wahrscheinlichkeit eines fehlenden Eintrags sei wieder unabhängig von der Zugehörigkeit zu $\mathbb{M} \cap (\mathbb{A}_s \times \mathbb{B}_s)$ bzw. $\mathbb{U} \cap (\mathbb{A}_s \times \mathbb{B}_s)$. Aus den bisherigen Darstellungen erhält man die Schätzung

$$\widehat{m^k(-1)} = \widehat{u^k(-1)} = \frac{h^\varnothing}{n} = \frac{n - (n_A - h_A^\varnothing)(n_B - h_B^\varnothing)}{n} = 1 - (1 - \frac{h_A^\varnothing}{n_A})(1 - \frac{h_B^\varnothing}{n_B}),$$

---

[9]In *Yancey* (2000) wird davon ausgegangen, daß eine derartige Größe $0 < \pi < 1$ existiert. Allerdings werden keinerlei Angaben zur Bestimmung von π gemacht.

was dem Ergebnis aus Abschnitt 3.3.2 entspricht. Die Beziehungen

$$m^k(l) = P\left(\left[\tilde{\gamma}_j^k = l\right] \mid \left[\tilde{\mathbf{g}} = (1,0)\right]\right) = P\left(\left[\tilde{\gamma}_j^k = l\right] \cap \bigcup_{\nu=1}^{L} \left[\tilde{\gamma}_j^k = \nu\right] \mid \left[\tilde{\mathbf{g}} = (1,0)\right]\right)$$

$$= \frac{P\left(\left[\tilde{\gamma}_j^k = l\right] \cap \bigcup_{\nu=1}^{L} \left[\tilde{\gamma}_j^k = \nu\right] \cap \left[\tilde{\mathbf{g}} = (1,0)\right]\right)}{P\left(\left[\tilde{\mathbf{g}} = (1,0)\right]\right)} \cdot \frac{P\left(\bigcup_{\nu=1}^{L} \left[\tilde{\gamma}_j^k = \nu\right] \cap \left[\tilde{\mathbf{g}} = (1,0)\right]\right)}{P\left(\bigcup_{\nu=1}^{L} \left[\tilde{\gamma}_j^k = \nu\right] \cap \left[\tilde{\mathbf{g}} = (1,0)\right]\right)}$$

$$= P\left(\left[\tilde{\gamma}_j^k = l\right] \mid \bigcup_{\nu=1}^{L} \left[\tilde{\gamma}_j^k = \nu\right] \cap \left[\tilde{\mathbf{g}} = (1,0)\right]\right) \cdot m_{EM}^k(1)$$

und analog

$$u^k(l) = P\left(\left[\tilde{\gamma}_j^k = l\right] \mid \bigcup_{\nu=1}^{L} \left[\tilde{\gamma}_j^k = \nu\right] \cap \left[\tilde{\mathbf{g}} = (0,1)\right]\right) \cdot u_{EM}^k(1)$$

lassen erkennen, wie $m^k(l)$ und $u^k(l)$ zu bestimmen sind (vgl. *Yancey* 2000, S. 6f). Es verbleibt noch die Ermittlung des jeweils ersten Faktors auf der rechten Seite der Gleichungen. Hierfür werden die Schätzwerte

$$P\left(\widehat{\left[\tilde{\gamma}_j^k = l\right] \cap \left[\tilde{\mathbf{g}} = (1,0)\right]}\right) = \frac{\widehat{h_{AB}^l}}{n}, \qquad P\left(\widehat{\left[\tilde{\gamma}_j^k = l\right] \cap \left[\tilde{\mathbf{g}} = (0,1)\right]}\right) = \frac{h_A^l \cdot h_B^l - \widehat{h_{AB}^l}}{n}$$

sowie

$$P\left(\bigcup_{l=1}^{L} \widehat{\left[\tilde{\gamma}_j^k = l\right] \cap \left[\tilde{\mathbf{g}} = (1,0)\right]}\right) = \frac{\widehat{h_{AB}}}{n}$$

und

$$P\left(\bigcup_{l=1}^{L} \widehat{\left[\tilde{\gamma}_j^k = l\right] \cap \left[\tilde{\mathbf{g}} = (0,1)\right]}\right) = \frac{\sum_{l=1}^{L} h_A^l \cdot h_B^l - \widehat{h_{AB}}}{n}$$

verwendet. Man erhält (vgl. *Yancey* 2000, S. 8)

$$P\left(\left[\tilde{\gamma}_j^k = l\right] \mid \bigcup_{o=1}^{L} \widehat{\left[\tilde{\gamma}_j^k = o\right] \cap \left[\tilde{\mathbf{g}} = (1,0)\right]}\right) = \frac{\widehat{h_{AB}^l}}{\widehat{h_{AB}}}$$

bzw.

$$P\left(\left[\tilde{\gamma}_j^k = l\right] \mid \bigcup_{o=1}^{L} \widehat{\left[\tilde{\gamma}_j^k = o\right] \cap \left[\tilde{\mathbf{g}} = (0,1)\right]}\right) = \frac{h_A^l \cdot h_B^l - \widehat{h_{AB}^l}}{\sum_{l=1}^{L} h_A^l \cdot h_B^l - \widehat{h_{AB}}}$$

und somit

$$\widehat{m^k(l)} = \frac{\widehat{h^l_{AB}}}{\widehat{h_{AB}}} \cdot m^k_{EM}(1) \qquad \text{bzw.} \qquad \widehat{u^k(l)} = \frac{h^l_A \cdot h^l_B - \widehat{h^l_{AB}}}{\sum\limits_{l=1}^{L} h^l_A \cdot h^l_B - \widehat{h_{AB}}} \cdot u^k_{EM}(1).$$

Die noch verbleibenden Wahrscheinlichkeiten der Nicht-Übereinstimmung bezüglich des Merkmales lassen sich aus den bereits ermittelten gewinnen. Es ergeben sich

$$\widehat{m^k(0)} = 1 - \sum_{l=1}^{L} \widehat{m^k(l)} - \widehat{m^k(-1)} = \left(1 - m^k_{EM}(1)\right) - \widehat{m^k(-1)}$$

und

$$\widehat{u^k(0)} = 1 - \sum_{l=1}^{L} \widehat{u^k(l)} - \widehat{u^k(-1)} = \left(1 - u^k_{EM}(1)\right) - \widehat{u^k(-1)}.$$

Somit sind alle benötigten Wahrscheinlichkeiten geschätzt. Aus der Konstruktion folgt unmittelbar, daß diese mit den EM-basierten Schätzwerten in Einklang stehen.

Das soeben beschriebene Verfahren besitzt einige Vorteile gegenüber demjenigen aus Abschnitt 3.3.2. Zunächst einmal sind keine größeren Modellspezifikationen erforderlich. Die Modellierung der Fehler entfällt fast vollständig. Lediglich die Wahrscheinlichkeiten für fehlende Einträge werden gesondert erfaßt, was jedoch vergleichsweise einfach ist, da die Anzahlen der leeren Felder direkt aus den Daten entnommen werden können. Ebenso lassen sich die unterschiedlichen Ausprägungen des betrachteten Merkmales unmittelbar aus den Daten bestimmen. Dies erfolgt im Einklang mit den getroffenen Modellannahmen. Nicht aus den Daten bestimmbar sind die Häufigkeiten h_{AB} und h^l_{AB}. Der für die Schätzung von h_{AB} eingeführte Ansatz nutzt die mit Hilfe der Anwendung des EM Algorithmus gewonnenen Informationen. Die Werte h^l_{AB} können dann, auf Basis einer vereinfachenden Annahme, geschätzt werden. Da in die Schätzwerte direkt die Werte $m^k_{EM}(1)$, $u^k_{EM}(1)$ und τ^M_{EM} eingehen, weisen die resultierenden Wahrscheinlichkeiten keine Widersprüche zu den EM-basierten Schätzwerten auf. Insgesamt ermöglicht die Orientierung an der Stichprobe eine einfachere Modellierung mit einem geringeren Informationsbedarf, als dies bei der Orientierung an der Grundgesamtheit der Fall ist. Somit ist der in diesem Abschnitt beschriebene Ansatz zu präferieren.

Kapitel 4

Erprobung der Schätzverfahren anhand einer Simulationsstudie

4.1 Aufbau der Simulationsstudie

4.1.1 Verwendete Datenbasis

Ein wesentlicher Faktor für die Qualität von Simulationsstudien ist die hierfür verwendete Datenbasis. Wie in Modellen üblich, muß eine Abwägung zwischen Praktikabilität und Realität vorgenommen werden. Die Verfügbarkeit von Daten spielt dabei eine sehr große Rolle. Aus Gründen des Datenschutzes ist diese zum Teil sehr eingeschränkt. Ebenso wichtig ist die praktische Anwendbarkeit und die Möglichkeit, interessierende Fragestellungen zu untersuchen. In diesem Abschnitt werden die Gründe für die konkrete Wahl der Daten im Rahmen der Simulationsstudie diskutiert sowie wesentliche Eigenschaften der gewählten Datenbasis beschrieben.

Durch die Verwendung realer Daten - also echter Stichproben - wird die Wirklichkeit am besten abgebildet. Die Simulation setzt an derselben Stelle wie reale Anwendungen an und beruht somit auf denselben Informationen. Problematisch ist aber, daß die Art und Weise des Zustandekommens der Daten unter Umständen nicht vollständig bekannt ist. Insbesondere liegen im Regelfall keine Informationen darüber vor, welche Paare aus $\mathbb{A}_s \times \mathbb{B}_s$ der Menge $\mathbb{M} \cap (\mathbb{A}_s \times \mathbb{B}_s)$ und welche $\mathbb{U} \cap (\mathbb{A}_s \times \mathbb{B}_s)$ angehören. Gerade diese Informationen sind es aber, welche für eine ex-post Fehleranalyse die wertvollsten Erkenntnisse liefern. Zum Teil können die fehlenden Daten durch aufwendige Analysen der Stichproben rekonstruiert werden. Die Ergebnisse der Analysen

werden dann als wahr betrachtet (vgl. z.B. *Belin* 1993, S. 18). Dies ist jedoch immer mit einer verbleibenden Unsicherheit verbunden, womit eine nicht
kontrollierbare Komponente in der Simulation enthalten ist. Ein anderes Problem besteht darin, daß aufgrund der Verknüpfung lediglich zweier gegebener
Stichproben nur begrenzte statistische Aussagen getroffen werden können. Es
müssen im Rahmen einer Simulationsstudie somit mehrere Stichprobenpaare
herangezogen werden. Zur Vergleichbarkeit der Ergebnisse ist es erforderlich,
daß sie auf ähnliche Art und Weise erhoben wurden. Ist dies nicht gewährleistet, so sind die Ergebnisse nur eingeschränkt interpretierbar und es ist nicht
klar, ob die Resultate auf die Eigenschaften der untersuchten Verfahren zurückzuführen sind oder aber wesentlich von der nicht kontrollierten Datensituation
abhängen. Sind die Rahmenbedingungen vergleichbar, so können die Ergebnisse im allgemeinen auch immer nur auf Basis der gegebenen Situation beurteilt
werden. Es ist also kaum möglich, reale Daten zu bekommen, welche sämtliche
an sie gestellten Anforderungen im Rahmen dieser Arbeit - sowohl quantitativ
als auch qualitativ - erfüllen.

Eine Alternative zu realen Daten besteht darin, die benötigten Stichproben
künstlich, d.h. auf Basis einer Modellvorstellung, zu erzeugen. Der Vorteil liegt
darin, daß so viele Stichproben wie benötigt gebildet werden können, und daß
sämtliche Parameter, welche auf die Erzeugung der künstlichen Stichproben
Einfluß nehmen, bekannt und steuerbar sind. Allerdings muß das zugrunde gelegte Modell so spezifiziert werden, daß eine strukturelle Nähe zu realen Situationen gegeben ist. Ansonsten können die Erkenntnisse aus den Simulationen
auch nicht auf reale Anwendungen übertragen werden. Dazu ist zu definieren, was unter struktureller Nähe bzw. Ähnlichkeit zu verstehen ist und von
welchen relevanten Parametern dies abhängt. Auch müssen Abhängigkeiten
zwischen den Parametern betrachtet werden. Beispielsweise werden Stichproben mit unterschiedlichen Merkmalen wie Name, Wohnort oder Postleitzahl
benötigt. Die Simulation solcher Merkmale und insbesondere der Korrelationen zwischen ihnen gestaltet sich schwierig, da die Zusammenhänge sehr kom-
plex sind und somit auch nicht in relativ einfachen Zufallsprozessen abgebildet
werden können. Aber auch durch den Einsatz komplexer Erzeugungsverfah-
ren können keine befriedigenden Ergebnisse garantiert werden, da die realen
Zusammenhänge im Regelfall nicht vollständig bekannt sind.

Faßt man die bisherigen Überlegungen zusammen, so kann die Aussage getroffen werden, daß reale Daten für das Simulationsvorhaben nicht ausreichend
in der benötigten Form erhältlich und künstlich erzeugte Daten aufgrund pro-
blematischer Modellannahmen schwierig zu interpretieren sind. Aus diesem
Grund wurde ein Mittelweg gewählt. Die Grundlage für die Simulationen bildete das Telefonbuch von Deutschland in elektronischer Form aus dem Jahre

2001. Es existieren hierfür verschiedene Anbieter, wobei die Version von *klicktel*[1] ausgewählt wurde. Um die Datenbasis in einem überschaubaren Rahmen zu halten, wurden lediglich die Personendaten von Berlin verwendet, Firmendaten herausgefiltert und sämtliche Einträge mit Mobilfunknummern entfernt. Es resultierten daraus insgesamt 959465 Datensätze. Ausgewählt wurden zehn Merkmale, wobei es sich im einzelnen um *Anrede, Name, Vorname, Straße, Hausnummer, Ortsteil, Postleitzahl, Ort, Vorwahl* und *Rufnummer* handelte. Bei genauerer Betrachtung stellte sich heraus, daß - wie zu erwarten - die klicktel-Daten nicht frei von Fehlern sind. Der häufigste Fehler bestand darin, daß Ausprägungen in die falschen Felder eingetragen waren. Aber auch offensichtliche inhaltliche Fehler wie zum Beispiel die Vorwahl 089 in Berlin waren erkennbar. Somit wurden die Daten nochmals anhand der Vorwahl 030 in Verbindung mit der Ortsbezeichnung Berlin selektiert, d.h. sämtliche Datensätze, welche nicht diese Ausprägungen besaßen, wurden gelöscht. Anschließend wurden alle Datensätze entfernt, welche zumindest bezüglich eines der zehn ausgewählten Merkmale keine Informationen enthielten. Das Ergebnis dieser Prozedur war eine Personendatenbank mit 895192 Datensätzen und Ausprägungen von zehn Merkmalen. Da die Elemente der Datenbank anhand der Attribute Ort und Vorwahl ausgewählt wurden, war die inhaltliche Aussagekraft dieser Merkmale innerhalb der verbliebenen Datensätze gleich Null. Die Rufnummer ist annähernd eindeutig und eignete sich folglich auch nicht für das Vorhaben. Somit verblieben für den Einsatz in der Simulationsstudie sieben Merkmale.

Die Anzahlen der unterschiedlichen Ausprägungen der sieben Merkmale in der Datenbank sind in Tabelle 4.1 dargestellt. Diese erlauben eine erste Abschätzung, wie gut die einzelnen Attribute für die Verknüpfung von Daten geeignet sind. Intuitiv wird man vermuten, daß eine Variable mit einer größeren Anzahl unterschiedlicher Ausprägungen zu besseren Ergebnissen führt. Ob diese Annahme so richtig ist, wird später erörtert.

Für die Simulationen wurden die erzeugten Datensätze als hypothetische Grundgesamtheit verwendet, welche somit auf realen Daten basierte. Aus der Grundgesamtheit wurden dann Stichproben gezogen. Bei der Generierung handelte es sich folglich um den simulativen Teil der Datengewinnung. Die Stichproben wurden jeweils paarweise erhoben, wobei die Elemente der $\mathbb{A}_s$-Stichproben durch einfache Zufallsauswahl ohne Zurücklegen gewonnen wurden. Für die korrespondierenden $\mathbb{B}_s$-Stichproben wurde mit einer vorgegebenen Wahrscheinlichkeit θ ein Element aus $\mathbb{A}_s$ und mit $1 - \theta$ ein Element aus der Grundgesamtheit nach dem Modell ohne Zurücklegen zufällig ausgewählt. Wären die $\mathbb{B}_s$-Stichproben ebenfalls ausschließlich aus der Grundgesamtheit entnommen

---

[1]Version Oktober 2001.

Variable	Anzahl Ausprägungen
Name	148278
Vorname	28031
Anrede	2
Postleitzahl	190
Ortsteil	126
Straße	8305
Hausnummer	3220

Tabelle 4.1: Anzahl unterschiedlicher Ausprägungen der einzelnen Variablen in der verwendeten Grundgesamtheit.

worden, so wäre die Anzahl der Elemente, welche sowohl in $\mathbb{A}_s$ als auch in $\mathbb{B}_s$ enthalten sind, relativ gering gewesen. Außerdem konnte über die Wahl von θ eine gewisse Kontrolle und entsprechend bei Bedarf eine Variation vorgenommen werden. Nach der Erzeugung der Stichprobenpaare wurden noch Fehler bzw. Unterschiede in den Daten zufällig erzeugt. Berücksichtigt wurden die Änderung einer Ausprägung sowie fehlerhafte und fehlende Einträge. Die Steuerung erfolgte über vorgegebene Parameter beim Programmstart. Eine Beschreibung dieser Vorgänge sowie des Aufbaus der entwickelten Programme erfolgt im folgenden Abschnitt.

4.1.2 Technischer Aufbau der Simulationsstudie

Um ein möglichst vollständiges Bild der Simulation zu zeichnen, wird in diesem Abschnitt der Aufbau und Einsatz der entwickelten Programme dargestellt. Als Betriebssystem wurde *SuSE Linux* 7.1 *Professional* eingesetzt. Sämtliche für die technische Umsetzung der Verfahren benötigten Komponenten sind Teil dieser Standarddistribution. Eine Übersicht über die enthaltenen Datenbanksysteme gibt *Röhrig* (1998). Zur Einarbeitung in C++ ist *Strasser* (1997) geeignet, als Nachschlagewerk für fortgeschrittene Programmierer empfiehlt sich *Stroustrup* (2000). Verwendet wurde ein PC mit zwei 1GHz *Intel-Prozessoren* sowie einem Hauptspeicher von 4 GByte.

Für die Simulationsstudie war es erforderlich, große Datenmengen möglichst effizient zu verarbeiten. Die 895192 Personendatensätze mußten verwaltet und für jede Fragestellung Stichproben generiert werden. Diese Stichproben waren zu bearbeiten und zwischenzuspeichern. Anschließend wurden die Schätzverfahren und das Fellegi und Sunter-Modell darauf angewendet. Es mußten die resultierenden Ergebnisse dann noch auf einen Datenträger exportiert werden. Um diese Aufgaben zu bewältigen, wurde *mysql* in Verbindung mit einer *Standard-C-Schnittstelle* verwendet. Grundsätzlich kann bei derartigen Problemstellungen durch den Einsatz einer *relationalen Datenbank* eine vereinfachte technische Implementierung der Programme und eine ökonomische Verwaltung der Daten ermöglicht werden (vgl. *Charlton und Charlton 1997*, S. 34).

Es wurden drei verschiedene Datenbanken definiert. In der ersten Datenbank wurden die 895192 Datensätze der Grundgesamtheit gespeichert. Jedem Datensatz wurde eine eindeutige Nummer zugeordnet und diese bei den jeweiligen Abfragen übergeben. Somit war zu jeder Zeit eine eindeutige Identifikation eines vorliegenden Datensatzes möglich, die Herkunft konnte zweifelsfrei bestimmt werden. Damit war es ex-post auch problemlos möglich, die getroffenen Entscheidungen in richtig und falsch zu unterteilen. In der zweiten Datenbank wurden die erzeugten Stichproben abgespeichert. Waren sie einmal erzeugt, so konnten sie wieder verwendet und mußten somit nicht für jede Anwendung neu generiert werden. Die dritte Datenbank diente zum Speichern der Simulationsergebnisse.

Die C-Schnittstelle erlaubte es, Daten mit Hilfe von C++ Programmen direkt aus den Datenbanken auszulesen bzw. in die Datenbanken zu schreiben. Somit mußten diese nur noch über die Schnittstelle angefordert bzw. abgegeben werden, die physische Verwaltung wurde vollständig von der Datenbank übernommen.

Für die Simulationsstudie waren noch zwei Programme erforderlich. Mit dem ersten wurden Datensätze aus der Grundgesamtheits-Datenbank nach einem vorgegebenen Schema ausgewählt und verarbeitet sowie die resultierenden Stichproben in die Stichproben-Datenbank eingefügt. Das zweite Programm diente zum Einlesen der Stichproben, zur Anwendung der Schätzverfahren und des Fellegi und Sunter-Modells sowie dazu, Auswertungen vorzunehmen und die resultierenden Ergebnisse an die Ergebnis-Datenbank zu übergeben.

Der Aufbau des Programmes zur Stichprobengenerierung ist in Abbildung 4.1 dargestellt. Beim Start können verschiedene Parameter übergeben werden. Diese sind: die Anzahl der zu erzeugenden $\mathbb{A}_s/\mathbb{B}_s$-Stichproben, die Anzahl der Elemente in $\mathbb{A}_s$ und $\mathbb{B}_s$, die Wahrscheinlichkeit θ für die Wahl eines $\mathbb{B}_s$-Elements aus $\mathbb{A}_s$ sowie die Wahrscheinlichkeiten für die Änderung von Ausprägungen sowie von fehlerhaften und fehlenden Einträgen. Diese Wahrscheinlichkeiten werden im weiteren mit p, q und l bezeichnet.

Für jedes Stichprobenpaar werden zunächst n_A viele Elemente zufällig mittels einer uneingeschränkten Zufallsstichprobe aus der Grundgesamtheits-Datenbank

Erzeugen der Tabellen A und B in der Stichproben-Datenbank	
n(Tabelle A) $< n_A$	
Einen Datensatz aus der GG-Tabelle zufällig auswählen	
Den ausgewählten Datensatz in die A-Tabelle übertragen	
n(Tabelle B) $< n_B$	
Eine Zufallszahl $u \in [0; 1)$ erzeugen	
$u < \theta$	
Ja	Nein
Einen Datensatz aus Tabelle A zufällig auswählen	Einen Datensatz aus der GG-Tabelle zufällig auswählen
Den ausgewählten Datensatz in Tabelle B übertragen	
$I \leftarrow 1$	
$I \leq n_A$	
Den I-ten Datensatz aus Tabelle A auswählen	
Veränderungen im ausgewählten Datensatz erzeugen	
Die Änderungen in Tabelle A schreiben	
$I \leftarrow I + 1$	
$I \leftarrow 1$	
$I \leq n_B$	
Den I-ten Datensatz aus Tabelle B auswählen	
Veränderungen im ausgewählten Datensatz erzeugen	
Die Änderungen in Tabelle B schreiben	
$I \leftarrow I + 1$	
Die erzeugten Stichproben auswerten	
Ergebnisse in die Stichproben-Datenbank übertragen	

Abbildung 4.1: Struktogramm des Programmes zur Erzeugung der Stichproben.

entnommen und an die Stichproben-Datenbank weitergegeben. Das Modell ohne Zurücklegen wird mit Hilfe der Datenbank realisiert. Wie bereits erwähnt, wurde jedem Datensatz in der Grundgesamtheit eine eindeutige Nummer zugewiesen, welche bei jeder Operation übergeben wird. In der Stichproben-Datenbank wird nun einfach diese Nummer als eindeutiger Index festgelegt. Somit werden nur Elemente zugelassen, deren Nummer noch nicht enthalten ist, bereits enthaltene Elemente werden abgewiesen. Anschließend werden die zugehörigen $\mathbb{B}_s$-Stichproben gewonnen. Mit der Wahrscheinlichkeit θ wird dabei ein Element aus $\mathbb{A}_s$ und mit $1 - \theta$ aus der Grundgesamtheits-Datenbank entnommen. Duplikate werden wiederum über die Definition der Stichproben-Tabelle ausgeschlossen. Sind die Stichproben erzeugt, so werden alle n_A und

n_B Elemente der $\mathbb{A}_s$- bzw. $\mathbb{B}_s$-Stichproben nochmals ausgewählt und mit den vorgegebenen Wahrscheinlichkeiten modifiziert.

Die Modifikation der Stichproben dient der Simulation von Fehlern in den Daten. Die Erzeugung der Fehler erfolgt individuell für jede Merkmalsausprägung der einzelnen Elemente - unabhängig von dem betrachteten Element, dem Merkmal oder der Zugehörigkeit zu $\mathbb{A}_s$ oder $\mathbb{B}_s$. Mit der vorgegebenen Wahrscheinlichkeit p wird zunächst ein vorhandener Eintrag in einen anderen umgewandelt. Dazu wird einfach eine beliebige - in der Datenbank bereits vorhandene - Ausprägung zufällig ausgewählt und diese dem betrachteten Element zugewiesen. Dadurch sollen die Veränderungen von Eigenschaften aufgrund zeitlicher Differenzen erfaßt werden. Anschließend wird mit der Wahrscheinlichkeit q ein zufällig ausgewählter Buchstabe willkürlich abgeändert. Dies dient der Berücksichtigung von Tippfehlern. Als letztes wird der Eintrag mit der Wahrscheinlichkeit l gelöscht. Hiermit werden fehlende Angaben simuliert.

Abschließend werden noch Auswertungen vorgenommen, welche für eine Häufigkeitsadjustierung notwendig sind. Es werden die unterschiedlichen Ausprägungen bezüglich der einzelnen Merkmale in $\mathbb{A}_s$ und $\mathbb{B}_s$ ermittelt und die Häufigkeiten ausgezählt sowie die Resultate in der Datenbank abgelegt. Somit müssen bei einer eventuellen Adjustierung nur noch die jeweiligen Häufigkeiten aus der Datenbank ausgelesen und in die entsprechenden Formeln eingesetzt werden. Sind die Stichproben erzeugt, so können die Schätzverfahren in Verbindung mit dem Fellegi und Sunter-Modell darauf angewendet werden. Die Struktur des hierfür erstellten Programmes ist in Abbildung 4.2 dargestellt. Beim Start werden erneut einige Parameter vom Benutzer vorgegeben. Diese sind die zu berücksichtigenden Merkmale, das anzuwendende Schätzverfahren, der Startwert für den EM Algorithmus, die Signifikanzniveaus μ und λ sowie die Toleranzschwelle für den Abbruch. Zunächst werden die zu verknüpfenden Stichproben $\mathbb{A}_s$ und $\mathbb{B}_s$ aus der Stichproben-Datenbank ausgelesen und die Ausprägungen des Vergleichsvektors bezüglich aller $n = n_A \cdot n_B$ Paare ermittelt. Hierfür wird für jedes Paar ein Vektor der Länge K definiert, wobei K die Anzahl der berücksichtigten Merkmale ist. Anschließend wird bezüglich jedem der K Merkmale die Übereinstimmung überprüft und in die entsprechende Stelle des Vektors die Ausprägung 0 für Nicht-Übereinstimmung bzw. 1 für Übereinstimmung geschrieben.

Je nach Wahl des Schätzverfahrens nimmt das Programm nun einen unterschiedlichen Verlauf. Wird auf Basis der Unabhängigkeitsannahme geschätzt, so wird gemäß den Ausführungen in Abschnitt 3.2.2 solange iteriert, bis die vorgegebene Toleranzschwelle unterschritten ist, d.h. solange bis sich die Likelihood nur noch minimal verändert. Anschließend kann noch eine Häufigkeitsadjustierung der Parameter vorgenommen werden. Diese erfolgt gemäß den Darstellungen

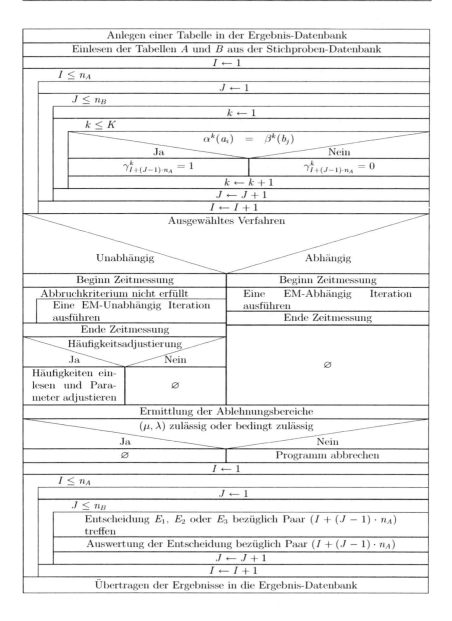

Abbildung 4.2: Struktogramm des Programmes zur Zusammenführung der erzeugten Stichproben.

in Abschnitt 3.3.3, wobei die benötigten Häufigkeiten aus der Stichproben-Datenbank ausgelesen werden. Werden Abhängigkeiten berücksichtigt - d.h. wird auf Basis der Methode aus Abschnitt 3.2.3 geschätzt - so wird der Schätzwert nach der ersten „Iteration" herangezogen. Bei beiden EM-Ansätzen wird jeweils die Zeit in Sekunden gemessen, die für die Bestimmung eines Schätzwertes benötigt wird.

Die verbleibenden Programmteile sind für alle Schätzverfahren wieder identisch. Zunächst werden die Parameter der Entscheidungsfunktion bzw. die Ablehnungsbereiche gemäß Abschnitt 2.1 bestimmt. Ist dies erfolgt, so ist noch die Zulässigkeit der Signifikanzniveaus μ und λ zu prüfen. Sind diese nicht zumindest bedingt zulässig gemäß Definition 3, so wird das Programm sofort abgebrochen und es muß mit einem anderen (μ, λ)-Paar neu gestartet werden. Ist hingegen zumindest bedingte Zulässigkeit gegeben, so wird der Ablauf fortgesetzt. Der dann folgende Teil des Programmes ist im Hinblick auf die Analyse der Ergebnisse sehr wichtig. Es wird jedem Paar eine der drei Entscheidungen E_1, E_2 oder E_3 zugeordnet und diese Entscheidung auch gleich bewertet. Anhand der Indizes der Elemente, welche aus der Grundgesamtheit mit übertragen wurden, kann zweifelsfrei festgestellt werden, ob es sich bei einem Paar zweimal um dasselbe Element handelt oder nicht. Insofern kann also auch zweifelsfrei festgestellt werden, ob eine Entscheidung richtig oder falsch ist. Ist dieser Vorgang für alle Paare abgeschlossen, so werden die gesamten Ergebnisse in einer Tabelle der Ergebnis-Datenbank abgespeichert.

Einige der Abläufe in den Programmen hängen vom Zufall ab. Verwendet wurde hierfür der Zufallszahlengenerator „ran2" aus *Press et al.* (1992). Die von diesem erzeugte Sequenz wird von den Autoren als perfekt bezeichnet (vgl. *Press et al.* 1992, S. 281). Mit Hilfe von „ran2" können im Intervall $(0, 1)$ gleichverteilte Zufallszahlen u generiert und auf Basis derer zufällige Entscheidungen getroffen werden. Dazu unterteilt man das Intervall $(0, 1)$ mit Hilfe der jeweiligen Verteilungsfunktion $F_{\tilde{x}}$ und wählt diejenige Ausprägung x, für die

$$F_{\tilde{x}}(x - 1) \leq u < F_{\tilde{x}}(x) \tag{4.1}$$

gilt. Das Verfahren wird als Inversionsmethode bezeichnet (vgl. *Devroye* 1986, S. 85ff).

4.1.3 Ablauf der Simulationen

Nachdem die technische Seite der Simulationsstudie erläutert worden ist, wird nun die inhaltliche betrachtet. Die untersuchten Fragestellungen werden vorgestellt und motiviert.

Wesentlich für die Verknüpfung von Datensätzen sind die verwendeten Vergleichsmerkmale. Es ist intuitiv klar, daß das Merkmal Name zu besseren Ergebnissen führen wird, als dies beispielsweise bei der Verwendung des Attributes Anrede der Fall ist. Die Ursache hierfür ist, daß sowohl bei identischen als auch bei unterschiedlichen Personen die Wahrscheinlichkeit für eine Übereinstimmung bezüglich der Anrede sehr hoch ist. Im Falle unterschiedlicher Personen dürfte die Wahrscheinlichkeit im Regelfall in der Nähe von 50% liegen. Beim Merkmal Name hingegen liegt sie im allgemeinen sehr viel niedriger. Innerhalb der Simulationsstudie wurde diese sogenannte *Unterscheidungskraft*[2] der einzelnen Merkmale näher betrachtet. In der Regel werden Merkmale nicht einzeln, sondern im Verbund eingesetzt. Vor diesem Hintergrund ist insbesondere auch die bereits diskutierte Frage nach bedingten Abhängigkeiten sowie deren Auswirkungen von Interesse. Die diesen Problemkreis betreffenden Ergebnisse werden in Abschnitt 4.2.1 dargestellt.

Die Untersuchungen bezüglich der Unterscheidungskraft der Merkmale basieren auf einem bestimmten Startwert. Gemäß der Ausführungen in Abschnitt 3.2.5 beeinflußt aber die konkrete Wahl dieses Wertes die Resultate. Insofern wurden Variationen des Startwertes vorgenommen und die Auswirkungen dessen auf die Simulationsergebnisse untersucht. Dabei wurden die restlichen Parameter der Simulation auf den Werten von Abschnitt 4.2.1 belassen, womit die beobachtbaren Effekte vollständig auf die veränderten Startwerte zurückzuführen sind. Im Rahmen dieser Untersuchungen wurde auch die durchschnittliche Zeit ermittelt, welche von den beiden eingesetzten Verfahren zur Bestimmung eines Schätzwerts benötigt wurde. Die Zeitdauer ist insbesondere dann von Bedeutung, wenn größere Datensätze miteinander verknüpft werden sollen. Den Ausführungen in Abschnitt 3.2.4 folgend ist davon auszugehen, daß durch die Modellierung der Abhängigkeiten die Laufzeiten reduziert werden. Neben der absoluten Zeitdauer sind insbesondere auch die Veränderungen bei Verwendung unterschiedlicher Startwerte sowie unterschiedlicher Vergleichsmerkmale von Interesse. Die Resultate werden in Abschnitt 4.2.2 präsentiert.

Wesentliche Parameter bei der Anwendung des Modells von Fellegi und Sunter sind die vorgegebenen Signifikanzniveaus. Diese stellen zum einen tolerierbare Fehlerquoten dar und liefern somit - sofern sie eingehalten werden - Informationen über die durchschnittlichen Anzahlen falscher Entscheidungen. Zum anderen sind sie Parameter zur Justierung des Verfahrens. Durch geschickte Festlegungen von μ und λ lassen sich die Ergebnisse optimieren. Hierbei ist insbesondere die vorhandene Asymmetrie zu beachten, d.h. $\mu \ll \lambda$ zu wählen[3].

---

[2]engl: distinguishing power, vgl. *Winkler* (2000a), S. 1
[3]Vgl. dazu die Ausführungen am Ende von Abschnitt 2.1.2.

In Abschnitt 4.2.3 wird untersucht, inwieweit die vorgegebenen Fehlerschranken eingehalten werden und sich durch eine Variation von (μ, λ) die Ergebnisse verbessern lassen.

Für die Untersuchungen in den Abschnitten 4.2.1 bis 4.2.3 wurden jeweils dieselben Stichproben verwendet. Diese wurden gemäß bestimmter Vorgaben generiert und besitzen somit Eigenschaften, welche durch die Ziehungsparameter bestimmt sind. Folglich spiegeln die Resultate der Abschnitte 4.2.1 bis 4.2.3 in gewisser Weise die Eigenheiten der Stichproben wieder und die getroffenen Schlußfolgerungen gelten genau genommen auch lediglich in diesem Zusammenhang. Zur Verallgemeinerung der Aussagen werden in Abschnitt 4.2.4 Simulationsergebnisse bei Variation der Stichproben dargestellt. Dazu wurden die wesentlichen Charakteristiken des Ziehungsprozesses systematisch verändert, um somit Rückschlüsse bezüglich des Einflusses einzelner Parameter ziehen zu können. Wesentliche Charakteristiken sind der Grad der Überlappung der Stichproben sowie die darin enthaltenen Fehler.

Im letzten Teil der Simulationsstudie werden Untersuchungen dargestellt, bei welchen Häufigkeitsadjustierungen vorgenommen wurden. Zum einen wird im Rahmen dessen betrachtet, welche der verwendeten Merkmale sich für eine Häufigkeitsadjustierung besonders eignen und es wird auf mögliche Ursachen dafür eingegangen. Zum anderen wird analysiert, ob bei Verwendung mehrerer Merkmale durch die Adjustierung anhand eines Merkmales Vorteile erzielbar sind.

Um die folgenden Ausführungen sprachlich zu vereinfachen, wird das Schätzverfahren aus Abschnitt 3.2.2 im weiteren mit SM1 und dasjenige aus 3.2.3 mit SM2 bezeichnet. Als Stopkriterium für SM1 wurde einheitlich eine Toleranzgrenze von 0,1% vorgegeben[4]. Bei den einzelnen Untersuchungen wurden die jeweils nicht zu variierenden Parameter immer so gewählt, daß sie sich in einem realistischen Bereich befanden. Dadurch wurde sichergestellt, daß eventuell schlechte Ergebnisse nicht auf eine unrealistische Vorgabe dieser Parameter zurückzuführen sind. Erfaßt wurden jeweils die durchschnittlichen Anzahlen der E_1-, E_2- und E_3-Entscheidungen[5] für Elemente aus $\mathbb{M} \cap (\mathbb{A}_s \times \mathbb{B}_s)$ und $\mathbb{U} \cap (\mathbb{A}_s \times \mathbb{B}_s)$ sowie die sich daraus ergebenden zu μ und λ korrespondierenden Fehlerhäufigkeiten.

---

[4]Testsimulationen mit 0,01% ergaben keine wesentlichen Veränderungen der Ergebnisse.
[5]Zur Definition der Entscheidungen siehe Abschnitt 2.1.2.

4.2 Darstellung der Simulationsergebnisse

4.2.1 Untersuchung der Unterscheidungskraft der einzelnen Merkmale

Aus der Grundgesamtheit wurden 250 $\mathbb{A}_s$- und $\mathbb{B}_s$- Stichproben mit jeweils 1000 Elementen sowie den Fehlerwahrscheinlichkeiten $p = q = l = 0,05$ und der Überschneidungswahrscheinlichkeit $\theta = 0,7$ gezogen. Daraus resultierten im Durchschnitt 605,02 Elemente in $\mathbb{M} \cap (\mathbb{A}_s \times \mathbb{B}_s)$ und demzufolge 999394,98 Elemente in $\mathbb{U} \cap (\mathbb{A}_s \times \mathbb{B}_s)$. Der Startwert für den EM Algorithmus wurde mit Hilfe der in Abschnitt 3.2.5 dargestellten Methode bestimmt. Als Vorgabe dienten die Werte $m^k = 0,75 \; \forall k$ und $\rho = 0,6$. Zudem wurden die Signifikanzniveaus $\mu = 0,0001$ und $\lambda = 0,001$ vorgegeben.

Merkmal	$\mathbb{M} \cap (\mathbb{A}_s \times \mathbb{B}_s)$				$\mathbb{U} \cap (\mathbb{A}_s \times \mathbb{B}_s)$			
	E_1	E_2	E_3	rel. Fehler	E_1	E_2	E_3	rel. Fehler
Name	**105,40**	499,01	0,61	$1,0 \cdot 10^{-3}$	**100,87**	995293,45	4000,65	$1,0 \cdot 10^{-4}$
Vorname	12,59	591,82	0,61	$1,0 \cdot 10^{-3}$	99,71	995308,65	3986,62	$1,0 \cdot 10^{-4}$
Anrede	**0,13**	604,33	0,57	$9,4 \cdot 10^{-4}$	99,24	996974,86	2320,88	$9,9 \cdot 10^{-5}$
Postleitzahl	5,44	598,93	0,65	$1,1 \cdot 10^{-3}$	100,60	995325,62	3968,76	$1,0 \cdot 10^{-4}$
Ortsteil	1,94	602,38	0,70	$1,2 \cdot 10^{-3}$	100,16	995380,68	3914,14	$1,0 \cdot 10^{-4}$
Straße	**111,66**	492,83	0,54	$8,9 \cdot 10^{-4}$	**100,66**	995293,51	4000,81	$1,0 \cdot 10^{-4}$
Hausnummer	5,25	599,15	0,62	$1,0 \cdot 10^{-3}$	100,60	995326,70	3967,68	$1,0 \cdot 10^{-4}$

Tabelle 4.2: Durchschnittliche Anzahl von E_1-, E_2- und E_3-Entscheidungen für Paare aus $\mathbb{M} \cap (\mathbb{A}_s \times \mathbb{B}_s)$ und $\mathbb{U} \cap (\mathbb{A}_s \times \mathbb{B}_s)$ sowie daraus resultierende Fehlerhäufigkeiten bei Verwendung von jeweils nur einem Vergleichsmerkmal ($\mu = 10^{-4}$ und $\lambda = 10^{-3}$).

Zur Untersuchung der Unterscheidungskraft der einzelnen Attribute wurden die Stichproben zunächst unter Verwendung von jeweils nur einem Merkmal verknüpft. In diesem Fall führen SM1 und SM2 zu denselben Ergebnissen. Die Resultate sind in Tabelle 4.2 dargestellt. Eine erste wesentliche Erkenntnis ist, daß die vorgegebenen Signifikanzniveaus nicht oder nur unwesentlich überschritten werden, die Vorgaben also - unabhängig wie gut oder schlecht die Qualität des verwendeten Merkmales ist - eingehalten. Trotzdem lassen sich insbesondere bezüglich der richtigen E_1-Entscheidungen deutliche Unterschiede erkennen. Es ist dabei sehr einsichtig, daß anhand des Namens mehr Elemente aus $\mathbb{M} \cap (\mathbb{A}_s \times \mathbb{B}_s)$ identifiziert werden können als anhand der Anrede. Der alleinige Einsatz dieses Merkmales führt dazu, daß fast alle E_1-Entscheidungen falsch sind. Zunächst überraschend ist jedoch die Erkenntnis, daß durch die Straße die Identifikation einer höheren Anzahl von Paaren aus $\mathbb{M} \cap (\mathbb{A}_s \times \mathbb{B}_s)$ gelingt als mit Hilfe des Namens. Auch die Anzahl falscher Zuordnungen von Elementen aus $\mathbb{U} \cap (\mathbb{A}_s \times \mathbb{B}_s)$ ist durch die Verwendung der Straße mit durchschnittlich 100,66 etwas geringer als beim Einsatz des als sehr unterscheidungsfähig angesehenen Namens, wodurch im Durchschnitt 100,87 falsche E_1-Entscheidungen produziert werden. Dies ist umso verwunderlicher, da es in der Grundgesamtheit 148278 unterschiedliche Namen und lediglich 8305 unterschiedliche Straßen gibt, es besitzen also durchschnittlich 6,04 Einheiten denselben Namen wohingegen 107,79 Einheiten in derselben Straße wohnen. Ebenso scheint dies dem Ergebnis zu widersprechen, daß im Durchschnitt 435,69 Paare aus $\mathbb{U} \cap (\mathbb{A}_s \times \mathbb{B}_s)$ bezüglich dem Namen übereinstimmen und lediglich 408,16 bezüglich der Straße.

Die Verteilung der Anzahl von Elementen mit derselben Ausprägung bezüglich eines Merkmales gibt Auskunft über die Ursache des Phänomens. Von den 895192 Elementen der Grundgesamtheit besitzen 508086 einen Namen, der 50 mal oder weniger vertreten ist. Im Gegensatz dazu gibt es lediglich 83711 Einheiten, welche bezüglich der Straße diese Eigenschaft aufweisen, was eigentlich für eine bessere Unterscheidungskraft des Namens spricht. Allerdings besitzen auch 826123 Einheiten eine Straßenausprägung, welche 1000 mal oder weniger vorkommt. Dies ist beim Namen lediglich 808400 mal der Fall. Betrachtet man also Ausprägungen, welche 1000 mal oder seltener vorkommen, so besitzt die Straße Vorteile. Interessant ist auch der Vergleich mit anderen Merkmalen, welche zu schlechteren Ergebnissen führen. Beim Vornamen besitzen lediglich 270711 Einheiten eine Ausprägung mit 1000 oder weniger Realisierungen, beim Ortsteil sind es nur 5491.

Die Extreme sind beim Namen ausgeprägter als bei der Straße. Die Realisierungen „Müller" und „Schmidt" existieren 7970 bzw. 7334 mal. Hingegen ist die bewohnteste Straße die „Landsberger Allee" mit 3271 Einträgen. Die Tatsache, daß die Straße in der gegebenen Situation eine etwas höhere Unterscheidungskraft als der Name besitzt, kann somit auf zwei Ursachen zurückgeführt werden. Zum einen sind die Unterschiede zwischen den Ausprägungen beim Namen deutlich größer als bei der Straße. Es gibt zwar sehr viele seltene Namen, aber dafür auch einige, welche entsprechend oft vorkommen. Da lediglich „stimmt überein"/„stimmt nicht überein"-Vergleiche vorgenommen werden, können derartige Unterschiede nicht verarbeitet werden und führen somit zu Fehlern. Es bietet sich hier eine Häufigkeitsadjustierung an[6]. Zum anderen liegt in der Stichprobenziehung die zweite Ursache. Dadurch, daß jeweils nur 1000 Elemente aus der Grundgesamtheit ausgewählt werden, stimmen Paare aus

---

[6]Vgl. die theoretischen Ausführungen in Abschnitt 3.3 und die simulative Betrachtung in Abschnitt 4.2.5.

Abkürzung	Merkmale	Abkürzung	Merkmale
V1'	Name	V1	Name
V2'	V1' + Vorname	V2	V1 + Vorname
V3'	V2' + Anrede	V3	V2 + Straße
V4'	V3' + Postleitzahl	V4	V3 + Hausnummer
V5'	V4' + Ortsteil	V5	V4 + Postleitzahl
V6'	V5' + Straße	V6	V5 + Ortsteil
V7'	V6' + Hausnummer	V7	V6 + Anrede

Tabelle 4.3: Innerhalb der Simulation verwendete Merkmalskombinationen und verwendete Abkürzungen.

$\mathbb{U} \cap (\mathbb{A}_s \times \mathbb{B}_s)$ bezüglich des Namens oder der Straße relativ selten überein. Die Probleme beim Verknüpfen werden folglich von Ausprägungen verursacht, welche relativ häufig in der Grundgesamtheit vorkommen. Diese führen für Paare aus $\mathbb{U} \cap (\mathbb{A}_s \times \mathbb{B}_s)$ zu einer höheren Wahrscheinlichkeit der Übereinstimmung und somit zu einer geringeren Unterscheidungskraft. Das Merkmal Name besitzt in diesem Punkt - wie oben diskutiert - gegenüber der Straße Nachteile und schneidet deshalb auch etwas schlechter ab. Erhöht man den Stichprobenumfang, so wird sich dieser Vorteil auf die Seite des Namens verlagern, da die Wahrscheinlichkeit für eine Übereinstimmung bezüglich der Straße innerhalb von $\mathbb{U} \cap (\mathbb{A}_s \times \mathbb{B}_s)$ schneller zunehmen wird als diejenige bezüglich des Namens.

In der Realität werden Merkmale nicht einzeln, sondern im Verbund eingesetzt. Zur Untersuchung dieses Sachverhaltes wurden die 250 Stichprobenpaare unter der Verwendung von unterschiedlichen Merkmalskombinationen verknüpft. Den Ausgangspunkt bildete das Attribut Name. Zu diesem Merkmal wurden nach und nach weitere hinzugefügt und die Stichproben anschließend mit demselben Startwert und demselben Signifikanzniveaus wie oben verknüpft. Um die Auswirkungen der Kombination unterschiedlicher Merkmale besser erkennen zu können, wurden hierfür zwei verschiedene Ansätze gewählt, welche Tabelle 4.3 entnommen werden können. Die Reihenfolge V1' bis V7' entspricht derjenigen, in welcher die Merkmale in der Datenbank gespeichert sind. Durch die Umordnung V1 bis V7 soll untersucht werden, inwieweit die Kombination bestimmter Merkmale eine Rolle spielt. Eine Darstellung der Ergebnisse findet sich in Tabelle 4.4.

Zunächst werden die Simulationsergebnisse bei Verwendung von SM1 sowie den Merkmalskombinationen V1' bis V7' betrachtet. Je mehr Attribute zum Vergleich herangezogen werden, desto mehr Elemente aus $\mathbb{M} \cap (\mathbb{A}_s \times \mathbb{B}_s)$ wer-

Methode		$\mathbb{M} \cap (\mathbb{A}_s \times \mathbb{B}_s)$				$\mathbb{U} \cap (\mathbb{A}_s \times \mathbb{B}_s)$			
		E_1	E_2	E_3	rel. Fehler	E_1	E_2	E_3	rel. Fehler
SM1	V1'	105,40	499,01	0,61	$1,0 \cdot 10^{-3}$	100,87	995293,45	4000,65	$1,0 \cdot 10^{-4}$
	V2'	356,12	248,29	0,62	$1,0 \cdot 10^{-3}$	98,69	983909,99	15386,30	$9,9 \cdot 10^{-5}$
	V3'	389,57	215,26	0,19	$3,2 \cdot 10^{-4}$	1711,54	983222,50	14460,94	$1,7 \cdot 10^{-3}$
	V4'	498,96	105,82	0,24	$4,0 \cdot 10^{-4}$	343,50	954697,71	44353,77	$3,4 \cdot 10^{-4}$
	V5'	500,55	104,43	0,04	$6,6 \cdot 10^{-5}$	2961,38	961099,71	35333,89	$3,0 \cdot 10^{-3}$
	V6'	569,01	35,98	0,03	$5,3 \cdot 10^{-5}$	3011,68	948308,03	48075,27	$3,0 \cdot 10^{-3}$
	V7'	**584,00**	21,03	0	0	2977,88	932228,42	64188,67	$3,0 \cdot 10^{-3}$
SM2	V1'	105,40	499,01	0,61	$1,0 \cdot 10^{-3}$	100,87	995293,45	4000,65	$1,0 \cdot 10^{-4}$
	V2'	356,19	248,20	0,64	$1,1 \cdot 10^{-3}$	98,92	983519,27	15776,78	$9,9 \cdot 10^{-5}$
	V3'	378,77	225,64	0,62	$1,0 \cdot 10^{-3}$	97,76	959802,74	39494,48	$9,8 \cdot 10^{-5}$
	V4'	511,65	92,71	0,66	$1,1 \cdot 10^{-3}$	103,28	849371,98	149919,72	$1,0 \cdot 10^{-4}$
	V5'	542,42	61,60	1,00	$1,7 \cdot 10^{-3}$	116,19	368289,78	630989,01	$1,2 \cdot 10^{-4}$
	V6'	580,58	23,32	1,12	$1,9 \cdot 10^{-3}$	273,74	23732,88	975388,36	$2,7 \cdot 10^{-4}$
	V7'	**592,40**	11,42	1,21	$2,0 \cdot 10^{-3}$	261,79	11663,88	987469,30	$2,6 \cdot 10^{-4}$
SM1	V1	105,40	499,01	0,61	$1,0 \cdot 10^{-3}$	100,87	995293,45	4000,65	$1,0 \cdot 10^{-4}$
	V2	356,12	248,29	0,62	$1,0 \cdot 10^{-3}$	98,69	983909,99	15386,30	$9,9 \cdot 10^{-5}$
	V3	509,76	94,61	0,66	$1,1 \cdot 10^{-3}$	100,65	943184,00	56110,33	$1,0 \cdot 10^{-4}$
	V4	571,42	33,06	0,54	$8,9 \cdot 10^{-4}$	102,26	794230,88	205061,84	$1,0 \cdot 10^{-4}$
	V5	587,77	17,10	0,16	$2,6 \cdot 10^{-4}$	272,54	786232,73	212889,70	$2,7 \cdot 10^{-4}$
	V6	582,03	22,98	0,02	$2,6 \cdot 10^{-5}$	**2984,86**	**939037,26**	57372,85	$3,0 \cdot 10^{-3}$
	V7	**584,00**	21,03	0	0	**2977,88**	**932228,42**	64188,67	$3,0 \cdot 10^{-3}$
SM2	V1	105,40	499,01	0,61	$1,0 \cdot 10^{-3}$	100,87	995293,45	4000,65	$1,0 \cdot 10^{-4}$
	V2	356,19	248,20	0,64	$1,1 \cdot 10^{-3}$	98,92	983519,27	15776,78	$9,9 \cdot 10^{-5}$
	V3	509,55	94,70	0,77	$1,3 \cdot 10^{-3}$	99,57	935907,37	63388,04	$1,0 \cdot 10^{-4}$
	V4	571,44	32,90	0,68	$1,1 \cdot 10^{-3}$	100,11	745930,03	253364,84	$1,0 \cdot 10^{-4}$
	V5	580,05	24,10	0,87	$1,4 \cdot 10^{-3}$	**200,19**	20163,12	979031,66	$2,0 \cdot 10^{-4}$
	V6	590,90	13,04	1,09	$1,8 \cdot 10^{-3}$	**265,00**	**15679,91**	983450,07	$2,7 \cdot 10^{-4}$
	V7	**592,40**	11,42	1,21	$2,0 \cdot 10^{-3}$	**261,79**	**11663,88**	**987469,30**	$2,6 \cdot 10^{-4}$

Tabelle 4.4: Durchschnittliche Anzahl von E_1-, E_2- und E_3-Entscheidungen für Paare aus $\mathbb{M} \cap (\mathbb{A}_s \times \mathbb{B}_s)$ und $\mathbb{U} \cap (\mathbb{A}_s \times \mathbb{B}_s)$ sowie daraus resultierende Fehlerhäufigkeiten bei Verwendung unterschiedlicher Merkmalskombinationen ($\mu = 10^{-4}$ und $\lambda = 10^{-3}$).

den richtig zugeordnet. Bei Anwendung aller sieben Merkmale sind dies im Durchschnitt immerhin 584,00 Paare, was einer Quote von 96,52% entspricht. Diesem überzeugenden Ergebnis stehen hingegen 2977,88 falsch zugeordnete Elemente aus $\mathbb{U} \cap (\mathbb{A}_s \times \mathbb{B}_s)$ gegenüber. Daraus resultiert eine Fehlerquote von $3,0 \cdot 10^{-3}$, was deutlich höher als das vorgegebene Signifikanzniveau von $\mu = 10^{-4}$ ist. Von den 3561,88 getroffenen E_1-Entscheidungen sind somit 83,60% falsch. Im Gegensatz dazu sind die getroffenen E_3-Entscheidungen im wesentlichen korrekt, womit das vorgegebene Niveau von $\lambda = 10^{-3}$ eingehalten wird. Problematisch ist die äußerst hohe Anzahl der durchschnittlich getroffenen E_2-Entscheidungen, welche sich trotz der Hinzunahme neuer Merkmale kaum ändert. Im besten Fall sind es 932249,45 Paare, welche neutral bewertet werden. Somit sind die Ergebnisse, gemessen an dem Ziel der Minimierung der Anzahl von E_2-Entscheidungen, unbrauchbar. Zu klären ist, ob dieses Resultat alleine auf ein zu geringes λ zurückzuführen ist, oder ob es hierfür andere Ursachen gibt.

Zweifel an einer zu niedrigen Vorgabe von λ lassen die Ergebnisse bei Verwendung von SM2 aufkommen. Die Anzahlen der E_2- bzw. E_3-Entscheidungen schrumpfen bzw. wachsen bei Hinzunahme zusätzlicher Merkmale monoton. Beim Einsatz aller sieben Attribute werden über 98,81% der $\mathbb{U} \cap (\mathbb{A}_s \times \mathbb{B}_s)$-Elemente richtig zugeordnet, was einhergeht mit durchschnittlich 11663,88 getroffenen E_2-Entscheidungen bezüglich dieser Menge. Dabei bewegt sich die Anzahl der falschen E_3-Entscheidungen mit einem Maximum von durchschnittlich 1,21 in einem annehmbaren Rahmen, wenn auch mit einer maximalen Fehlerquote von $2,0 \cdot 10^{-3}$ zum Teil über dem vorgegebenen Signifikanzniveau von $\lambda = 10^{-3}$. Interessant ist, daß die Anzahlen der richtigen E_1-Entscheidungen unter Verwendung von SM1 und SM2 ähnliche Ausmaße besitzen. Zum Teil deutliche Verbesserungen werden durch die Aufhebung der Unabhängigkeitsannahme bezüglich der falschen E_1-Entscheidungen erzielt. Die maximale Anzahl hiervon wird bei Verwendung von SM2 beim Einsatz aller 7 Vergleichsmerkmale erreicht und beträgt durchschnittlich 261,79 falsche Entscheidungen. Die sich daraus ergebende Fehlerquote von $2,6 \cdot 10^{-4}$ liegt zwar immer noch über dem vorgegebenen Signifikanzniveau von $\mu = 10^{-4}$, allerdings ist eine deutliche Verringerung gegenüber SM1 erkennbar. Von den durchschnittlich 854,19 getroffenen E_1-Entscheidungen sind nun immerhin 69,35% richtig.

Als nächstes werden die Ergebnisse bei Verwendung von V1 bis V7 betrachtet. Auffällig ist, daß die Unterschiede zwischen SM1 und SM2 deutlich schwächer ausfallen als zuvor. Betrachtet man lediglich V1 bis V4, so sind nur geringe Differenzen zwischen den jeweiligen Anzahlen der einzelnen Entscheidungen zu erkennen. Erst ab V5 unterscheiden sich die Werte zum Teil deutlich voneinander. Während bei SM2 die Anzahlen der richtigen E_1- und E_3-Entscheidungen weiterhin monoton wachsen, treten bei SM1 Störungen auf. Zwar wächst auch hier die Anzahl der richtigen E_1-Entscheidungen von V1 bis V7, jedoch werden ab V6 wieder weniger richtige E_3-Entscheidungen getroffen als zuvor. Somit resultieren bei V6 und V7 auch äußerst hohe Anzahlen von E_2-Entscheidungen. Die Unterschiede zwischen SM1 und SM2 ab V5 werden insbesondere auch bei den durchschnittlichen Anzahlen der falschen Zuordnung von Paaren aus $\mathbb{U} \cap (\mathbb{A}_s \times \mathbb{B}_s)$ deutlich. Für SM1 beträgt diese bei V5 272,54 Einheiten und steigt dann sprunghaft auf 2984,86 an, um bei V7 wieder leicht auf 2977,88 zurückzugehen. Das bedeutet zum einen, daß das vorgegebene $\mu = 10^{-4}$ bei V6 und V7 deutlich überschritten wird und zum anderen, daß in diesen Situationen die getroffenen E_1-Entscheidungen zu 83,68% bzw. 83,60% falsch sind.

Durch die Modellierung von Abhängigkeiten werden diese hohen Fehlerzahlen deutlich reduziert und liegen dann noch bei maximal 265,00, so daß in diesem Fall 30, 95% der durchschnittlich 855, 90 E_1-Entscheidungen falsch sind.

Wie sich gezeigt hat, sind bei gemeinsamer Verwendung der Merkmale Name, Vorname, Straße und Hausnummer die durchschnittlichen Anzahlen der einzelnen Entscheidungen unter Verwendung von SM1 und SM2 ähnlich. Erst bei Hinzunahme der Merkmale Postleitzahl, Ortsteil und Anrede sind deutliche Unterschiede zu Lasten von SM1 zu erkennen. Insofern drängt sich die Vermutung auf, daß durch die zusätzlichen Variablen bedingte Abhängigkeiten impliziert werden, welche zu starken Verzerrungen führen. Dies ist bei näherer Betrachtung der Attribute durchaus plausibel. Eine Übereinstimmung bezüglich des Vornamens impliziert - abgesehen von fehlerhaften Einträgen - die Übereinstimmung des Geschlechts und somit auch der Anrede. Intuitiv ist auch klar, daß die Merkmale Straße, Postleitzahl und Ortsteil stark miteinander verbunden sind, was durch eine Untersuchung der Grundgesamtheit bestätigt wird. Darin enthalten sind 190 unterschiedliche Postleitzahlen und 126 unterschiedliche Ortsteile. Wird eine Straße ausgewählt, so existieren im Maximum noch 11 unterschiedliche Postleitzahlen bzw. 11 unterschiedliche Ortsteile, durch welche die Straße führt. Wählt man zusätzlich noch eine zugehörige Postleitzahl, so gibt es nur noch maximal drei mögliche Ortsteile, welche dieser Kombination entsprechen.

Um die Abhängigkeiten innerhalb der Stichproben sichtbar zu machen, wurden weitere Untersuchungen durchgeführt. Ermittelt wurde der durchschnittliche Anteil der Übereinstimmung bezüglich der Merkmale innerhalb von $\mathbb{M} \cap (\mathbb{A}_s \times \mathbb{B}_s)$ und $\mathbb{U} \cap (\mathbb{A}_s \times \mathbb{B}_s)$ unter der Bedingung, daß eine Übereinstimmung bzw. Nicht-Übereinstimmung bezüglich eines anderen Merkmales gegeben war. Die Resultate sind in Tabelle 4.5 dargestellt. Innerhalb von $\mathbb{M} \cap (\mathbb{A}_s \times \mathbb{B}_s)$ lassen sich keine bedingten Abhängigkeiten erkennen. Dies ist nicht weiter verwunderlich, da der Fehlermechanismus zur Stichprobengenerierung Unabhängigkeit impliziert. Im Gegensatz dazu sind - wie vermutet - innerhalb von $\mathbb{U} \cap (\mathbb{A}_s \times \mathbb{B}_s)$ starke Abhängigkeiten zwischen den Variablen Vorname und Anrede sowie Straße, Postleitzahl und Ortsteil erkennbar. Bei Nicht-Übereinstimmung bezüglich des Vornamens liegt der Anteil der Übereinstimmung bezüglich der Anrede bei 41,86%. Stimmt hingegen der Vorname überein, so steigt dieser Anteil auf 74,19%. Eine Übereinstimmung bezüglich der Straße geht in 41,60% der Fälle einher mit einer Übereinstimmung der Postleitzahl und in 47,15% mit einem gleichen Ortsteil. Bei Nicht-Übereinstimmung liegen die Anteile bei lediglich 0,83% bzw. 2,20%. Ebenso führt eine Übereinstimmung der Postleitzahl in 35,71% der Fälle zu einer Übereinstimmung des Ortsteils. Unterscheiden sich die Postleitzahlen hingegen, so stimmt der Ortsteil lediglich in 1,93% der Fälle überein.

$M \cap (A_s \times B_s)$ und Übereinstimmung bezüglich des unabhängigen Merkmales

	abhängiges Merkmal						
	Name	Vorname	Straße	Hausnummer	Postleitzahl	Ortsteil	Anrede
Name	1	0,7381	0,7372	0,7354	0,7395	0,7392	0,7789
Vorname	0,7369	1	0,7360	0,7354	0,7402	0,7404	0,7788
Straße	0,7371	0,7370	1	0,7358	0,7399	0,7389	0,7785
Hausnummer	0,7365	0,7377	0,7371	1	0,7403	0,7391	0,7790
Postleitzahl	0,7367	0,7385	0,7372	0,7363	1	0,7415	0,7796
Ortsteil	0,7368	0,7392	0,7367	0,7356	0,7420	1	0,7783
Anrede	0,7375	0,7385	0,7372	0,7364	0,7410	0,7392	1

$M \cap (A_s \times B_s)$ und Nicht-Übereinstimmung bezüglich des unabhängigen Merkmales

	abhängiges Merkmal						
	Name	Vorname	Straße	Hausnummer	Postleitzahl	Ortsteil	Anrede
Name	0	0,7391	0,7377	0,7379	0,7415	0,7408	0,7778
Vorname	0,7380	0	0,7412	0,7379	0,7396	0,7372	0,7782
Straße	0,7376	0,7422	0	0,7368	0,7404	0,7414	0,7790
Hausnummer	0,7390	0,7402	0,7381	0	0,7393	0,7409	0,7775
Postleitzahl	0,7386	0,7379	0,7377	0,7354	0	0,7340	0,7759
Ortsteil	0,7384	0,7360	0,7392	0,7374	0,7345	0	0,7797
Anrede	0,7362	0,7379	0,7377	0,7348	0,7368	0,7408	0

$U \cap (A_s \times B_s)$ und Übereinstimmung bezüglich des unabhängigen Merkmales

	abhängiges Merkmal						
	Name	Vorname	Straße	Hausnummer	Postleitzahl	Ortsteil	Anrede
Name	1	0,0044	0,0006	0,0086	0,0089	0,0210	0,4235
Vorname	0,0005	1	0,0005	0,0082	0,0088	0,0221	**0,7419**
Straße	0,0006	0,0039	1	0,0153	**0,4160**	**0,4715**	0,4193
Hausnummer	0,0004	0,0034	0,0007	1	0,0091	0,0239	0,4187
Postleitzahl	0,0005	0,0036	**0,0201**	0,0091	1	**0,3571**	0,4190
Ortsteil	0,0004	0,0035	**0,0087**	0,0091	**0,1364**	1	0,4201
Anrede	0,0004	**0,0062**	0,0004	0,0084	0,0085	0,0222	1

$U \cap (A_s \times B_s)$ und Nicht-Übereinstimmung bezüglich des unabhängigen Merkmales

	abhängiges Merkmal						
	Name	Vorname	Straße	Hausnummer	Postleitzahl	Ortsteil	Anrede
Name	0	0,0035	0,0004	0,0084	0,0085	0,0222	0,4197
Vorname	0,0004	0	0,0004	0,0084	0,0085	0,0222	**0,4186**
Straße	0,0004	0,0035	0	0,0084	**0,0083**	**0,0220**	0,4197
Hausnummer	0,0004	0,0035	0,0004	0	0,0085	0,0222	0,4197
Postleitzahl	0,0004	0,0035	**0,0002**	0,0084	0	**0,0193**	0,4197
Ortsteil	0,0004	0,0035	**0,0002**	0,0084	**0,0056**	0	0,4197
Anrede	0,0004	**0,0016**	0,0004	0,0085	0,0085	0,0222	0

Tabelle 4.5: Durchschnittlicher Anteil der Übereinstimmung von Stichprobenpaaren aus $M \cap (A_s \times B_s)$ bzw. $U \cap (A_s \times B_s)$ bezüglich der einzelnen Merkmale bei gleichzeitiger Übereinstimmung bzw. Nicht-Übereinstimmung bezüglich eines anderen Merkmales (Stichproben mit $\theta = 0{,}7$ und $p = q = l = 0{,}05$ erzeugt).

		Merkmal					
		Name	Vorname	Straße	Hausnummer	Postleitzahl	Ortsteil	Anrede
V4	$m^k(1)$	0,7332	0,7337	0,7372	0,7355	-	-	-
	$u^k(1)$	0,0004	0,0035	0,0004	0,0084	-	-	-
	τ^M				0,00061			
V7	$m^k(1)$	**0,1005**	0,1111	0,1507	0,1205	**0,8123**	**0,8480**	0,4849
	$u^k(1)$	0,0004	0,0035	0,0002	0,0084	0,0052	0,0188	0,4197
	τ^M				**0,00462**			
Stpr.	$m^k(1)$	**0,7372**	0,7384	0,7374	0,7361	**0,7400**	**0,7396**	0,7786
	$u^k(1)$	0,0004	0,0035	0,0004	0,0084	0,0085	0,0222	0,4197
	τ^M				**0,00061**			

Tabelle 4.6: Durchschnittliche Parameterschätzwerte bei Verwendung von SM1 und V4 bzw. V7 sowie die jeweiligen Durchschnittswerte in den Stichproben.

Diese Erkenntnisse liefern starke Indizien dafür, daß die schlechten Ergebnisse bei Verwendung von SM1 auf bedingte Abhängigkeiten innerhalb der Daten zurückzuführen sind. Bestätigung findet die Vermutung bei näherer Betrachtung der Schätzergebnisse des Verfahrens, welche für V4 und V7 in Tabelle 4.6 abgebildet sind. Ebenso enthalten sind die jeweiligen durchschnittlichen Anteile innerhalb der Stichproben. Dadurch ist erkennbar, ob sich die Schätzungen in einem realistischen Bereich befinden. Für V4 ist dies der Fall. Es sind keine Verzerrungen offensichtlich, was bei V7 anders ist. So wird beispielsweise die Wahrscheinlichkeit der Übereinstimmung bezüglich des Namens innerhalb von $\mathbb{M} \cap (\mathbb{A}_s \times \mathbb{B}_s)$ auf gerade einmal 10,05% geschätzt. Der durchschnittliche Anteil innerhalb der Stichproben liegt jedoch in der Nähe von 74%. Die Ergebnislage bei den Merkmalen Vorname, Straße und Hausnummer ist ähnlich, die Wahrscheinlichkeiten der Übereinstimmung bezüglich der Postleitzahl und dem Ortsteil werden hingegen überschätzt. Außerdem wird der Umfang von $\mathbb{M} \cap (\mathbb{A}_s \times \mathbb{B}_s)$ deutlich zu hoch angesetzt. Darin ist die Ursache dafür zu sehen, daß eine derart hohe Anzahl von falschen E_1-Entscheidungen getroffen wird. Die Auswirkungen der Verzerrungen lassen sich unmittelbar an den Eigenschaften der falsch zugeordneten Paare ablesen. So sind bei V7 zum Beispiel 1495,32 der durchschnittlich 2977,88 falschen E_1-Entscheidungen auf die ausschließliche Übereinstimmung bezüglich der Postleitzahl und des Ortsteils zurückzuführen. Insgesamt stimmten bei 2855,13 der falsch zugeordneten Paare diese beiden Merkmale überein. Auch eine Übereinstimmung bezüglich der Straße und der Postleitzahl oder aber der Straße und des Ortsteils führte unmittelbar zur Entscheidung E_1. Die Auswirkungen in absoluten Zahlen sind allerdings geringer, da, wie bereits angemerkt, im Durchschnitt bei lediglich 401,16 Paaren innerhalb von $\mathbb{U} \cap (\mathbb{A}_s \times \mathbb{B}_s)$ eine Übereinstimmung bezüglich der Straße gegeben war.

Die bisherigen Ergebnisse zeigen ebenso, daß auch bei Anwendung von SM2 die vorhandenen Abhängigkeiten nicht perfekt verarbeitet werden. Dies kann an den erhöhten Anzahlen falscher E_1-Entscheidungen für die Merkmalskombinationen V5 bis V7 erkannt werden. Die Schätzwerte zeigen für diese Situationen leichte Verzerrungen. So wird beispielsweise τ^M bei V4 mit durchschnittlich 0,00060 realistisch geschätzt. Bei V7 beträgt dieser Wert 0,00079, was auch die erhöhte Anzahl der falschen Zuordnung von Paaren aus $\mathbb{U} \cap (\mathbb{A}_s \times \mathbb{B}_s)$ erklärt. Somit führt die Schätzung des Startwertes auf Basis der Unabhängigkeitsannahme zu Fehlern. Allerdings bringt die anschließende Modellierung von Abhängigkeiten im eigentlichen Modell deutliche Verbesserungen gegenüber SM1 mit sich. SM2 reagiert somit wesentlich robuster auf bedingte Abhängigkeiten.

Die Unabhängigkeitsannahme impliziert, daß bedingte Abhängigkeiten in den Daten nicht erkannt werden. Merkmale werden isoliert voneinander betrachtet und somit in ihrer Bedeutung überschätzt, wobei die Überbewertung dazu führt, daß die Entscheidung E_3 vergleichsweise selten getroffen wird. Zusätzlich werden viele Paare irrtümlicherweise aufgrund von Übereinstimmungen bezüglich abhängiger Merkmale der Menge $\mathbb{M} \cap (\mathbb{A}_s \times \mathbb{B}_s)$ zugeordnet, was zu einer hohen Anzahl von falschen E_1-Entscheidungen führt. Die Folge sind deutlich schlechtere Ergebnisse als bei Anwendung von SM2. Läßt man die Unabhängigkeitshypothese fallen, so werden die bestehenden Korrelationen besser verarbeitet und die Bedeutung der abhängigen Variablen in Relation zu den anderen wird erkannt. Dies führt zu dem Ergebnis, daß deutlich weniger falsche E_1-Zuordnungen vorgenommen und deutlich mehr E_3-Entscheidungen getroffen werden. Dadurch wird eine deutlich geringere Anzahl von E_2-Entscheidungen impliziert.

4.2.2 Untersuchungen bei Variation der Startwerte

Die Ergebnisse des vorangegangenen Abschnitts haben gezeigt, daß mit Hilfe von SM2 die in den Daten vorhandenen Informationen besser verarbeitet werden können, als dies mit SM1 der Fall ist. Allerdings basieren die Untersuchungen auf der Verwendung eines bestimmten Startwertes. Ob die Aussage auch bei Variation des Startwertes Gültigkeit besitzt, wird im folgenden untersucht.

	SW1	SW2	SW3	SW1'	SW3'
$m^k(1)$	0,7	0,75	0,85	0,7	0,85
ρ	0,55	0,6	0,7	0,8	0,4

Tabelle 4.7: Unterschiedliche Startparameter, welche in der Simulation berücksichtigt wurden.

Zur Simulation wurden dieselben 250 Stichprobenpaare wie im vorangegangenen Abschnitt herangezogen. Verwendet wurden wieder die Merkmalskombinationen V1 bis V7 sowie die Signifikanzniveaus $\mu = 10^{-4}$ und $\lambda = 10^{-3}$. Allerdings wurden SM1 und SM2 nun zusätzlich noch mit zwei anderen Startwerten initialisiert und damit simuliert. Diese Werte sind in Tabelle 4.7 aufgeführt. Bei SW2 handelt es sich um die bereits in Abschnitt 4.2.1 verwendeten Parameter, welche sich sehr nahe an den realen Gegebenheiten befinden. SW1 unterschätzt die realen Parameter und SW3 liefert zu hohe Werte. Die realisierten Ergebnisse sind in Tabelle 4.8 dargestellt.

Die Ergebnisse beim Einsatz von SM1 reagieren kaum auf Variationen des Startwertes. Lediglich bei V1 sind deutliche Unterschiede offensichtlich, da bei der Verwendung von nur einem Merkmal die Annahme der Unabhängigkeit nicht bindend ist. Bei SW1 werden durchschnittlich 90,44 Elemente aus $\mathbb{M} \cap (\mathbb{A}_s \times \mathbb{B}_s)$ richtig zugeordnet, bei SW2 sind es im Mittel 105,40 und bei SW3 164,06 Elemente. Dem stehen allerdings 87,80 falsche E_1-Entscheidungen bei SW1, 100,87 bei SW2 und 154,55 bei SW3 gegenüber. Ähnliches läßt sich auch bei den E_3-Entscheidungen beobachten. Es sind davon im Durchschnitt 3333,35, 4000,65 bzw. 6667,83 richtig und 0,49, 0,61 bzw. 1,04 falsch. Eine Vorgabe von zu hohen Startwerten führt bei V1 also zu einer größeren Entscheidungsfreudigkeit des Verfahrens. Diese ist allerdings auch mit einer Überschreitung der Signifikanzniveaus verbunden. Umgekehrt resultiert eine zu niedrige Vorgabe in einem Einhalten der Fehlertoleranzen bei einer höheren Anzahl von E_2-Entscheidungen.

Ab V2 greift die Unabhängigkeitsannahme. Somit wird die Bedeutung des Startwertes abgeschwächt. Je mehr Merkmale verwendet werden, desto geringer sind die Unterschiede zwischen den Ergebnissen. Entsprechend gleichen sich auch die realisierten Fehlerwahrscheinlichkeiten an. Folglich tritt bei SW1 und SW3 auch wieder dieselbe Problematik wie bei SW2 auf. Die vorhandenen Abhängigkeiten bei V5 bis V7 führen zu einer Verzerrung der Schätzergebnisse, was wiederum eine stark erhöhte Anzahl von falschen E_1-Entscheidungen impliziert und somit zu einer deutlichen Überschreitung des Signifikanzniveaus $\mu = 10^{-4}$ führt.

			$\mathbb{M} \cap (\mathbb{A}_s \times \mathbb{B}_s)$				$\mathbb{U} \cap (\mathbb{A}_s \times \mathbb{B}_s)$			
			E_1	E_2	E_3	rel. Fehler	E_1	E_2	E_3	rel. Fehler
SW1	SM1	V1	**90,44**	514,09	**0,49**	**$8{,}1 \cdot 10^{-4}$**	**87,80**	995973,83	**3333,35**	**$8{,}8 \cdot 10^{-5}$**
		V2	355,96	248,47	0,59	$9{,}7 \cdot 10^{-4}$	97,93	984601,29	14695,76	$9{,}8 \cdot 10^{-5}$
		V3	509,76	94,61	0,66	$1{,}1 \cdot 10^{-3}$	100,72	943528,48	55765,78	$1{,}0 \cdot 10^{-4}$
		V4	571,42	33,07	0,53	$8{,}8 \cdot 10^{-4}$	102,26	795043,14	204249,57	$1{,}0 \cdot 10^{-4}$
		V5	587,77	17,10	0,16	$2{,}6 \cdot 10^{-4}$	272,54	786242,67	212879,76	$2{,}7 \cdot 10^{-4}$
		V6	582,03	22,98	0,02	$2{,}6 \cdot 10^{-5}$	2984,87	939036,25	57373,86	$3{,}0 \cdot 10^{-3}$
		V7	584,00	21,03	0	0	2977,89	932228,55	64188,54	$3{,}0 \cdot 10^{-3}$
	SM2	V1	**90,44**	514,09	**0,49**	**$8{,}1 \cdot 10^{-4}$**	**87,80**	995973,83	**3333,35**	**$8{,}8 \cdot 10^{-5}$**
		V2	355,33	249,20	0,50	$8{,}2 \cdot 10^{-4}$	95,80	987303,38	11995,80	$9{,}6 \cdot 10^{-5}$
		V3	509,72	94,81	0,50	$8{,}2 \cdot 10^{-4}$	98,92	958334,78	40961,27	$9{,}9 \cdot 10^{-5}$
		V4	**571,52**	33,16	**0,34**	**$5{,}6 \cdot 10^{-4}$**	101,58	863013,79	**136279,60**	$1{,}0 \cdot 10^{-4}$
		V5	582,12	22,54	0,37	$6{,}1 \cdot 10^{-4}$	210,00	471538,27	527646,71	$2{,}1 \cdot 10^{-4}$
		V6	591,27	13,25	0,50	$8{,}3 \cdot 10^{-4}$	276,14	29832,14	969286,69	$2{,}8 \cdot 10^{-4}$
		V7	593,01	11,56	0,45	$7{,}5 \cdot 10^{-4}$	272,80	25537,24	973584,94	$2{,}7 \cdot 10^{-4}$
SW2	SM1	V1	**105,40**	499,01	**0,61**	**$1{,}0 \cdot 10^{-3}$**	100,87	995293,45	**4000,65**	**$1{,}0 \cdot 10^{-4}$**
		V2	356,12	248,29	0,62	$1{,}0 \cdot 10^{-3}$	98,69	983909,99	15386,30	$9{,}9 \cdot 10^{-5}$
		V3	509,76	94,61	0,66	$1{,}1 \cdot 10^{-3}$	100,65	943184,00	56110,33	$1{,}0 \cdot 10^{-4}$
		V4	571,42	33,06	0,54	$8{,}9 \cdot 10^{-4}$	102,26	794230,88	205061,84	$1{,}0 \cdot 10^{-4}$
		V5	587,77	17,10	0,16	$2{,}6 \cdot 10^{-4}$	272,54	786232,73	212889,70	$2{,}7 \cdot 10^{-4}$
		V6	582,03	22,98	0,02	$2{,}6 \cdot 10^{-5}$	2984,86	939037,26	57372,85	$3{,}0 \cdot 10^{-3}$
		V7	584,00	21,03	0	0	2977,88	932228,42	64188,67	$3{,}0 \cdot 10^{-3}$
	SM2	V1	**105,40**	499,01	**0,61**	**$1{,}0 \cdot 10^{-3}$**	100,87	995293,45	4000,65	**$1{,}0 \cdot 10^{-4}$**
		V2	356,19	248,20	0,64	$1{,}1 \cdot 10^{-3}$	98,92	983519,27	15776,78	$9{,}9 \cdot 10^{-5}$
		V3	509,55	94,70	0,77	$1{,}3 \cdot 10^{-3}$	99,57	935907,37	63388,04	$1{,}0 \cdot 10^{-4}$
		V4	**571,44**	32,90	**0,68**	**$1{,}1 \cdot 10^{-3}$**	100,11	745930,03	**253364,84**	$1{,}0 \cdot 10^{-4}$
		V5	580,05	24,10	0,81	$1{,}4 \cdot 10^{-3}$	200,19	20163,12	979031,66	$2{,}0 \cdot 10^{-4}$
		V6	590,90	13,04	1,09	$1{,}8 \cdot 10^{-3}$	265,00	15679,91	983450,07	$2{,}7 \cdot 10^{-4}$
		V7	592,40	11,42	1,21	$2{,}0 \cdot 10^{-3}$	261,79	11663,88	987469,30	$2{,}6 \cdot 10^{-4}$
SW3	SM1	V1	**164,06**	439,92	**1,04**	**$1{,}7 \cdot 10^{-3}$**	154,55	992572,59	**6667,83**	**$1{,}5 \cdot 10^{-4}$**
		V2	356,87	247,34	0,82	$1{,}3 \cdot 10^{-3}$	100,92	980364,38	18929,68	$1{,}0 \cdot 10^{-4}$
		V3	509,76	94,61	0,66	$1{,}1 \cdot 10^{-3}$	100,61	942948,98	56345,38	$1{,}0 \cdot 10^{-4}$
		V4	571,42	33,06	0,54	$8{,}9 \cdot 10^{-4}$	102,26	794064,59	205228,13	$1{,}0 \cdot 10^{-4}$
		V5	587,77	17,10	0,16	$2{,}6 \cdot 10^{-4}$	272,54	786239,70	212882,73	$2{,}7 \cdot 10^{-4}$
		V6	582,04	22,97	0,02	$2{,}6 \cdot 10^{-5}$	2984,88	939041,41	57368,69	$3{,}0 \cdot 10^{-3}$
		V7	583,99	21,03	0	0	2977,86	932224,97	64192,15	$3{,}0 \cdot 10^{-3}$
	SM2	V1	**164,06**	439,92	**1,04**	**$1{,}7 \cdot 10^{-3}$**	154,55	992572,59	6667,83	**$1{,}5 \cdot 10^{-4}$**
		V2	357,88	245,64	1,50	$2{,}5 \cdot 10^{-3}$	104,60	963103,51	36186,87	$1{,}0 \cdot 10^{-4}$
		V3	509,52	92,92	2,58	$4{,}3 \cdot 10^{-3}$	98,94	762051,45	237244,58	$9{,}9 \cdot 10^{-5}$
		V4	**571,28**	30,17	**3,58**	**$5{,}9 \cdot 10^{-3}$**	91,91	11750,95	**987552,12**	$9{,}2 \cdot 10^{-5}$
		V5	568,99	31,22	4,82	$8{,}0 \cdot 10^{-3}$	161,84	4531,86	994701,28	$1{,}6 \cdot 10^{-4}$
		V6	590,06	10,55	4,41	$7{,}3 \cdot 10^{-3}$	236,08	2917,42	996241,47	$2{,}4 \cdot 10^{-4}$
		V7	590,65	10,76	3,62	$6{,}0 \cdot 10^{-3}$	229,99	2061,56	997103,43	$2{,}3 \cdot 10^{-4}$

Tabelle 4.8: Durchschnittliche Anzahl von E_1-, E_2- und E_3-Entscheidungen für Paare aus $\mathbb{M} \cap (\mathbb{A}_s \times \mathbb{B}_s)$ und $\mathbb{U} \cap (\mathbb{A}_s \times \mathbb{B}_s)$ sowie daraus resultierende Fehlerhäufigkeiten bei Verwendung der Startparameter SW1 bis SW3 ($\mu = 10^{-4}$ und $\lambda = 10^{-3}$).

Wie zu erwarten, reagieren die Ergebnisse bei Verwendung von SM2 deutlich stärker auf unterschiedliche Startwerte. So werden bei V4 und SW1 beispielsweise 136279,60 richtige E_3-Entscheidungen getroffen. Wird SW2 vorgegeben, so steigt diese Zahl auf 253364,84, bei SW3 sogar auf 987552,12. Dafür werden bei SW3 im Durchschnitt aber auch die meisten Paare aus $\mathbb{M} \cap (\mathbb{A}_s \times \mathbb{B}_s)$ falsch zugeordnet. So führen die durchschnittlich 3,58 falschen Entscheidungen zu einer Fehlerquote von $5,9 \cdot 10^{-3}$. Folglich wird die Vorgabe von $\lambda = 10^{-3}$ überschritten. Bei SW1 hingegen wird eine Fehlerquote von $5,6 \cdot 10^{-4}$ realisiert und somit das Signifikanzniveau unterschritten. Interessant ist, daß die Unterschiede bezüglich der richtigen E_1-Entscheidungen deutlich geringer ausfallen. Bei V4 sind die Werte der durchschnittlich identifizierten Elemente aus $\mathbb{M} \cap (\mathbb{A}_s \times \mathbb{B}_s)$ für SW1, SW2 und SW3 annähernd identisch. Auch die Anzahlen der falsch zugeordneten Paare unterscheiden sich kaum und die realisierten Fehlerquoten entsprechen der Vorgabe.

Neben den Zahlen bei einer gegebenen Merkmalskombination sind auch die Variationen bei Verwendung unterschiedlicher Merkmale interessant. Hierbei zeigen sich bei den Ergebnissen von SW1 und SW3 ähnliche Verläufe, wie dies bei SW2 der Fall ist. Die Anzahlen der E_1- und E_3-Entscheidungen wachsen von V1 bis V7 annähernd monoton. Die Anzahl der E_2-Entscheidungen nimmt dagegen von V1 bis V7 monoton ab. Ab V5 werden mehr falsche E_1-Entscheidungen getroffen, da die Abhängigkeiten - wie in Abschnitt 4.2.1 diskutiert - auch bei SM2 nicht vollständig verarbeitet werden. Somit variieren zwar die absoluten Zahlen der jeweiligen Entscheidungen bei einer Veränderung des Startwertes, die Reaktionen auf die unterschiedlichen Vergleichsmerkmale hingegen bleiben erhalten.

Die Untersuchungen bestätigen die Ergebnisse aus Abschnitt 4.2.1. Wird SM1 verwendet, so führen vorhandene Abhängigkeiten zur Verzerrung der Schätzwerte und folglich zu einer erhöhten Anzahl falscher E_1-Entscheidungen. Dabei unterscheiden sich die Resultate bezüglich unterschiedlicher Startwerte kaum. Im Gegensatz dazu führt eine Variation der Startwerte beim Einsatz von SM2 dazu, daß sich die absoluten Anzahlen der einzelnen Entscheidungen ändern. Allerdings werden die Informationen in den einzelnen Merkmalen bei allen Startwerten auf ähnliche Weise genutzt. Somit werden eventuell vorhandene Abhängigkeiten besser verarbeitet als bei Verwendung von SM1. Werden bei der Vorgabe der Startparameter die realen Werte überschätzt, so werden tendenziell weniger E_2-Entscheidungen getroffen, als dies bei einer realistischen Vorgabe der Fall ist. Dieser Vorteil geht allerdings mit einer höheren Anzahl falscher E_3-Entscheidungen einher. Umgekehrt führt eine Unterschätzung der realen Gegebenheiten zu einer höheren Anzahl von E_2- und weniger falschen E_3-Entscheidungen.

Nun werden die Auswirkungen untersucht, wenn die Vorgaben $m^k(1) \; \forall k$ unter- und ρ überschätzt, bzw. $m^k(1) \; \forall k$ über- und ρ unterschätzt werden. Die hierfür angepaßten Startwerte SW1' und SW3' sind ebenfalls in Tabelle 4.7 dargestellt,

			$\mathbb{M} \cap (\mathbb{A}_s \times \mathbb{B}_s)$				$\mathbb{U} \cap (\mathbb{A}_s \times \mathbb{B}_s)$			
			E_1	E_2	E_3	rel. Fehler	E_1	E_2	E_3	rel. Fehler
SW1'	SM1	V1	144,58	459,95	0,49	$8{,}1 \cdot 10^{-4}$	136,67	995924,96	3333,35	$1{,}4 \cdot 10^{-4}$
		V2	361,44	243,23	0,36	$6{,}0 \cdot 10^{-4}$	117,66	990540,42	8736,90	$1{,}2 \cdot 10^{-4}$
		V3	509,76	94,61	0,66	$1{,}1 \cdot 10^{-3}$	100,80	943784,05	55510,12	$1{,}0 \cdot 10^{-4}$
		V4	571,42	33,07	0,53	$8{,}8 \cdot 10^{-4}$	102,27	795223,02	204069,69	$1{,}0 \cdot 10^{-4}$
		V5	587,77	17,10	0,16	$2{,}6 \cdot 10^{-4}$	272,54	786236,14	212886,30	$2{,}7 \cdot 10^{-4}$
		V6	582,04	22,97	0,02	$2{,}6 \cdot 10^{-5}$	2984,87	939037,80	57372,31	$3{,}0 \cdot 10^{-3}$
		V7	584,00	21,03	0	0	2977,89	932227,02	64190,06	$3{,}0 \cdot 10^{-3}$
	SM2	V1	144,58	459,95	0,49	$8{,}1 \cdot 10^{-4}$	136,67	995924,96	3333,35	$1{,}4 \cdot 10^{-4}$
		V2	362,39	242,22	0,41	$6{,}8 \cdot 10^{-4}$	121,01	988720,11	10553,86	$1{,}2 \cdot 10^{-4}$
		V3	510,63	93,98	0,41	$6{,}8 \cdot 10^{-4}$	111,12	966773,94	32509,91	$1{,}1 \cdot 10^{-4}$
		V4	571,78	32,97	0,27	$4{,}4 \cdot 10^{-4}$	115,54	898462,11	100817,33	$1{,}2 \cdot 10^{-4}$
		V5	588,75	15,99	0,28	$4{,}7 \cdot 10^{-4}$	251,40	609047,68	390095,89	$2{,}5 \cdot 10^{-4}$
		V6	593,26	11,40	0,36	$6{,}0 \cdot 10^{-4}$	308,75	34893,13	964193,10	$3{,}1 \cdot 10^{-4}$
		V7	593,18	11,49	0,35	$5{,}8 \cdot 10^{-4}$	304,36	30690,48	968400,14	$3{,}0 \cdot 10^{-4}$
SW3'	SM1	V1	82,70	521,28	1,04	$1{,}7 \cdot 10^{-3}$	80,31	992646,84	6667,83	$8{,}0 \cdot 10^{-5}$
		V2	352,35	250,31	2,36	$3{,}9 \cdot 10^{-3}$	85,52	942248,01	57061,44	$8{,}6 \cdot 10^{-5}$
		V3	509,76	94,61	0,66	$1{,}1 \cdot 10^{-3}$	100,61	942948,88	56345,48	$1{,}0 \cdot 10^{-4}$
		V4	571,42	33,06	0,54	$8{,}9 \cdot 10^{-4}$	102,26	794056,82	205235,90	$1{,}0 \cdot 10^{-4}$
		V5	587,77	17,10	0,16	$2{,}6 \cdot 10^{-4}$	272,54	786228,56	212893,87	$2{,}7 \cdot 10^{-4}$
		V6	582,04	22,97	0,02	$2{,}6 \cdot 10^{-5}$	2984,88	939038,06	57372,03	$3{,}0 \cdot 10^{-3}$
		V7	584,00	21,03	0	0	2977,88	932225,96	64191,14	$3{,}0 \cdot 10^{-3}$
	SM2	V1	82,70	521,28	1,04	$1{,}7 \cdot 10^{-3}$	80,31	992646,84	6667,83	$8{,}0 \cdot 10^{-5}$
		V2	352,16	250,88	1,98	$3{,}3 \cdot 10^{-3}$	85,08	951112,10	48197,79	$8{,}5 \cdot 10^{-5}$
		V3	508,72	92,18	4,13	$6{,}8 \cdot 10^{-3}$	89,80	616346,29	382958,88	$9{,}0 \cdot 10^{-5}$
		V4	570,66	29,14	5,22	$8{,}6 \cdot 10^{-3}$	64,83	10182,80	989147,34	$6{,}5 \cdot 10^{-5}$
		V5	563,38	33,58	8,07	$1{,}3 \cdot 10^{-2}$	104,94	695,61	998594,43	$1{,}1 \cdot 10^{-4}$
		V6	587,55	12,86	4,62	$7{,}6 \cdot 10^{-3}$	212,32	2520,97	996661,68	$2{,}1 \cdot 10^{-4}$
		V7	588,15	10,83	6,04	$1{,}0 \cdot 10^{-2}$	199,43	1363,88	997831,67	$2{,}0 \cdot 10^{-4}$

Tabelle 4.9: Durchschnittliche Anzahl von E_1-, E_2- und E_3-Entscheidungen für Paare aus $\mathbb{M} \cap (\mathbb{A}_s \times \mathbb{B}_s)$ und $\mathbb{U} \cap (\mathbb{A}_s \times \mathbb{B}_s)$ sowie daraus resultierende Fehlerhäufigkeiten bei Verwendung der Startparameter SW1' und SW3' ($\mu = 10^{-4}$ und $\lambda = 10^{-3}$).

die Resultate der Simulationen finden sich in Tabelle 4.9. Erneut zeigt sich, daß die Ergebnisse bei Verwendung von SM1 nur wenig auf veränderte Startwerte reagieren. Die Unterschiede bei SM2 sind hingegen offensichtlich. Im Vergleich zu SW1 werden bei SW1' tendenziell mehr E_1- und stattdessen weniger E_3-Entscheidungen getroffen. Analoges läßt sich auch beim Übergang von SW3 zu SW3' erkennen. Durch die Reduktion von ρ nimmt die Anzahl der E_1-Entscheidungen tendenziell ab, wohingegen diejenige der E_3-Entscheidungen zunimmt. Auch wird deutlich, daß das Verfahren beim Einsatz von SW3' deutlich entscheidungsfreudiger ist als beim Einsatz von SW1'. Dies ist wiederum mit einer höheren E_3-Fehlerzahl verbunden. Die Unterschiede sind insgesamt geringer als zwischen den Ergebnissen von SW1 und SW3, aber immer noch offensichtlich.

Die Resultate zeigen somit, daß die Startparameter $m^k(1)$ einen größeren Einfluß auf die Qualität der Ergebnisse ausüben als die Vorgabe von ρ. Werden die Wahrscheinlichkeiten $m^k(1)$ zu hoch angesetzt, so kommt es zu einer erhöhten Anzahl falscher E_3-Entscheidungen. Das vorgegebene Signifikanzniveau wird somit nicht eingehalten. Wird umgekehrt $m^k(1)$ zu niedrig gewählt, so wird die vorgegebene Fehlerwahrscheinlichkeit λ unterschritten. Durch eine Erhöhung von λ läßt sich die daraus folgende höhere Anzahl von E_2-Entscheidungen ausgleichen. Dies führt zwar wiederum dazu, daß mehr Paare aus $\mathbb{M} \cap (\mathbb{A}_s \times \mathbb{B}_s)$ falsch zugeordnet werden, die Auswirkungen sind jedoch weitgehend unter Kontrolle. Liegt also keine genaue Kenntnis der Datensituation vor, so ist zu empfehlen, die Werte $m^k(1)$ eher etwas niedriger anzusetzen. Eine solche Tendenzaussage nimmt einem Anwender zwar nicht das Problem der Bestimmung der Startparameter ab, aber es wird zumindest die Auswahl unter mehreren Alternativen erleichtert.

Bei den betrachteten Simulationen wurden zusätzlich noch jeweils die Anzahl der Iterationen sowie die Zeit in Sekunden gemessen, welche für die reine Maximum-Likelihood-Schätzung benötigt wurden. Abläufe wie beispielsweise Ein- und Ausgabeprozesse, die Ermittlung der Vergleichsvektoren oder die Durchführung der Entscheidungen wurden hierbei nicht erfaßt. Somit dient die Zeitmessung also nicht zur Bestimmung der Dauer, welche für die gesamte Verknüpfung benötigt wird, sondern lediglich zu einem Vergleich von SM1 und SM2. Auch die Wahl der relativ groben Zeiteinheit von einer Sekunde läßt keine absoluten Aussagen, sondern lediglich einen relativen Vergleich zu.

Die durchschnittlich benötigten Iterationen sowie die daraus resultierenden Zeiten sind in Tabelle 4.10 dargestellt. Selbstverständlich ist, daß bei Anwendung von SM2 jeweils nur eine Iteration durchgeführt wird. Die hierfür verwendete Zeit wächst im Durchschnitt annähernd linear mit der Anzahl der Merkmale. Es spielt diesbezüglich keine Rolle, welche Merkmale zur Verknüpfung herangezogen oder welche Startwerte vorgegeben werden. Bei Anwendung von SM1 ist die Situation anders. Die Anzahl der Iterationen und die daraus resultierende Laufzeit wird sehr stark von den verwendeten Merkmalen beeinflußt. Insbesondere bei V6 und V7 werden relativ viele Iterationen benötigt, womit auch vergleichsweise lange Laufzeiten resultieren. Auch variieren die Anzahlen der Iterationen und die Laufzeiten je nach verwendetem Startwert deutlich. Die benötigte Zeit von SM1 ist insgesamt also viel schwerer einzuschätzen als diejenige von SM2. Offensichtlich ist hingegen, daß beim Einsatz von SM1 deutlich längere Laufzeiten als bei SM2 in Kauf genommen werden müssen. Eine Ausnahme ist lediglich bei Verwendung von nur einem Vergleichsmerkmal gegeben. Die etwas aufwendigere Implementierung von SM2 führt dann zu einer längeren Laufzeit.

Startwert	Methode		V1	V2	V3	V4	V5	V6	V7
SW1	SM1	Iterationen	1	3,98	8,34	5,35	8,36	29,00	29,29
		Laufzeit	0,65	5,56	14,82	11,50	21,39	85,24	97,14
	SM2	Laufzeit	1,09	2,16	3,14	4,20	5,26	6,31	7,38
SW2	SM1	Iterationen	1	2,76	8,54	5,49	8,58	29,18	29,47
		Laufzeit	0,62	3,83	15,00	11,66	21,54	84,68	96,73
	SM2	Laufzeit	1,12	2,12	3,11	4,10	5,19	6,20	7,34
SW3	SM1	Iterationen	1	4	12,57	7,60	9,05	29,53	29,73
		Laufzeit	0,63	5,61	22,41	16,42	23,12	86,85	98,46
	SM2	Laufzeit	1,14	2,16	3,16	4,19	5,25	6,31	7,34
SW1'	SM1	Iterationen	1	4,19	16,11	8,14	7,35	28,78	29,03
		Laufzeit	0,63	5,83	28,64	17,52	18,77	84,76	96,42
	SM2	Laufzeit	1,14	2,16	3,17	4,20	5,27	6,32	7,38
SW3'	SM1	Iterationen	1	2,98	14,15	8,29	9,49	29,62	29,92
		Laufzeit	0,64	4,33	25,43	17,77	24,13	86,72	98,96
	SM2	Laufzeit	1,09	2,16	3,12	4,18	5,25	6,31	7,36

Tabelle 4.10: Durchschnittliche Anzahl der Iterationen und durchschnittliche Laufzeit in Sekunden bei Verwendung unterschiedlicher Startwerte.

4.2.3 Untersuchungen bei Variation der Signifikanzniveaus

Für die Untersuchungen bezüglich der Variation der Signifikanzniveaus wurden erneut dieselben 250 Stichprobenpaare wie bisher verwendet. Als Startwert für SM1 und SM2 dienten die Parameter $m^k(1) = 0,75$ $\forall k$ und $\rho = 0,6$. Es wurden für verschiedene (μ, λ)-Paare Simulationen durchgeführt und dabei unter Verwendung von V1 bis V7 die jeweiligen Stichprobenpaare verknüpft. Als Referenzsituation diente $(\mu, \lambda) = (10^{-4}, 10^{-3})$. Ausgehend von diesem Wert wurde im ersten Schritt μ und anschließend λ variiert.

Zunächst werden die Auswirkungen einer Variation von μ betrachtet. Diese führt zu einem veränderten Ablehnungsbereich beim Test von $H_1 : (a, b) \in \mathbb{U} \cap (\mathbb{A}_s \times \mathbb{B}_s)$ gegen $H_0 : (a, b) \in \mathbb{M} \cap (\mathbb{A}_s \times \mathbb{B}_s)$, eine Verringerung von μ bringt also eine geringere Anzahl von E_1-Entscheidungen mit sich. Umgekehrt wird durch eine Erhöhung die Entscheidung E_1 häufiger getroffen. Verwendet wurden neben $\mu = 10^{-4}$ noch die Werte $\mu = 10^{-5}$ und $\mu = 10^{-3}$. Dabei wurde jeweils $\lambda = 10^{-3}$ gewählt, was im letzten Fall der getätigten Empfehlung $\mu \ll \lambda$ widerspricht und die Ergebnisse somit die Folgen aufzeigen werden. Aufgrund der durchschnittlich 999394,98 Elemente in $\mathbb{U} \cap (\mathbb{A}_s \times \mathbb{B}_s)$ sind im Mittel 9,99, 99,93 bzw. 999,39 falsche E_1-Entscheidungen zu erwarten. Die Ergebnisse der Simulationen sind in Tabelle 4.11 dargestellt.

			$M \cap (A_s \times B_s)$				$U \cap (A_s \times B_s)$			
			E_1	E_2	E_3	rel. Fehler	E_1	E_2	E_3	rel. Fehler
$\mu = 10^{-5}$	SM1	V1	**10,62**	593,80	0,61	$1,0\cdot10^{-3}$	**10,24**	995384,08	4000,65	$1,0\cdot10^{-5}$
		V2	331,49	272,92	0,62	$1,0\cdot10^{-3}$	10,56	983998,12	15386,30	$1,1\cdot10^{-5}$
		V3	502,89	101,48	0,66	$1,1\cdot10^{-3}$	10,81	943273,84	56110,33	$1,1\cdot10^{-5}$
		V4	545,13	59,36	0,54	$8,9\cdot10^{-4}$	13,32	794319,82	205061,84	$1,3\cdot10^{-5}$
		V5	569,65	35,21	0,16	$2,6\cdot10^{-4}$	178,84	786326,43	212889,70	$1,8\cdot10^{-4}$
		V6	575,41	29,60	0,02	$2,6\cdot10^{-5}$	409,40	941612,73	57372,85	$4,1\cdot10^{-4}$
		V7	**575,22**	29,80	0	0	**425,74**	934780,56	64188,67	$4,3\cdot10^{-4}$
	SM2	V1	**10,62**	593,80	0,61	$1,0\cdot10^{-3}$	**10,24**	995384,08	4000,65	$1,0\cdot10^{-5}$
		V2	331,52	272,87	0,64	$1,1\cdot10^{-3}$	10,68	983607,51	15776,78	$1,1\cdot10^{-5}$
		V3	502,73	101,52	0,77	$1,3\cdot10^{-3}$	10,77	935996,17	63388,04	$1,1\cdot10^{-5}$
		V4	540,23	64,12	0,68	$1,1\cdot10^{-3}$	12,28	746017,86	253364,84	$1,2\cdot10^{-5}$
		V5	558,80	45,36	0,87	$1,4\cdot10^{-3}$	18,51	20344,80	979031,66	$1,9\cdot10^{-5}$
		V6	577,78	26,16	1,09	$1,8\cdot10^{-3}$	150,36	15794,54	983450,07	$1,5\cdot10^{-4}$
		V7	**579,47**	24,34	1,21	$2,0\cdot10^{-3}$	**149,39**	11776,29	987469,30	$1,5\cdot10^{-4}$
$\mu = 10^{-4}$	SM1	V1	**105,40**	499,01	0,61	$1,0\cdot10^{-3}$	**100,87**	995293,45	4000,65	$1,0\cdot10^{-4}$
		V2	356,12	248,29	0,62	$1,0\cdot10^{-3}$	98,69	983909,99	15386,30	$9,9\cdot10^{-5}$
		v3	509,76	94,61	0,66	$1,1\cdot10^{-3}$	100,65	943184,00	56110,33	$1,0\cdot10^{-4}$
		V4	571,42	33,06	0,54	$8,9\cdot10^{-4}$	102,26	794230,88	205061,84	$1,0\cdot10^{-4}$
		V5	587,77	17,10	0,16	$2,6\cdot10^{-4}$	272,54	786232,73	212889,70	$2,7\cdot10^{-4}$
		V6	582,03	22,98	0,02	$2,6\cdot10^{-5}$	2984,86	939037,26	57372,85	$3,0\cdot10^{-3}$
		V7	**584,00**	21,03	0	0	**2977,88**	932228,42	64188,67	$3,0\cdot10^{-3}$
	SM2	V1	**105,40**	499,01	0,61	$1,0\cdot10^{-3}$	**100,87**	995293,45	4000,65	$1,0\cdot10^{-4}$
		V2	356,19	248,20	0,64	$1,1\cdot10^{-3}$	98,92	983519,27	15776,78	$9,9\cdot10^{-5}$
		V3	509,55	94,70	0,77	$1,3\cdot10^{-3}$	99,57	935907,37	63388,04	$1,0\cdot10^{-4}$
		V4	**571,44**	32,90	0,68	$1,1\cdot10^{-3}$	**100,11**	745930,03	253364,84	$1,0\cdot10^{-4}$
		V5	580,05	24,10	0,87	$1,4\cdot10^{-3}$	200,19	20163,12	979031,66	$2,0\cdot10^{-4}$
		V6	590,90	13,04	1,09	$1,8\cdot10^{-3}$	265,00	15679,91	983450,07	$2,7\cdot10^{-4}$
		V7	**592,40**	11,42	1,21	$2,0\cdot10^{-3}$	**261,79**	11663,88	987469,30	$2,6\cdot10^{-4}$
$\mu = 10^{-3}$	SM1	V1	**446,13**	158,29	0,60	$1,0\cdot10^{-3}$	**1004,81**	994394,86	3995,31	$1,0\cdot10^{-3}$
		V2	465,26	139,14	0,62	$1,0\cdot10^{-3}$	995,42	983013,26	15386,30	$1,0\cdot10^{-3}$
		V3	564,74	39,62	0,66	$1,1\cdot10^{-3}$	1001,76	942282,88	56110,33	$1,0\cdot10^{-3}$
		V4	586,50	17,99	0,54	$8,9\cdot10^{-4}$	1003,18	793329,96	205061,84	$1,0\cdot10^{-3}$
		V5	598,02	6,84	0,16	$2,6\cdot10^{-4}$	1181,96	785323,32	212889,70	$1,2\cdot10^{-3}$
		V6	600,53	4,48	0,02	$2,6\cdot10^{-5}$	4101,43	937920,69	57372,85	$4,1\cdot10^{-3}$
		V7	**600,61**	4,42	0	0	**4098,26**	931108,04	64188,67	$4,1\cdot10^{-3}$
	SM2	V1	**446,13**	158,29	0,60	$1,0\cdot10^{-3}$	**1004,81**	994394,86	3995,31	$1,0\cdot10^{-3}$
		V2	465,29	139,10	0,64	$1,1\cdot10^{-3}$	996,46	982621,73	15776,78	$1,0\cdot10^{-3}$
		V3	564,73	39,53	0,77	$1,3\cdot10^{-3}$	996,18	935010,76	63388,04	$1,0\cdot10^{-3}$
		V4	**586,47**	17,87	0,68	$1,1\cdot10^{-3}$	**998,88**	745031,26	253364,84	$1,0\cdot10^{-3}$
		V5	598,08	6,07	0,87	$1,4\cdot10^{-3}$	1098,11	19265,20	979031,66	$1,1\cdot10^{-3}$
		V6	599,56	4,38	1,09	$1,8\cdot10^{-3}$	1167,95	14776,95	983450,07	$1,2\cdot10^{-3}$
		V7	**599,16**	4,65	1,21	$2,0\cdot10^{-3}$	**1170,84**	10754,83	987469,30	$1,2\cdot10^{-3}$

Tabelle 4.11: Durchschnittliche Anzahl von E_1-, E_2- und E_3-Entscheidungen für Paare aus $M \cap (A_s \times B_s)$ und $U \cap (A_s \times B_s)$ sowie daraus resultierende Fehlerhäufigkeiten bei Variation von μ ($\lambda = 10^{-3}$).

Sowohl bei SM1 als auch bei SM2 tritt der zu erwartende Effekt auf. Mit zunehmendem μ werden mehr E_1-Entscheidungen getroffen, was naturgemäß mit einer höheren Anzahl von falsch zugeordneten Elementen aus $U \cap (A_s \times B_s)$

			$M \cap (A_s \times B_s)$				$U \cap (A_s \times B_s)$			
			E_1	E_2	E_3	rel. Fehler	E_1	E_2	E_3	rel. Fehler
$\lambda = 10^{-4}$	SM1	V1	105,40	499,56	0,06	$9{,}9 \cdot 10^{-5}$	100,87	998893,92	400,18	$1{,}0 \cdot 10^{-4}$
		V2	356,12	248,84	0,06	$1{,}1 \cdot 10^{-4}$	98,69	997756,83	1539,46	$9{,}9 \cdot 10^{-5}$
		V3	509,76	95,18	0,09	$1{,}5 \cdot 10^{-4}$	100,65	993674,93	5619,40	$1{,}0 \cdot 10^{-4}$
		V4	571,42	33,57	0,03	$5{,}3 \cdot 10^{-5}$	102,26	978772,28	20520,44	$1{,}0 \cdot 10^{-4}$
		V5	587,77	17,25	0,01	$1{,}3 \cdot 10^{-5}$	272,54	977824,92	21297,51	$2{,}7 \cdot 10^{-4}$
		V6	582,03	22,99	0	0	2984,86	990664,71	5745,40	$3{,}0 \cdot 10^{-3}$
		V7	584,00	21,03	0	0	2977,88	989996,33	6420,76	$3{,}0 \cdot 10^{-3}$
	SM2	V1	105,40	499,56	0,06	$9{,}9 \cdot 10^{-5}$	100,87	998893,92	400,18	$1{,}0 \cdot 10^{-4}$
		V2	356,19	248,77	0,07	$1{,}1 \cdot 10^{-4}$	98,92	997717,24	1578,82	$9{,}9 \cdot 10^{-5}$
		V3	509,55	95,37	0,10	$1{,}7 \cdot 10^{-4}$	99,57	992946,80	6348,60	$1{,}0 \cdot 10^{-4}$
		V4	571,44	33,54	0,04	$6{,}0 \cdot 10^{-5}$	100,11	973960,94	25333,92	$1{,}0 \cdot 10^{-4}$
		V5	580,05	24,90	0,08	$1{,}3 \cdot 10^{-4}$	200,19	881991,36	117203,43	$2{,}0 \cdot 10^{-4}$
		V6	590,90	13,98	0,14	$2{,}4 \cdot 10^{-4}$	265,00	484532,30	514597,68	$2{,}7 \cdot 10^{-4}$
		V7	592,40	12,49	0,14	$2{,}2 \cdot 10^{-4}$	261,79	288531,29	710601,89	$2{,}6 \cdot 10^{-4}$
$\lambda = 10^{-3}$	SM1	V1	105,40	499,01	0,61	$1{,}0 \cdot 10^{-3}$	100,87	995293,45	4000,65	$1{,}0 \cdot 10^{-4}$
		V2	356,12	248,29	0,62	$1{,}0 \cdot 10^{-3}$	98,69	983909,99	15386,30	$9{,}9 \cdot 10^{-5}$
		v3	509,76	94,61	0,66	$1{,}1 \cdot 10^{-3}$	100,65	943184,00	56110,33	$1{,}0 \cdot 10^{-4}$
		V4	571,42	33,06	0,54	$8{,}9 \cdot 10^{-4}$	102,26	794230,88	205061,84	$1{,}0 \cdot 10^{-4}$
		V5	587,77	17,10	0,16	$2{,}6 \cdot 10^{-4}$	272,54	786232,73	212889,70	$2{,}7 \cdot 10^{-4}$
		V6	582,03	22,98	0,02	$2{,}6 \cdot 10^{-5}$	2984,86	939037,26	57372,85	$3{,}0 \cdot 10^{-3}$
		V7	584,00	21,03	0	0	2977,88	932228,42	64188,67	$3{,}0 \cdot 10^{-3}$
	SM2	V1	105,40	499,01	0,61	$1{,}0 \cdot 10^{-3}$	100,87	995293,45	4000,65	$1{,}0 \cdot 10^{-4}$
		V2	356,19	248,20	0,64	$1{,}1 \cdot 10^{-3}$	98,92	983519,27	15776,78	$9{,}9 \cdot 10^{-5}$
		V3	509,55	94,70	0,77	$1{,}3 \cdot 10^{-3}$	99,57	935907,37	63388,04	$1{,}0 \cdot 10^{-4}$
		V4	571,44	32,90	0,68	$1{,}1 \cdot 10^{-3}$	100,11	745930,03	253364,84	$1{,}0 \cdot 10^{-4}$
		V5	580,05	24,10	0,87	$1{,}4 \cdot 10^{-3}$	200,19	20163,12	979031,66	$2{,}0 \cdot 10^{-4}$
		V6	590,90	13,04	1,09	$1{,}8 \cdot 10^{-3}$	265,00	15679,91	983450,07	$2{,}7 \cdot 10^{-4}$
		V7	592,40	11,42	1,21	$2{,}0 \cdot 10^{-3}$	261,79	11663,88	987469,30	$2{,}6 \cdot 10^{-4}$
$\lambda = 10^{-2}$	SM1	V1	105,40	493,50	6,13	$1{,}0 \cdot 10^{-2}$	100,87	959338,50	39955,60	$1{,}0 \cdot 10^{-4}$
		V2	356,12	242,67	6,24	$1{,}0 \cdot 10^{-2}$	98,69	845497,80	153798,49	$9{,}9 \cdot 10^{-5}$
		V3	509,76	89,36	5,91	$9{,}8 \cdot 10^{-3}$	100,65	438308,36	560925,97	$1{,}0 \cdot 10^{-4}$
		V4	571,42	27,64	5,96	$9{,}8 \cdot 10^{-3}$	102,26	9428,86	989863,86	$1{,}0 \cdot 10^{-4}$
		V5	587,77	14,68	2,58	$4{,}3 \cdot 10^{-3}$	272,54	13423,86	985698,57	$2{,}7 \cdot 10^{-4}$
		V6	582,03	22,83	0,16	$2{,}7 \cdot 10^{-4}$	2984,86	422599,45	573810,66	$3{,}0 \cdot 10^{-3}$
		V7	584,00	20,93	0,10	$1{,}7 \cdot 10^{-4}$	2977,88	375260,03	621157,07	$3{,}0 \cdot 10^{-3}$
	SM2	V1	105,40	493,50	6,13	$1{,}0 \cdot 10^{-2}$	100,87	959338,50	39955,60	$1{,}0 \cdot 10^{-4}$
		V2	356,19	242,40	6,44	$1{,}1 \cdot 10^{-2}$	98,92	841607,36	157688,69	$9{,}9 \cdot 10^{-5}$
		V3	509,55	88,53	6,94	$1{,}1 \cdot 10^{-2}$	99,57	365229,40	634066,01	$1{,}0 \cdot 10^{-4}$
		V4	571,44	26,56	7,02	$1{,}2 \cdot 10^{-2}$	100,11	8262,81	991032,06	$1{,}0 \cdot 10^{-4}$
		V5	580,05	16,19	8,79	$1{,}5 \cdot 10^{-2}$	200,19	476,00	998718,78	$2{,}0 \cdot 10^{-4}$
		V6	590,90	9,48	4,64	$7{,}7 \cdot 10^{-3}$	265,00	2431,04	996698,94	$2{,}7 \cdot 10^{-4}$
		V7	592,40	8,31	4,31	$7{,}1 \cdot 10^{-3}$	261,79	1512,95	997620,23	$2{,}6 \cdot 10^{-4}$

Tabelle 4.12: Durchschnittliche Anzahl von E_1-, E_2- und E_3-Entscheidungen für Paare aus $M \cap (A_s \times B_s)$ und $U \cap (A_s \times B_s)$ sowie daraus resultierende Fehlerhäufigkeiten bei Variation von λ ($\mu = 10^{-4}$).

verbunden ist. Betrachtet man lediglich die Ergebnisse für V1 bis V4, so wird das jeweils vorgegebene μ bei Verwendung beider Schätzverfahren fast exakt erreicht. Wird V1 zur Verknüpfung herangezogen, so reagieren die richtigen E_1-Entscheidungen deutlich auf eine Variation von μ. Die Anzahlen betragen für die drei Vorgaben des Parameters im Durchschnitt 10,61, 105,40 bzw.

446,13. Somit sind in den drei Fällen 48,71%, 51,10% bzw. 30,75% der getroffenen E_1-Entscheidungen richtig. Dies ändert sich bei Hinzunahme zusätzlicher Merkmale zu ungunsten der höheren Vorgabe von μ. Bei Verwendung von SM2 und V4 werden im Durchschnitt 540,23, 571,44 bzw. 586,47 richtige E_1-Entscheidungen getroffen. Es kommt also zu einer Angleichung der Ergebnisse. Im Gegensatz dazu sind im Vergleich zu V1 die Unterschiede bezüglich der falschen E_1-Entscheidungen nahezu unverändert. Folglich sind jetzt 97,78%, 85,09% bzw. 36,99% der getätigten E_1-Entscheidungen richtig. Noch deutlicher wird der Effekt bei V7 sichtbar. Beispielsweise werden die negativen Auswirkungen der Verzerrungen bei Anwendung von SM1 durch die Verwendung eines höheren μ noch verstärkt. So betragen die Anzahlen der falschen E_1-Entscheidungen bei Einsatz der unterschiedlichen Signifikanzniveaus im Durchschnitt 425,74, 2977,88 bzw. 4098,26. Richtige E_1-Entscheidungen werden dabei in den durchschnittlichen Häufigkeiten 575,22, 584,00 und 600,61 getroffen. Dies resultiert darin, daß in den drei Fällen 57,48%, 16,40% bzw. nur noch 12,27% der E_1-Entscheidungen richtig sind. Ähnliche Auswirkungen sind auch bei den Ergebnissen von SM2 beobachtbar, allerdings fallen die Effekte aufgrund der geringeren Verzerrungen nicht so deutlich aus. Bei V7 sind durchschnittlich 79,50%, 69,35% bzw. 33,85% der E_1-Entscheidungen richtig. Durch eine Erhöhung von μ lassen sich die Ergebnisse also nur begrenzt verbessern, da einer etwas höheren Anzahl richtiger Entscheidungen eine im Regelfall größere Anzahl zusätzlicher falscher Entscheidungen gegenüber steht. Auch zeigt eine Betrachtung der getroffenen E_2-Entscheidungen, daß eine nennenswerte Reduktion dieser nicht erreicht wird.

Die Variation von λ verändert den Ablehnungsbereich beim Test $H_0 : (a, b) \in \mathbb{M} \cap (\mathbb{A}_s \times \mathbb{B}_s)$ gegen $H_1 : (a, b) \in \mathbb{U} \cap (\mathbb{A}_s \times \mathbb{B}_s)$, was zu einer veränderten Anzahl von E_3-Entscheidungen führt. Diese steigt bei einer Erhöhung des Parameters und sinkt entsprechend, sofern der Wert gesenkt wird. Für λ wurden in der Simulationsstudie neben 10^{-3} noch die alternativen Werte 10^{-4} und 10^{-2} vorgegeben, wobei wieder $\mu = 10^{-4}$ gewählt wurde. Es sind bei Einhaltung der Vorgaben somit im Mittel 0,06, 0,61 bzw. 6,05 falsche E_3-Entscheidungen zu erwarten. Die Resultate sind in Tabelle 4.12 abgebildet.

Auch hier zeigt sich erneut, daß sich die realisierten Fehler weitgehend an der Vorgabe orientieren. Bei Verwendung von SM1 sind die Werte bezüglich der falschen E_3-Entscheidungen etwas besser als bei SM2, in absoluten Zahlen gemessen sind die Unterschiede hingegen annähernd vernachlässigbar. Interessant ist insbesondere die Entwicklung der richtigen E_3-Entscheidungen. Bei einer Erhöhung von λ nimmt die Anzahl dieser sehr stark zu. Bei Verwendung von SM2 in Verbindung mit V7 und $\lambda = 10^{-2}$ werden durchschnittlich 997620,23 Paare richtigerweise mit E_3 bedacht. Dies bedeutet nicht nur, daß

99,9996% der E_3-Entscheidungen richtig sind, sondern auch, daß im Mittel gerade einmal 1521,26 Paare aus $\mathbb{U} \cap (\mathbb{A}_s \times \mathbb{B}_s)$ mit der Entscheidung E_2 bedacht werden. Dadurch, daß λ von 10^{-4} auf 10^{-2} erhöht wird, gelingt es also, den Anteil der E_2-Entscheidungen von 28,85% auf 0,15% zu senken. Da in beiden Fällen μ auf 10^{-4} fixiert war, liegt die durchschnittliche Anzahl der identifizierten Elemente aus $\mathbb{M} \cap (\mathbb{A}_s \times \mathbb{B}_s)$ jeweils bei 592,40. Es werden also unabhängig von dem gewählten λ im Mittel 97,91% der Paare aus $\mathbb{M} \cap (\mathbb{A}_s \times \mathbb{B}_s)$ richtig zugeordnet. Im Gegensatz zu einer Erhöhung von μ bringt eine Erhöhung von λ folglich sehr große Vorteile mit sich. Die Anzahl der richtigen E_3-Entscheidungen wächst deutlich schneller als diejenige der falschen. Durch eine geschickte Wahl des Parameters läßt sich der E_2-Bereich somit fast vollständig eliminieren.

Die Ergebnisse zeigen, daß die Variation der Signifikanzniveaus die gewünschten Effekte mit sich bringt. Eine Erhöhung von μ und λ ist mit einer Zunahme der jeweiligen Entscheidungen verbunden, wobei die realisierten Fehler sich weitgehend an der Vorgabe orientieren. Ausnahmen hiervon treten bei Vorliegen von bedingten Abhängigkeiten sowie - wie die Untersuchungen des vorangegangenen Abschnittes gezeigt haben - bei zu hoch angesetzten Startwerten für SM2 auf. Die Untersuchungen haben desweiteren gezeigt, daß eine zu hohe Wahl von μ zu schlechten Ergebnissen führt. Der Anteil der falschen an den gesamten E_1-Entscheidungen nimmt mit μ deutlich zu. Im Gegensatz dazu können durch eine Erhöhung von λ die Ergebnisse verbessert und der E_2-Entscheidungsbereich annähernd eliminiert werden. Als gute Orientierungshilfe für die Bestimmung von (μ, λ) dient die daraus resultierende erwartete Anzahl von falschen E_1- und E_3-Entscheidungen, was wiederum $\mu \ll \lambda$ nahelegt. Im Zweifelsfall sollte die Adjustierung des Record Linkage-Verfahrens über λ erfolgen.

4.2.4 Untersuchungen bei Variation der Stichproben

Für die Untersuchungen bezüglich unterschiedlicher Stichproben wurden die Startparameter $m^k(1) = 0,75 \ \forall k$, $\rho = 0,6$ sowie die Signifikanzniveaus $\mu = 10^{-4}$ und $\lambda = 10^{-3}$ vorgegeben. Es wurden unter Variation der Erzeugungsparameter[7] Stichproben generiert und diese anschließend unter Verwendung von SM1 und SM2 sowie V1 bis V7 verknüpft. Zunächst werden die Auswirkungen bei Veränderung des Parameters θ untersucht. Dieser steuert den Grad der Überlappung der Stichproben. Anschließend werden die Ergebnisse bei Verwendung von Stichproben mit unterschiedlichen Fehlerhäufigkeiten betrachtet.

---

[7]Vgl. die Ausführungen in Abschnitt 4.1.2.

			$\mathbb{M} \cap (\mathbb{A}_s \times \mathbb{B}_s)$				$\mathbb{U} \cap (\mathbb{A}_s \times \mathbb{B}_s)$			
			E_1	E_2	E_3	rel. Fehler	E_1	E_2	E_3	rel. Fehler
		V1	115,58	316,91	0,42	$9{,}6 \cdot 10^{-4}$	147,57	995418,33	4001,20	$1{,}5 \cdot 10^{-4}$
		V2	258,83	173,77	0,30	$6{,}9 \cdot 10^{-4}$	112,60	989904,69	9549,81	$1{,}1 \cdot 10^{-4}$
		V3	365,14	67,34	0,42	$9{,}7 \cdot 10^{-4}$	100,48	943475,00	55991,63	$1{,}0 \cdot 10^{-4}$
	SM1	V4	409,48	23,06	0,36	$8{,}4 \cdot 10^{-4}$	102,40	798423,79	201040,91	$1{,}0 \cdot 10^{-4}$
		V5	420,31	12,54	0,05	$1{,}2 \cdot 10^{-4}$	274,88	838597,47	160694,75	$2{,}7 \cdot 10^{-4}$
		V6	415,67	17,22	0,01	$1{,}8 \cdot 10^{-5}$	3028,67	949397,80	47140,63	$3{,}0 \cdot 10^{-3}$
$\theta = 0{,}5$		V7	**416,27**	16,62	0,01	$1{,}8 \cdot 10^{-5}$	3027,41	945367,68	51172,01	$3{,}0 \cdot 10^{-3}$
		V1	115,58	316,91	0,42	$9{,}6 \cdot 10^{-4}$	147,57	995418,33	4001,20	$1{,}5 \cdot 10^{-4}$
		V2	259,81	172,67	0,42	$9{,}8 \cdot 10^{-4}$	117,32	985321,66	14128,12	$1{,}2 \cdot 10^{-4}$
		V3	365,60	66,92	0,38	$8{,}8 \cdot 10^{-4}$	106,92	948510,85	50949,33	$1{,}1 \cdot 10^{-4}$
	SM2	V4	409,56	23,00	0,34	$7{,}9 \cdot 10^{-4}$	110,61	807124,56	192331,93	$1{,}1 \cdot 10^{-4}$
		V5	418,79	13,67	0,44	$1{,}0 \cdot 10^{-3}$	226,58	58226,90	941113,62	$2{,}3 \cdot 10^{-4}$
		V6	423,41	8,90	0,59	$1{,}4 \cdot 10^{-3}$	282,13	18575,73	980709,24	$2{,}8 \cdot 10^{-4}$
		V7	**424,00**	8,36	**0,54**	$1{,}2 \cdot 10^{-3}$	278,14	14952,64	**984336,33**	$2{,}8 \cdot 10^{-4}$
		V1	105,40	499,01	0,61	$1{,}0 \cdot 10^{-3}$	100,87	995293,45	4000,65	$1{,}0 \cdot 10^{-4}$
		V2	356,12	248,29	0,62	$1{,}0 \cdot 10^{-3}$	98,69	983909,99	15386,30	$9{,}9 \cdot 10^{-5}$
		v3	509,76	94,61	0,66	$1{,}1 \cdot 10^{-3}$	100,65	943184,00	56110,33	$1{,}0 \cdot 10^{-4}$
	SM1	V4	571,42	33,06	0,54	$8{,}9 \cdot 10^{-4}$	102,26	794230,88	205061,84	$1{,}0 \cdot 10^{-4}$
		V5	587,77	17,10	0,16	$2{,}6 \cdot 10^{-4}$	272,54	786232,73	212889,70	$2{,}7 \cdot 10^{-4}$
		V6	582,03	22,98	0,02	$2{,}6 \cdot 10^{-5}$	2984,86	939037,26	57372,85	$3{,}0 \cdot 10^{-3}$
$\theta = 0{,}7$		V7	**584,00**	21,03	0	0	2977,88	932228,42	64188,67	$3{,}0 \cdot 10^{-3}$
		V1	105,40	499,01	0,61	$1{,}0 \cdot 10^{-3}$	100,87	995293,45	4000,65	$1{,}0 \cdot 10^{-4}$
		V2	356,19	248,20	0,64	$1{,}1 \cdot 10^{-3}$	98,92	983519,27	15776,78	$9{,}9 \cdot 10^{-5}$
		V3	509,55	94,70	0,77	$1{,}3 \cdot 10^{-3}$	99,57	935907,37	63388,04	$1{,}0 \cdot 10^{-4}$
	SM2	V4	571,44	32,90	0,68	$1{,}1 \cdot 10^{-3}$	100,11	745930,03	253364,84	$1{,}0 \cdot 10^{-4}$
		V5	580,05	24,10	0,87	$1{,}4 \cdot 10^{-3}$	200,19	20163,12	979031,66	$2{,}0 \cdot 10^{-4}$
		V6	590,90	13,04	1,09	$1{,}8 \cdot 10^{-3}$	265,00	15679,91	983450,07	$2{,}7 \cdot 10^{-4}$
		V7	**592,40**	11,42	**1,21**	$2{,}0 \cdot 10^{-3}$	261,79	11663,88	**987469,30**	$2{,}6 \cdot 10^{-4}$
		V1	102,15	711,39	0,90	$1{,}1 \cdot 10^{-3}$	73,82	995112,10	3999,63	$7{,}4 \cdot 10^{-5}$
		V2	475,96	337,04	1,44	$1{,}8 \cdot 10^{-3}$	88,74	974044,04	25052,78	$8{,}9 \cdot 10^{-5}$
		V3	686,44	127,03	0,97	$1{,}2 \cdot 10^{-3}$	100,76	942925,58	56159,22	$1{,}0 \cdot 10^{-4}$
	SM1	V4	769,08	44,58	0,78	$9{,}6 \cdot 10^{-4}$	102,49	793135,66	205947,41	$1{,}0 \cdot 10^{-4}$
		V5	793,27	20,91	0,26	$3{,}2 \cdot 10^{-4}$	270,67	731143,66	267771,23	$2{,}7 \cdot 10^{-4}$
		V6	789,28	25,14	0,02	$2{,}5 \cdot 10^{-5}$	2912,58	927258,19	69014,79	$2{,}9 \cdot 10^{-3}$
$\theta = 0{,}9$		V7	**789,89**	24,54	0,01	$1{,}5 \cdot 10^{-5}$	2910,50	916187,06	80088,00	$2{,}9 \cdot 10^{-3}$
		V1	102,15	711,39	0,90	$1{,}1 \cdot 10^{-3}$	73,82	995112,10	3999,63	$7{,}4 \cdot 10^{-5}$
		V2	475,13	338,31	1,00	$1{,}2 \cdot 10^{-3}$	86,18	980903,88	18195,50	$8{,}6 \cdot 10^{-5}$
		V3	685,68	127,43	1,33	$1{,}6 \cdot 10^{-3}$	92,53	919109,22	79983,81	$9{,}3 \cdot 10^{-5}$
	SM2	V4	768,57	44,68	1,20	$1{,}5 \cdot 10^{-3}$	87,00	670345,68	328752,88	$8{,}7 \cdot 10^{-5}$
		V5	771,47	41,70	1,28	$1{,}6 \cdot 10^{-3}$	173,64	19387,44	979624,48	$1{,}7 \cdot 10^{-4}$
		V6	795,08	17,59	1,77	$2{,}2 \cdot 10^{-3}$	251,87	12023,24	986910,45	$2{,}5 \cdot 10^{-4}$
		V7	**796,49**	16,10	**1,84**	$2{,}3 \cdot 10^{-3}$	249,48	9540,74	**989395,34**	$2{,}5 \cdot 10^{-4}$

Tabelle 4.13: Durchschnittliche Anzahl von E_1-, E_2- und E_3-Entscheidungen für Paare aus $\mathbb{M} \cap (\mathbb{A}_s \times \mathbb{B}_s)$ und $\mathbb{U} \cap (\mathbb{A}_s \times \mathbb{B}_s)$ sowie daraus resultierende Fehlerhäufigkeiten bei Variation von θ ($\mu = 10^{-4}$, $\lambda = 10^{-3}$).

Zusätzlich zu den bereits mit $\theta = 0{,}7$ erzeugten Stichproben wurden noch jeweils 250 Stichprobenpaare mit den Vorgaben $\theta = 0{,}5$ und $\theta = 0{,}9$ generiert. Die Fehlerwahrscheinlichkeiten wurden wie bisher auf $p = q = l = 0{,}05$ fixiert. Somit resultierten im Durchschnitt 432,90 bzw. 814,44 Elemente, welche sowohl in der jeweiligen $\mathbb{A}_s$- als auch in der jeweiligen $\mathbb{B}_s$-Stichprobe enthalten waren.

Wie bereits erwähnt, waren es bei $\theta = 0,7$ im Durchschnitt 605,02 Elemente. Die Ergebnisse sind in Tabelle 4.13 dargestellt.

Die Veränderungen in den Anzahlen der einzelnen Entscheidungen zeigen, daß die Verfahren auf die Variationen in den Stichproben reagieren. Die Anzahl der richtigen E_1-Entscheidungen wächst bei Zunahme von θ sowohl bei SM1 als auch bei SM2 monoton. Beim Einsatz aller sieben Vergleichsmerkmale werden mit SM1 durchschnittlich 416,27, 584,00 bzw. 789,89 und mit SM2 durchschnittlich 424,00, 592,40 bzw. 794,49 Elemente aus $\mathbb{M} \cap (\mathbb{A}_s \times \mathbb{B}_s)$ richtig zugeordnet. Dies entspricht durchschnittlichen Identifizierungsquoten von 96,16%, 96,52% und 96,99% bzw. 97,94%, 97,91% und 97,81%. Somit werden die Elemente aus $\mathbb{M} \cap (\mathbb{A}_s \times \mathbb{B}_s)$ unabhängig vom Umfang der Menge zuverlässig erkannt. Die falschen E_1-Entscheidungen variieren nur unwesentlich, eine Erhöhung von θ führt tendenziell zu einer etwas geringeren Anzahl. Wie bei den bisherigen Simulationen wird das vorgegebene μ bei V1 bis V4 in etwa eingehalten, bei V5 bis V7 hingegen wird eine höhere Fehlerquote realisiert. Dies bestätigt die bisherigen Ergebnisse.

Auch die durchschnittlichen Anzahlen der E_3-Entscheidungen nehmen mit θ monoton zu. Bei SM1 treten ab V5 wieder die bekannten Probleme auf. Im Falle von SM2 hingegen werden unter Verwendung von V7 im Durchschnitt 984336,90, 987470,50 bzw. 989397,18 Paare mit E_3 bedacht. Dabei handelt es sich im Mittel um 984336,33, 987469,30 bzw. 989395,34 richtige Entscheidungen. Das bedeutet also, daß in den drei Situationen durchschnittlich 98,48%, 98,07% bzw. 99,02% der Elemente aus $\mathbb{U} \cap (\mathbb{A}_s \times \mathbb{B}_s)$ richtig identifiziert werden. Obwohl bei steigendem θ weniger Elemente in $\mathbb{U} \cap (\mathbb{A}_s \times \mathbb{B}_s)$ enthalten sind, werden sowohl absolut als auch relativ mehr erkannt. Dieses Phänomen läßt sich im wesentlichen durch zwei Eigenschaften begründen. Zum einen führt eine umfangreichere Menge $\mathbb{M} \cap (\mathbb{A}_s \times \mathbb{B}_s)$ dazu, daß die Unterschiede zu $\mathbb{U} \cap (\mathbb{A}_s \times \mathbb{B}_s)$ deutlicher zum Vorschein kommen und somit die beiden Mengen besser voneinander getrennt werden können. Zum anderen lassen sich die Ergebnisse auch auf eine bereits diskutierte Eigenschaft von SM2 zurückführen. Bei $\theta = 0,5$ liegt der vorgegebene Startwert von $\rho = 0,6$ zu hoch. Somit kommt es zu einer geringeren Anzahl von E_3-Entscheidungen, als dies bei einer realistischen Einschätzung der Fall wäre. Bei $\theta = 0,9$ hingegen wird der Grad der Überschneidung unterschätzt, was zu mehr E_3-Entscheidungen führt. Dies läßt sich auch an dem Anteil der falschen Zuordnungen zu $\mathbb{U} \cap (\mathbb{A}_s \times \mathbb{B}_s)$ ablesen. Im Falle von $\theta = 0,5$ liegen die realisierten Fehlerwahrscheinlichkeiten unter denen von $\theta = 0,9$. Erkennbar ist aber auch wieder der relativ geringe Einfluß von ρ. Obwohl sich die Vorgabe zum Teil deutlich von den realen Gegebenheiten unterscheidet, sind die Ergebnisse von ähnlicher Qualität.

			$M \cap (A_s \times B_s)$				$U \cap (A_s \times B_s)$			
			E_1	E_2	E_3	rel. Fehler	E_1	E_2	E_3	rel. Fehler
$p,q,l =$ 0,4	SM1	V1	102,69	501,86	0,48	$7,9 \cdot 10^{-4}$	94,23	995300,72	4000,02	$9,4 \cdot 10^{-5}$
		V2	397,70	206,80	0,53	$8,7 \cdot 10^{-4}$	101,63	980399,78	18893,56	$1,0 \cdot 10^{-4}$
		V3	539,29	65,18	0,55	$9,1 \cdot 10^{-4}$	100,54	897188,65	102105,79	$1,0 \cdot 10^{-4}$
		V4	**585,82**	18,65	0,55	$9,1 \cdot 10^{-4}$	102,08	546591,67	**452701,22**	$1,0 \cdot 10^{-4}$
		V5	596,28	8,64	0,10	$1,7 \cdot 10^{-4}$	**294,28**	609786,80	389313,90	$2,9 \cdot 10^{-4}$
		V6	597,54	7,47	0,01	$1,3 \cdot 10^{-5}$	**3528,13**	907234,75	88632,10	$3,5 \cdot 10^{-3}$
		V7	597,82	7,20	0	0	**3529,02**	896902,23	98963,73	$3,5 \cdot 10^{-3}$
	SM2	V1	102,69	501,86	**0,48**	$\mathbf{7,9 \cdot 10^{-4}}$	94,23	995300,72	**4000,02**	$9,4 \cdot 10^{-5}$
		V2	397,47	207,08	**0,48**	$\mathbf{7,9 \cdot 10^{-4}}$	100,61	982603,61	**16690,75**	$1,0 \cdot 10^{-4}$
		V3	539,14	65,54	**0,34**	$\mathbf{5,6 \cdot 10^{-4}}$	101,23	933061,18	**66232,57**	$1,0 \cdot 10^{-4}$
		V4	585,75	18,98	**0,30**	$\mathbf{5,0 \cdot 10^{-4}}$	106,20	738075,64	**261213,13**	$1,1 \cdot 10^{-4}$
		V5	590,90	13,77	**0,35**	$\mathbf{5,8 \cdot 10^{-4}}$	**221,19**	19399,90	**079773,89**	$2,2 \cdot 10^{-4}$
		V6	598,37	6,25	**0,40**	$\mathbf{6,7 \cdot 10^{-4}}$	**298,51**	14068,86	**985027,60**	$3,0 \cdot 10^{-4}$
		V7	599,31	5,28	**0,43**	$\mathbf{7,1 \cdot 10^{-4}}$	**295,25**	11229,86	**987869,86**	$3,0 \cdot 10^{-4}$
$p,q,l =$ 0,5	SM1	V1	105,40	499,01	0,61	$1,0 \cdot 10^{-3}$	100,87	995293,45	4000,65	$1,0 \cdot 10^{-4}$
		V2	356,12	248,29	0,62	$1,0 \cdot 10^{-3}$	98,69	983909,99	15386,30	$9,9 \cdot 10^{-5}$
		v3	509,76	94,61	0,66	$1,1 \cdot 10^{-3}$	100,65	943184,00	56110,33	$1,0 \cdot 10^{-4}$
		V4	**571,42**	33,06	0,54	$8,9 \cdot 10^{-4}$	102,26	794230,88	**205061,84**	$1,0 \cdot 10^{-4}$
		V5	587,77	17,10	0,16	$2,6 \cdot 10^{-4}$	**272,54**	786232,73	212889,70	$2,7 \cdot 10^{-4}$
		V6	582,03	22,98	0,02	$2,6 \cdot 10^{-5}$	**2984,86**	939037,26	57372,85	$3,0 \cdot 10^{-3}$
		V7	584,00	21,03	0	0	**2977,88**	932228,42	64188,67	$3,0 \cdot 10^{-3}$
	SM2	V1	105,40	499,01	**0,61**	$\mathbf{1,0 \cdot 10^{-3}}$	100,87	995293,45	**4000,65**	$1,0 \cdot 10^{-4}$
		V2	356,19	248,20	**0,64**	$\mathbf{1,1 \cdot 10^{-3}}$	98,92	983519,27	**15776,78**	$9,9 \cdot 10^{-5}$
		V3	509,55	94,70	**0,77**	$\mathbf{1,3 \cdot 10^{-3}}$	99,57	935907,37	**63388,04**	$1,0 \cdot 10^{-4}$
		V4	571,44	32,90	**0,68**	$\mathbf{1,1 \cdot 10^{-3}}$	100,11	745930,03	**253364,84**	$1,0 \cdot 10^{-4}$
		V5	580,05	24,10	**0,87**	$\mathbf{1,4 \cdot 10^{-3}}$	**200,19**	20163,12	**979031,60**	$2,0 \cdot 10^{-4}$
		V6	590,90	13,04	**1,09**	$\mathbf{1,8 \cdot 10^{-3}}$	**265,00**	15679,91	**983450,07**	$2,7 \cdot 10^{-4}$
		V7	592,40	11,42	**1,21**	$\mathbf{2,0 \cdot 10^{-3}}$	**261,79**	11663,88	**987469,30**	$2,6 \cdot 10^{-4}$
$p,q,l =$ 0,6	SM1	V1	108,59	495,75	0,68	$1,1 \cdot 10^{-3}$	107,41	995287,00	4000,56	$1,1 \cdot 10^{-4}$
		V2	320,15	284,08	0,79	$1,3 \cdot 10^{-3}$	97,34	986514,28	12783,36	$9,7 \cdot 10^{-5}$
		V3	479,19	125,07	0,76	$1,3 \cdot 10^{-3}$	100,71	963546,95	35747,31	$1,0 \cdot 10^{-4}$
		V4	**553,43**	50,98	0,62	$1,0 \cdot 10^{-3}$	101,82	887701,24	**111591,91**	$1,0 \cdot 10^{-4}$
		V5	578,46	26,37	0,20	$3,2 \cdot 10^{-4}$	**251,86**	869470,76	129672,36	$2,5 \cdot 10^{-4}$
		V6	569,97	35,03	0,02	$4,0 \cdot 10^{-5}$	**2190,46**	957498,85	39705,66	$2,2 \cdot 10^{-3}$
		V7	571,94	33,08	0,01	$1,3 \cdot 10^{-5}$	**2177,30**	952690,03	44527,64	$2,2 \cdot 10^{-3}$
	SM2	V1	108,59	495,75	**0,68**	$\mathbf{1,1 \cdot 10^{-3}}$	107,41	995287,00	**4000,56**	$1,1 \cdot 10^{-4}$
		V2	320,59	283,55	**0,89**	$\mathbf{1,5 \cdot 10^{-3}}$	98,74	984266,37	**15029,87**	$9,9 \cdot 10^{-5}$
		V3	479,34	124,54	**1,15**	$\mathbf{1,9 \cdot 10^{-3}}$	97,77	938803,87	**60493,34**	$9,8 \cdot 10^{-5}$
		V4	553,12	50,40	**1,50**	$\mathbf{2,5 \cdot 10^{-3}}$	95,78	754760,80	**244538,39**	$9,9 \cdot 10^{-5}$
		V5	565,50	37,68	**1,85**	$\mathbf{3,1 \cdot 10^{-3}}$	**180,67**	21241,00	**977973,31**	$1,8 \cdot 10^{-4}$
		V6	579,78	22,74	**2,50**	$\mathbf{4,1 \cdot 10^{-3}}$	**234,74**	17066,82	**982093,42**	$2,3 \cdot 10^{-4}$
		V7	581,67	20,96	**2,39**	$\mathbf{4,0 \cdot 10^{-3}}$	**231,84**	12437,20	**986725,94**	$2,3 \cdot 10^{-4}$

Tabelle 4.14: Durchschnittliche Anzahl von E_1-, E_2- und E_3-Entscheidungen für Paare aus $M \cap (A_s \times B_s)$ und $U \cap (A_s \times B_s)$ sowie daraus resultierende Fehlerhäufigkeiten bei Variation von $p = q = l$ ($\mu = 10^{-4}$, $\lambda = 10^{-3}$).

Als nächstes werden die Auswirkungen einer Variation der Fehlerhäufigkeiten in den Stichproben betrachtet. Hierfür wurden zunächst Veränderungen bezüglich der Parameter p, q und l isoliert bei jeweiliger Fixierung der anderen beiden Parameter auf 0,05 betrachtet. Es ergaben sich für alle drei Untersuchungen jeweils strukturell ähnliche Auswirkungen auf die Ergebnisse. Dies läßt sich dadurch erklären, daß einfache „stimmt überein"/„stimmt nicht überein"-Vergleiche vorgenommen wurden, wobei fehlende Einträge als Nicht-Übereinstimmung gewertet wurden. Somit konnten die Ursachen für einzelne Fehler nicht erkannt werden. Die Folge davon ist, daß für die Ergebnisse der vorliegenden Simulationsstudie nicht das Zustandekommen von Fehlern, sondern lediglich deren Häufigkeit von Bedeutung ist. Durch den zusätzlichen Einsatz von Verfahren zur Syntaxprüfung[8] können einzelne Fehler - insbesondere diejenigen, welche aus Tippfehlern resultieren - teilweise behoben werden. Dann führt ein fehlender Eintrag unter Umständen zu einem anderen Ergebnis als ein vertauschter Buchstabe.

Aufgrund der gerade angestellten Überlegungen wird auf eine Darstellung der Ergebnisse bei isolierter Variation von p, q und l verzichtet. Stattdessen werden Simulationen betrachtet, bei denen die drei Parameter gemeinsam verändert wurden. Hierfür wurden neben den bereits vorgegebenen $p = q = l = 0{,}05$ noch die Werte $p = q = l = 0{,}04$ und $p = q = l = 0{,}06$ gewählt. Die Resultate finden sich in Tabelle 4.14.

Bei Verwendung von SM1 zeigen sich insbesondere bezüglich der durchschnittlichen Anzahlen der richtigen E_3-Entscheidungen große Unterschiede. Bei V4 betragen diese in den drei Situationen 452701,22, 205061,84 bzw. 111591,91. Dies ist gleichzeitig auch mit einer minimal wachsenden Anzahl falscher E_3-Entscheidungen verbunden. Weniger Fehler in den Daten führen somit dazu, daß mehr Elemente aus $\mathbb{U} \cap (\mathbb{A}_s \times \mathbb{B}_s)$ richtig zugeordnet werden. Erklärbar ist dies dadurch, daß die Fehler in erster Linie dazu führen, daß Paare aus $\mathbb{M} \cap (\mathbb{A}_s \times \mathbb{B}_s)$ bezüglich einzelner Merkmale nicht mehr übereinstimmen. Sind in den Stichproben also weniger Fehler enthalten, so kann bei Nicht-Übereinstimmung einzelner Merkmale mit größerer Sicherheit eine Zuordnung zu $\mathbb{U} \cap (\mathbb{A}_s \times \mathbb{B}_s)$ vorgenommen werden. Analog dazu werden mehr richtige E_1-Entscheidungen getroffen.

Zunächst überraschend sind die durchschnittlichen Anzahlen der falschen E_1-Entscheidungen. Bei V1 bis V4 befinden sich diese in allen drei Situationen im vergleichbaren Rahmen und die realisierten Fehler befinden sich im Bereich der Vorgabe. Gemäß der bisherigen Ergebnisse ist zu erwarten, daß aufgrund der vorhandenen Abhängigkeiten bei V5 bis V7 mehr falsche E_1-Entscheidungen getroffen werden, als dies bei V1 bis V4 der Fall ist. Allerdings zeigen die Resultate auch, daß die Anzahlen bei V5 bis V7 mit zunehmenden Fehlern in den Stichproben abnehmen. Somit scheint eine höhere Fehlerhäufigkeit in den Daten mit einer geringeren Fehlerzahl bei den Entscheidungen verbunden zu sein.

---

[8]Vgl. Abschnitt 2.2.

$M \cap (A_s \times B_s)$ und Übereinstimmung bezüglich des unabhängigen Merkmales

unabh. Merkmal	abhängiges Merkmal						
	Name	Vorname	Straße	Hausnummer	Postleitzahl	Ortsteil	Anrede
Name	1	0,6925	0,6940	0,6915	0,6966	0,6932	0,7403
Vorname	0,6928	1	0,6944	0,6909	0,6973	0,6939	0,7405
Straße	0,6939	0,6940	1	0,6916	0,6975	0,6923	0,7416
Hausnummer	0,6940	0,6930	0,6941	1	0,6969	0,6932	0,7422
Postleitzahl	0,6927	0,6930	0,6936	0,6905	1	0,6920	0,7412
Ortsteil	0,6941	0,6944	0,6933	0,6916	0,6969	1	0,7413
Anrede	0,6935	0,6933	0,6947	0,6928	0,6983	0,6935	1

$M \cap (A_s \times B_s)$ und Nicht-Übereinstimmung bezüglich des unabhängigen Merkmales

unabh. Merkmal	abhängiges Merkmal						
	Name	Vorname	Straße	Hausnummer	Postleitzahl	Ortsteil	Anrede
Name	0	0,6957	0,6936	0,6909	0,7004	0,6922	0,7416
Vorname	0,6961	0	0,6927	0,6924	0,6988	0,6907	0,7410
Straße	0,6936	0,6923	0	0,6908	0,6984	0,6942	0,7386
Hausnummer	0,6934	0,6945	0,6933	0	0,6997	0,6922	0,7372
Postleitzahl	0,6965	0,6945	0,6945	0,6933	0	0,6949	0,7394
Ortsteil	0,6932	0,6913	0,6952	0,6907	0,6998	0	0,7393
Anrede	0,6949	0,6939	0,6914	0,6872	0,6962	0,6912	0

$U \cap (A_s \times B_s)$ und Übereinstimmung bezüglich des unabhängigen Merkmales

unabh. Merkmal	abhängiges Merkmal						
	Name	Vorname	Straße	Hausnummer	Postleitzahl	Ortsteil	Anrede
Name	1	0,0041	0,0004	0,0082	0,0095	0,0198	0,4003
Vorname	0,0005	1	0,0005	0,0080	0,0103	0,0211	**0,6990**
Straße	0,0004	0,0042	1	0,0142	**0,3759**	**0,4283**	0,4034
Hausnummer	0,0004	0,0033	0,0007	1	0,0105	0,0231	0,4022
Postleitzahl	0,0004	0,0035	**0,0152**	0,0086	1	**0,2745**	0,4019
Ortsteil	0,0004	0,0033	**0,0081**	0,0088	**0,1276**	1	0,4025
Anrede	0,0004	**0,0059**	0,0004	0,0081	0,0099	0,0213	1

$U \cap (A_s \times B_s)$ und Nicht-Übereinstimmung bezüglich des unabhängigen Merkmales

unabh. Merkmal	abhängiges Merkmal						
	Name	Vorname	Straße	Hausnummer	Postleitzahl	Ortsteil	Anrede
Name	0	0,0034	0,0004	0,0081	0,0099	0,0213	0,4029
Vorname	0,0004	0	0,0004	0,0081	0,0099	0,0213	**0,4019**
Straße	0,0004	0,0034	0	0,0081	**0,0097**	**0,0211**	0,4029
Hausnummer	0,0004	0,0034	0,0004	0	0,0099	0,0213	0,4029
Postleitzahl	0,0004	0,0034	**0,0003**	0,0081	0	**0,0188**	0,4029
Ortsteil	0,0004	0,0034	**0,0002**	0,0081	**0,0073**	0	0,4029
Anrede	0,0004	**0,0017**	0,0004	0,0081	0,0099	0,0213	0

Tabelle 4.15: Durchschnittlicher Anteil der Übereinstimmung von Stichprobenpaaren aus $M \cap (A_s \times B_s)$ bzw. $U \cap (A_s \times B_s)$ bezüglich der einzelnen Merkmale bei gleichzeitiger Übereinstimmung bzw. Nicht-Übereinstimmung bezüglich eines anderen Merkmales (Stichproben mit $\theta = 0,7$ und $p = q = l = 0,06$ erzeugt).

Dies ist im allgemeinen natürlich nicht der Fall. Die tatsächliche Erklärung liefert Tabelle 4.15. Darin sind für $p = q = l = 0{,}06$ die bedingten Häufigkeiten der Übereinstimmung bezüglich der einzelnen Merkmale dargestellt. Der Aufbau entspricht dem von Tabelle 4.5. Ein Vergleich der beiden Tabellen zeigt, daß die bedingten Abhängigkeiten in den Daten durch die größeren Fehlerhäufigkeiten abgeschwächt werden. Bei Übereinstimmung der Straße liegt im Falle von $p = q = l = 0{,}05$ bei 41,60% der Elemente aus $\mathbb{U} \cap (\mathbb{A}_s \times \mathbb{B}_s)$ eine Übereinstimmung bezüglich der Postleitzahl und bei 47,15% bezüglich des Ortsteils vor. Werden die Fehlerwahrscheinlichkeiten auf 0,06 erhöht, so sind diese Übereinstimmungen nur noch in 37,59% bzw. 42,83% der Fälle gegeben. Stimmt der Vorname überein, so wird der Anteil der Übereinstimmung bezüglich der Anrede von 74,19% auf 69,90% gesenkt. Es werden also bei V5 bis V7 in Verbindung mit einer höheren Fehlerwahrscheinlichkeit deshalb weniger falsche E_1-Entscheidungen getroffen, weil die Ursache dafür - also die bedingten Abhängigkeiten - abgeschwächt wird. Wie die Ergebnisse von V1 bis V4 bestätigen, tritt dieser Effekt somit bei Abwesenheit von Abhängigkeiten nicht auf.

Die Resultate beim Einsatz von SM2 sind bezüglich der E_1-Entscheidungen ähnlich. Enthalten die Daten weniger Fehler, so gelingt es auch, mehr Elemente aus $\mathbb{M} \cap (\mathbb{A}_s \times \mathbb{B}_s)$ zu identifizieren. Diese Aussage ist unabhängig von den verwendeten Vergleichsmerkmalen. Bezüglich der falschen E_1-Entscheidungen sind bei V1 bis V4 wiederum keine nennenswerten Auffälligkeiten festzustellen. Ab V5 tritt derselbe Effekt wie bei SM1 auf, d.h. die Anzahl der falschen Entscheidungen nimmt mit zunehmenden Fehlern in den Stichproben ab. Da die bedingten Abhängigkeiten von SM2 grundsätzlich besser verarbeitet werden, sind die beobachtbaren Auswirkungen deutlich geringer als zuvor.

In Bezug auf die E_3-Entscheidungen sind Unterschiede zu SM1 feststellbar. Die Anzahl der richtigen Zuordnungen von Paaren aus $\mathbb{U} \cap (\mathbb{A}_s \times \mathbb{B}_s)$ reagiert relativ schwach auf die Variation der Fehler. Sind mehr Fehler in den Daten enthalten, so werden nur geringfügig weniger Elemente identifiziert. Im Gegensatz dazu nimmt die Anzahl der falschen E_3-Entscheidungen zu, sofern p, q und l erhöht werden. Neben den zusätzlichen Fehlern in der Stichprobe läßt sich der Effekt auf ein bereits angesprochenes Problem zurückführen. Bei $p = q = l = 0{,}04$ fallen die Vorgaben von $m^k(1) = 0{,}75 \ \forall k$ zu gering aus. Realistisch wären Werte im Bereich von 78%. Wie in Abschnitt 4.2.2 diskutiert, führt eine derartige Unterschätzung der Startparameter zu weniger E_3-Entscheidungen. Im Gegensatz dazu wird - wie die Ergebnisse belegen - das vorgegebene λ unterschritten. Für die mit $p = q = l = 0{,}06$ erzeugten Stichproben wäre eine Vorgabe im Bereich von 69% realistisch. Somit führt die Überschätzung zu mehr E_3-Entscheidungen und in der Folge auch zu einer

Überschreitung des Signifikanzniveaus. Die annähernd unveränderte Zahl der richtigen E_3-Entscheidungen bei Erhöhung der Fehler in den Stichproben wird somit durch zwei gegenläufige Effekte verursacht. Zum einen führt eine geringere Fehlerzahl zu tendenziell mehr E_3-Entscheidungen. Die Unterschätzung der realen Parameter bringt zum anderen eine geringere Entscheidungsfreudigkeit des Verfahrens mit sich. Bei höheren Fehlerwahrscheinlichkeiten treten die Effekte analog, nur in unterschiedlicher Richtung, auf. Insgesamt heben sich die Effekte in den untersuchten Situationen annähernd auf.

Faßt man die Ergebnisse zusammen, so ist zunächst zu sagen, daß der Grad der Überschneidung der Stichproben für die Anwendung der Verfahren keine große Rolle spielt. Die Elemente aus $\mathbb{M} \cap (\mathbb{A}_s \times \mathbb{B}_s)$ werden - sofern eine ausreichende Anzahl von Vergleichsmerkmalen verwendet wird - zuverlässig identifiziert. Nehmen die Fehler in den Daten zu, so führt dies tendenziell zu mehr E_2-Entscheidungen. Dies kommt daher, daß durch die Fehler die spezifischen Eigenschaften der Mengen $\mathbb{M} \cap (\mathbb{A}_s \times \mathbb{B}_s)$ und $\mathbb{U} \cap (\mathbb{A}_s \times \mathbb{B}_s)$ nicht mehr so klar unterschieden werden können. Liegen bedingte Abhängigkeiten vor, so werden diese und damit auch die daraus resultierenden Verzerrungen durch die Fehler reduziert.

4.2.5 Auswirkungen von Häufigkeitsadjustierungen

Um eine Häufigkeitsadjustierung durchführen zu können, müssen zunächst die Merkmale bestimmt werden, anhand derer adjustiert werden soll. In der Regel wird eine Beschränkung auf ein oder zwei Attribute erfolgen müssen, was durch technische Restriktionen begründet ist. Je mehr unterschiedliche Ausprägungen ein Merkmal besitzt, desto größer ist der Aufwand. Andererseits ist anzunehmen, daß gerade bei diesen Merkmalen ein besonders großer Effekt erzielt werden kann.

Die nun vorgestellten Untersuchungen sollen zum einen zeigen, welche der betrachteten Merkmale sich besonders für eine Häufigkeitsadjustierung eignen. Hierzu wurden die erzeugten Stichproben unter alleiniger Verwendung der einzelnen Merkmale in Verbindung mit einer Häufigkeitsadjustierung verknüpft. Ein Vergleich mit den Ergebnissen ohne Adjustierung gibt Aufschluß darüber, welche Verbesserungen erzielt werden können. Zum anderen wurden die Stichproben wiederum unter Verwendung von V1 bis V7 verknüpft. Dabei wurde anhand des Namens adjustiert, was der üblichen Praxis entspricht (vgl. z.B. *Jaro* 1984, S. 8, *Winkler* 1995, S. 365f, *Winkler* 1999, S. 7). Es soll untersucht werden, ob diese Vorgehensweise mit einer Verbesserung der Ergebnisse verbunden ist. Aufgrund der in Abschnitt 3.3.2 formulierten Bedenken wurde lediglich das in Abschnitt 3.3.3 diskutierte Verfahren herangezogen. Da

Merkmal	$\mathbb{M} \cap (\mathbb{A}_s \times \mathbb{B}_s)$				$\mathbb{U} \cap (\mathbb{A}_s \times \mathbb{B}_s)$			
	E_1	E_2	E_3	rel. Fehler	E_1	E_2	E_3	rel. Fehler
nicht adjustiert								
Name	105,40	499,01	0,61	$1,0 \cdot 10^{-3}$	100,87	995293,45	4000,65	$1,0 \cdot 10^{-4}$
Vorname	12,59	591,82	0,61	$1,0 \cdot 10^{-3}$	99,71	995308,65	3986,62	$1,0 \cdot 10^{-4}$
Anrede	0,13	604,33	0,57	$9,4 \cdot 10^{-4}$	99,24	996974,86	2320,88	$9,9 \cdot 10^{-5}$
Postleitzahl	5,44	598,93	0,65	$1,1 \cdot 10^{-3}$	100,60	995325,62	3968,76	$1,0 \cdot 10^{-4}$
Ortsteil	1,94	602,38	0,70	$1,2 \cdot 10^{-3}$	100,16	995380,68	3914,14	$1,0 \cdot 10^{-4}$
Straße	111,66	492,83	0,54	$8,9 \cdot 10^{-4}$	100,66	995293,51	4000,81	$1,0 \cdot 10^{-4}$
Hausnummer	5,25	599,15	0,62	$1,0 \cdot 10^{-3}$	100,60	995326,70	3967,68	$1,0 \cdot 10^{-4}$
adjustiert								
Name	381,55	222,77	0,70	$1,2 \cdot 10^{-3}$	89,18	993369,26	5936,53	$8,9 \cdot 10^{-5}$
Vorname	136,98	467,41	0,64	$1,1 \cdot 10^{-3}$	76,30	993431,86	5886,82	$7,6 \cdot 10^{-5}$
Anrede	0,14	604,35	0,53	$8,7 \cdot 10^{-4}$	104,42	996108,96	3181,60	$1,0 \cdot 10^{-4}$
Postleitzahl	25,90	578,55	0,57	$9,5 \cdot 10^{-4}$	104,07	995332,97	3957,94	$1,0 \cdot 10^{-4}$
Ortsteil	23,72	580,59	0,72	$1,2 \cdot 10^{-3}$	97,65	993503,67	5793,65	$9,8 \cdot 10^{-5}$
Straße	308,48	295,96	0,58	$9,6 \cdot 10^{-4}$	96,90	993367,37	5930,71	$9,7 \cdot 10^{-5}$
Hausnummer	83,40	520,99	0,63	$1,0 \cdot 10^{-3}$	83,05	993461,56	5850,37	$8,3 \cdot 10^{-5}$

Tabelle 4.16: Durchschnittliche Anzahl von E_1-, E_2- und E_3-Entscheidungen für Paare aus $\mathbb{M} \cap (\mathbb{A}_s \times \mathbb{B}_s)$ und $\mathbb{U} \cap (\mathbb{A}_s \times \mathbb{B}_s)$ sowie daraus resultierende Fehlerhäufigkeiten bei Verwendung von SM1 in Verbindung mit einzelnen Merkmalen mit und ohne Häufigkeitsadjustierung ($\mu = 10^{-4}$, $\lambda = 10^{-3}$).

die Adjustierungen unmittelbar auf den Schätzergebnissen von SM1 aufbauen, werden die Ergebnisse mit den Resultaten bei Anwendung von SM1 ohne Adjustierung verglichen.

Zunächst wird untersucht, welche der vorliegenden Merkmale sich für eine Adjustierung am besten eignen. Es wurden hierzu die 250 mit den Parametern $\theta = 0,7$ und $p = q = l = 0,05$ erzeugten Stichprobenpaare herangezogen. Diese wurden unter Verwendung jeweils eines Merkmales und der Parameter $m^k(1) = 0,75 \ \forall k$, $\rho = 0,6$, $\mu = 10^{-4}$ sowie $\lambda = 10^{-3}$ verknüpft. Der Versuchsaufbau entspricht somit vollständig demjenigen aus Abschnitt 4.2.1, mit dem Unterschied, daß nun anhand der in den Stichproben vorhandenen Ausprägungen Häufigkeitsadjustierungen durchgeführt wurden. Die Ergebnisse der Simulationen sind in Tabelle 4.16 abgebildet.

Es wird offensichtlich, daß durch die Adjustierungen in keinem Fall nachteilige Ergebnisse erzielt werden. Am schlechtesten schneiden die Merkmale Anrede und Postleitzahl ab. Bei diesen sind durch die Adjustierung kaum Vorteile erzielbar. Durch Adjustierung bei der Anrede werden etwas mehr richtige E_3-Entscheidungen getroffen, bei der Postleitzahl nehmen die richtigen E_1-Entscheidungen geringfügig zu. Die durchschnittliche Anzahl der falschen E_1-Entscheidungen wächst dabei jeweils etwas und die falschen E_3-Entscheidungen nehmen etwas ab. Eine Adjustierung anhand des Ortsteils ermöglicht immerhin schon eine auffällige Steigerung der Anzahl der richtigen Zuordnungen von

Paaren aus $\mathbb{U} \cap (\mathbb{A}_s \times \mathbb{B}_s)$. Bei den Merkmalen Name, Vorname, Straße und Hausnummer sind deutliche Verbesserungen erkennbar. Im Vergleich zu den 105,40 ohne Adjustierung läßt sich die Anzahl der richtigen E_1-Entscheidungen bei Verwendung des Namens auf durchschnittlich 381,55 steigern. Auch die richtigen E_3-Entscheidungen nehmen deutlich zu. Somit werden nun mit dem Namen auch bessere Ergebnisse als mit der Straße erzielt.

Der Grund dafür, daß einige Merkmale bessere Informationen für die Adjustierung liefern als andere, wurde bereits in Abschnitt 4.2.1 angesprochen. Durch die „stimmt überein"/„stimmt nicht überein"-Vergleiche werden die Besonderheiten einzelner Auspragungen nicht erfaßt. Sind also starke Unterschiede in der Häufigkeit der Ausprägungen vorhanden, so können diese Informationen durch die Adjustierung berücksichtigt und in bessere Ergebnisse umgesetzt werden. Insbesondere Ausprägungen, welche äußerst selten vorhanden sind, liefern wertvolle Informationen. Dies läßt sich auch anhand der Anzahl der Realisierung von Ausprägungen in der Grundgesamtheit belegen. Beim Namen besitzen 508086 Elemente eine Ausprägung welche 50 mal oder seltener vorkommt, beim Vornamen ist dies 87806 mal, bei der Straße 83711 mal und bei der Hausnummer 21602 mal der Fall. Beim Ortsteil sind es nur noch 320 Einheiten. Die Postleitzahl besitzt gerade einmal eine Realisierung, welche weniger als 50 mal vorhanden ist. Offensichtlich überhaupt keine derartige Ausprägung besitzt das Attribut Anrede.

Besonders effizient ist eine Adjustierung, sofern eine ausgeprägte Heterogenität der einzelnen Ausprägungen eines Merkmales in Bezug auf die Anzahl der Realisierungen vorliegt. Wird eine Übereinstimmung bezüglich einer besonders seltenen Ausprägung erkannt, so kann mit größerer Wahrscheinlichkeit eine Zuordnung zu $\mathbb{M} \cap (\mathbb{A}_s \times \mathbb{B}_s)$ vorgenommen werden. Dies erklärt die höhere Anzahl der richtigen E_1-Entscheidungen. Tritt umgekehrt eine Ausprägung vergleichsweise häufig auf, so liegt selbst bei Übereinstimmung noch eine große Wahrscheinlichkeit der Zugehörigkeit zu $\mathbb{U} \cap (\mathbb{A}_s \times \mathbb{B}_s)$ vor. Folglich kommt es hier tendenziell zu einer Reduktion der falschen E_1-Entscheidungen.

Neben dem Einsatz einzelner Merkmale wurden auch wieder Untersuchungen unter Anwendung der Merkmalskombinationen V1 bis V7 durchgeführt. Die bisherigen Ergebnisse legen nahe, daß hierbei eine gleichzeitige Adjustierung anhand mehrerer Merkmale durchaus sinnvoll wäre. Allerdings kommt es dabei zu technischen Problemen. Versuche im Rahmen der Simulationsstudie haben gezeigt, daß Adjustierungen anhand zweier oder mehrerer Merkmale im Regelfall an den benötigten Speicherkapazitäten scheitern oder zumindest sehr aufwendige Verfahren zur Speicherverwaltung erfordern. Insofern wurden die Adjustierungen auf den Namen beschränkt. Dieses Merkmal wird bei praktischen Anwendungen am häufigsten herangezogen und liefert - wie die bisheri-

		$M \cap (A_s \times B_s)$				$U \cap (A_s \times B_s)$			
		E_1	E_2	E_3	rel. Fehler	E_1	E_2	E_3	rel. Fehler
nicht adjustiert	V1	105,40	499,01	0,61	$1,0 \cdot 10^{-3}$	100,87	995293,45	4000,65	$1,0 \cdot 10^{-4}$
	V2	356,12	248,29	0,62	$1,0 \cdot 10^{-3}$	98,69	983909,99	15386,30	$9,9 \cdot 10^{-5}$
	V3	509,76	94,61	0,66	$1,1 \cdot 10^{-3}$	100,65	943184,00	56110,33	$1,0 \cdot 10^{-4}$
	V4	**571,42**	**33,06**	**0,54**	$8,9 \cdot 10^{-4}$	**102,26**	**794230,88**	205061,84	$1,0 \cdot 10^{-4}$
	V5	587,77	17,10	0,16	$2,6 \cdot 10^{-4}$	272,54	786232,73	212889,70	$2,7 \cdot 10^{-4}$
	V6	582,03	22,98	0,02	$2,6 \cdot 10^{-5}$	2984,86	939037,26	57372,85	$3,0 \cdot 10^{-3}$
	V7	584,00	21,03	0	0	2977,88	932228,42	64188,67	$3,0 \cdot 10^{-3}$
adjustiert	V1	381,55	222,77	0,70	$1,2 \cdot 10^{-3}$	89,18	993369,26	5936,53	$8,9 \cdot 10^{-5}$
	V2	428,08	176,31	0,64	$1,1 \cdot 10^{-3}$	83,52	976620,12	22691,34	$8,4 \cdot 10^{-5}$
	V3	537,34	67,08	0,60	$1,0 \cdot 10^{-3}$	85,75	917564,01	81745,20	$8,6 \cdot 10^{-5}$
	V4	**578,32**	**26,13**	**0,57**	$9,4 \cdot 10^{-4}$	**86,70**	**704104,88**	295203,40	$8,7 \cdot 10^{-5}$
	V5	589,69	15,20	0,13	$2,2 \cdot 10^{-4}$	272,65	753323,80	245798,52	$2,7 \cdot 10^{-4}$
	V6	586,00	19,01	0,02	$2,6 \cdot 10^{-5}$	2991,72	938338,70	58064,56	$3,0 \cdot 10^{-3}$
	V7	587,40	17,62	0	0	2988,92	931469,01	64937,04	$3,0 \cdot 10^{-3}$

Tabelle 4.17: Durchschnittliche Anzahl von E_1-, E_2- und E_3-Entscheidungen für Paare aus $M \cap (A_s \times B_s)$ und $U \cap (A_s \times B_s)$ sowie daraus resultierende Fehlerhäufigkeiten bei Verwendung von SM1 in Verbindung mit V1 bis V7 mit und ohne Häufigkeitsadjustierung des Namens ($\mu = 10^{-4}$, $\lambda = 10^{-3}$).

gen Untersuchungen gezeigt haben - auch die besten Resultate. Die Ergebnisse finden sich in Tabelle 4.17.

Wie bei allen Untersuchungen bezüglich SM1 müssen auch hier die Ergebnisse von V1 bis V4 und V5 bis V7 wieder getrennt betrachtet werden. Bei V1 bis V4 werden durch die Adjustierung bezüglich des Namens durchweg bessere Ergebnisse erzielt. Die richtigen E_1-Entscheidungen nehmen zu und die falschen ab. Die falschen E_3-Entscheidungen sind nahezu unverändert, während die durchschnittliche Anzahl der richtigen steigt. Bei V4 sinkt aufgrund der Adjustierung die durchschnittliche Anzahl der E_2-Entscheidungen immerhin um rund 90000. Der Effekt ist somit als äußerst positiv zu bewerten. Im Falle von V5 bis V7 hingegen gleichen sich die Ergebnisse wieder an. Es sind bei Verwendung von V6 und V7 nahezu keine Auswirkungen der Adjustierung mehr zu beobachten. Dies ist nicht verwunderlich, da die adjustierten Wahrscheinlichkeiten vollständig auf den Schätzergebnissen von SM1 basieren. Da diese insbesondere bei V6 und V7 stark verzerrt sind, sind die Verzerrungen auch automatisch in den adjustierten Wahrscheinlichkeiten enthalten. Die in Tabelle 4.6 dargestellten durchschnittlichen Schätzwerte für SM1 zeigen, daß die Verzerrungen dazu führen, daß die Bedeutung von Namensübereinstimmungen insgesamt als sehr gering eingestuft wird. Somit bringt eine separate Betrachtung einzelner Namen auch keine großen Veränderungen mehr mit sich.

Wie die Resultate belegen, können durch eine Häufigkeitsadjustierung die Ergebnisse deutlich verbessert werden. Die in Abschnitt 3.3.3 dargestellte Methode ermöglicht eine bessere Erfassung der in den Merkmalen enthaltenen Informationen und führt somit in den meisten Fällen zu besseren Ergebnissen. Allerdings treten wieder Probleme auf, sofern starke bedingte Abhängigkeiten in den Daten enthalten sind. Die daraus resultierenden Schwächen von SM1 werden direkt auf die adjustierten Wahrscheinlichkeiten übertragen. Somit sind in diesem Fall keine Verbesserungen zu erzielen.

Kapitel 5

Zusammenfassende Betrachtung

Gegenstand der Arbeit ist ein auf wahrscheinlichkeitstheoretischen Überlegungen basierendes Verfahren zur Zusammenführung von Daten. Dieses geht auf die Ausführungen in *Fellegi und Sunter* (1969) zurück und ist in der Literatur demzufolge unter der Bezeichnung Fellegi und Sunter-Modell bekannt. Neben der Darstellung der optimalen Entscheidungsfunktion als Resultat eines an praktischen Gegebenheiten orientierten Optimierungsansatzes läßt sie sich auch als Kombination zweier bester Tests interpretieren. Diese Anschauung ermöglicht die Lockerung einer Nebenbedingung, der sogenannten Zulässigkeitsbedingung für vorzugebende Signifikanzniveaus.

Eine Voraussetzung für die Anwendung des Modells ist, daß die zu verknüpfenden Datensätze gewisse gemeinsame Merkmale enthalten. Darin liegt unter Umständen das erste Problem für den Anwender. Die Merkmale müssen in vergleichbarer Art und Weise vorliegen, insbesondere müssen die inhaltlichen Definitionen übereinstimmen. Desweiteren müssen die Merkmale gewisse Qualitätskriterien erfüllen, was mit dem Begriff Unterscheidungsfähigkeit beschrieben wird. Neben diesen Anforderungen an die Daten werden auch Anforderungen an den Anwender gestellt. Er muß eine Vergleichsmethodik vorgeben, welche die vorhandenen Zusammenhänge adäquat erfaßt. Untersuchungen haben beispielsweise gezeigt, daß ein Vergleich der Namen auf Basis von komplexeren Vergleichsmechanismen zu besseren Ergebnissen führt als ein buchstabenweiser Vergleich.

Sind die zu verknüpfenden Datensätze sehr umfangreich, so ist in der Regel eine Beschränkung der Vergleiche auf Paare mit bestimmten Eigenschaften vorzunehmen. Liegen die Eigenschaften nicht vor, so wertet man die Elemente eines betrachteten Paares als verschieden. Diese als Blocken bezeichnete Vorgehensweise verändert die Qualität des Entscheidungsprozesses. Die getroffenen

Entscheidungen sind nur noch unter sehr restriktiven Bedingungen optimal im Sinne des Fellegi und Sunter-Modells. Mangelnde Optimalität bedeutet hier aber, daß mehr Neutralentscheidungen als notwendig getroffen werden. Folglich muß bei der Wahl des Blockkriteriums eine Abwägung zwischen dem Aufwand, welcher bei der automatisierten Anwendung des Fellegi und Sunter-Modells entsteht, und dem nachträglichen Aufwand bedingt durch manuelle Bearbeitung der neutral bewerteten Paare, erfolgen.

Die Bestimmung der benötigten Modellparameter kann auf Basis einer Mischverteilung in Verbindung mit der Anwendung des EM Algorithmus erfolgen. Für die Mischverteilung sind verschiedene Spezifikationen denkbar. Eine weit verbreitete Modellierung ist diejenige unter Annahme der bedingten Unabhängigkeit. Die EM-Iterationsvorschrift läßt sich dann in geschlossener Form angeben. Alternativ kann das Modell explizit um bedingte Abhängigkeiten erweitert werden. Auch hier läßt sich die „Iterationsvorschrift" in geschlossener Form angeben. Genaugenommen handelt es sich aber nicht mehr um ein iteratives Verfahren, da sich die Schätzwerte bereits nach dem ersten Iterationsschritt nicht mehr verändern. Eine nähere Betrachtung der Eigenschaften des Verfahrens zeigt, daß zur Gewährleistung guter Ergebnisse ein realistischer Startwert erforderlich ist. Der Startwert kann auf Basis der speziellen Eigenschaften der betrachteten Mengen in Verbindung mit den Häufigkeiten in den Datensätzen bestimmt werden.

Im Zusammenhang mit den beiden EM-basierten Schätzprozeduren werden lediglich binäre „stimmt überein"/„stimmt nicht überein"-Vergleiche zugelassen, wodurch ein Teil der Informationen in den Daten verloren geht. Um diese trotzdem nutzbar zu machen, können die EM-basierten Wahrscheinlichkeiten nachträglich mittels der Häufigkeiten in den Datensätzen verallgemeinert und somit auf ein weitreichenderes Vergleichsschema angewendet werden. Die Modellierung des Adjustierungsverfahrens kann zunächst aus der Perspektive einer übergeordneten Grundgesamtheit erfolgen. Aufgrund fehlender Informationen ist dies jedoch mit sehr großen Problemen verbunden. Ein alternatives Konzept besteht darin, von den beobachtbaren Daten auszugehen und auf Basis derer die benötigten Wahrscheinlichkeiten zu bestimmen. Mit Hilfe einer solchen Modellierung können sämtliche benötigte Informationen aus den Datensätzen gewonnen werden.

Eine im Rahmen dieser Arbeit durchgeführte Simulationsstudie zeigt die Eigenschaften der betrachteten Schätzverfahren bei Anwendung in Verbindung mit dem Fellegi und Sunter-Modell. Werden realistische Startwerte vorgegeben und liegen keine bedingten Abhängigkeiten in den Daten vor, so werden die Fehlergrenzen fast exakt eingehalten. Interessanterweise ist dies unabhängig von den verwendeten Merkmalen. Werden Merkmale mit weniger Informationsgehalt herangezogen, so folgt daraus eine größere Anzahl an neutralen Entscheidungen. Dies kann intuitiv mit dem menschlichen Entscheidungsprozeß verglichen werden. Je weniger Informationen vorliegen, desto weniger ist man in der Lage, eine Zuordnung vorzunehmen.

Sind in den Daten bedingte Abhängigkeiten enthalten, so führt eine falsche Annahme von bedingter Unabhängigkeit zur Verzerrung der Schätzwerte und somit zu einer unter Umständen deutlichen Verschlechterung der Ergebnisse. Wird das Schätzverfahren unter Berücksichtigung der Abhängigkeiten angewendet, so werden diese größtenteils erkannt. Die Anzahl der falschen Entscheidungen kann dadurch ebenso wie die Anzahl der neutralen Entscheidungen deutlich reduziert werden. Im Gegenzug muß der Startwert bei dieser Methodik allerdings sorgfältig gewählt werden. Die Untersuchungen zeigen, daß hierbei eine konservative Vorgehensweise vorzuziehen ist. Der vorzugebende Startwert sollte tendenziell eher zu niedrig als zu hoch angesetzt werden, wodurch gewährleistet wird, daß die vorgegebenen Fehlerwahrscheinlichkeiten nicht überschritten werden. Eine Reduktion der Neutralentscheidungen kann dann durch eine Erhöhung des Signifikanzniveaus λ erfolgen.

Schließlich hat die Anwendung einer Häufigkeitsadjustierung gezeigt, daß die Ergebnisse dadurch zumindest nicht verschlechtert werden. Liegen keine bedingten Abhängigkeiten vor, so werden die Resultate zum Teil deutlich verbessert. Sind jedoch Abhängigkeiten vorhanden, so gehen diese unmittelbar in die adjustierten Schätzwerte mit ein und die Verzerrungen werden somit übernommen. In diesem Fall sind keine guten Ergebnisse zu erwarten.

Ein wesentlicher Vorteil des Fellegi und Sunter-Modells gegenüber ad hoc-Ansätzen besteht in der Optimalität im statistischen Sinne und in der höheren Flexibilität, da die Entscheidungsregel nicht an speziellen Eigenschaften der verwendeten Merkmale orientiert ist. Ebenso liegt ein Vorteil darin, daß über die Wahl der Signifikanzniveaus μ und λ eine Vorgabe von Fehlertoleranzen möglich ist, wodurch im nachhinein Aussagen über die maximalen Fehlerhäufigkeiten getätigt werden können. Die Untersuchungsergebnisse zeigen, daß sich diese wünschenswerten Eigenschaften der Fellegi und Sunter-Methodik bei sorgfältiger Anwendung in den Ergebnissen wiederfinden und das Verfahren somit eine zuverlässige Hilfe bei der Zusammenführung von Daten darstellt. Ein Nachteil ist in dem im Vergleich zu ad hoc-Ansätzen deutlich größeren Aufwand zu sehen. Dieser kann durch die Entwicklung von Software mit standardisierten Schnittstellen zu den zu verknüpfenden Datensätzen wesentlich reduziert werden. Hiermit werden zwar die Anforderungen an den Entwickler der Software erhöht, diejenigen an den Anwender der Methodik jedoch reduziert. Wird dieser Schritt vollzogen, so steht einem noch weiträumigeren Einsatz des Modells von Fellegi und Sunter nichts mehr im Wege.

Literaturverzeichnis

Alvey, Wendy und Jamerson, Bettye, Hg. (**1997**). *Record Linkage Techniques - 1997. Proceedings of an International Workshop and Exposition in Arlington, Virginia.* http://www.fcsm.gov/working-papers/RLT_1997.html.

Angell, Richard C., Freund, George E. und Willett, Peter (**1983**). Automatic Spelling Correction Using a Trigram Similarity Measure. *Information Processing and Management*, Bd. 19, Nr. 4, S. 255–261.

Arellano, Max G. (**1985**). An Implementation of a Two-Population Fellegi-Sunter Probability Linkage Model. In: Beth Kilss und Wendy Alvey, Hg., *Record Linkage Techniques - 1985. Proceedings of the Workshop on Exact Matching Methodologies in Arlington, Virginia*, S. 255–257.

Armstrong, J. B. und Mayda, J. E. (**1992**). Estimation of Record Linkage Models Using Dependent Data. *Proceedings of the Section on Survey Research Methods, American Statistical Association*, S. 853–858.

Atack, Jeremy, Bateman, Fred und Gregson, Mary Eschelbach (**1992**). „Matchmaker, Matchmaker, Make Me a Match" - A General Personal Computer-Based Matching Program for Historical Research. *Historical Methods*, Bd. 25, Nr. 2, S. 53–65.

Baldwin, J. A., Acheson, E. D. und Graham, W. J., Hg. (**1987**). *Textbook of Medical Record Linkage.* Oxford u.a.: Oxford University Press.

Bauer, Heinz (**2001**). *Measure and Integration Theory.* Berlin, New York: De Gruyter.

Bauer, Heinz (**2002**). *Wahrscheinlichkeitstheorie.* Berlin, New York: De Gruyter. 5., durchges. und verb. Aufl..

Beebe, Gilbert W. (**1985**). Why are Epidemiologists Interested in Matching Algorithms? In: Beth Kilss und Wendy Alvey, Hg., *Record Linkage Techniques - 1985. Proceedings of the Workshop on Exact Matching Methodologies in Arlington, Virginia*, S. 139–143.

Belin, Thomas R. (1993). Evaluation of Sources of Variation in Record Linkage Through a Factorial Experiment. *Survey Methodology*, Bd. 19, Nr. 1, S. 13–29.

Belin, Thomas R. und Rubin, Donald B. (1995). A Method for Calibrating False-Match Rates in Record Linkage. *Journal of the American Statistical Association*, Bd. 90, Nr. 430, S. 694–707.

Böhning, Dankmar, Dietz, Ekkehardt, Schaub, Rainer, Schlattmann, Peter und Lindsay, Bruce G. (1994). The Distribution of the Likelihood Ratio for Mixtures of Densities From the One-Parameter Exponential Family. *Annals of the Institute of Statistical Mathematics*, Bd. 46, Nr. 2, S. 373–388.

Boruch, Robert und Stromsdorfer, Ernst (1985). Exact Matching of Micro Data Sets in Social Research: Benefits and Problems. In: Beth Kilss und Wendy Alvey, Hg., *Record Linkage Techniques - 1985. Proceedings of the Workshop on Exact Matching Methodologies in Arlington, Virginia*, S. 145 – 153.

Bourne, Charles P. und Ford, Donald F. (1961). A Study of Methods for Systematically Abbreviating English Words and Names. *Journal of the ACM*, Bd. 8, Nr. 4, S. 538–552.

Charlton, John R. H. und Charlton, Judith D. (1997). Complex Linkages Made Easy. In: Wendy Alvey und Bettye Jamerson, Hg., *Record Linkage Techniques - 1997. Proceedings of an International Workshop and Exposition in Arlington, Virginia*, S. 34–45.

Copas, J. R. und Hilton, F. J. (1990). Record Linkage: Statistical Models for Matching Computer Records. *Journal of the Royal Statistical Society, Series A*, Bd. 153, Nr. 3, S. 287–320.

Coulter, Richard W. (1985). An Application of a Theory for Record Linkage. In: Beth Kilss und Wendy Alvey, Hg., *Record Linkage Techniques - 1985. Proceedings of the Workshop on Exact Matching Methodologies in Arlington, Virginia*, S. 89–96.

Couvreur, Christophe (1997). The EM Algorithm: A Guided Tour. In: Kevin Warwick und Miroslav Karny, Hg., *Computer-Intensive Methods in Control and Signal Processing*, Kap. 12, S. 209–222. Boston: Birkhauser.

Damerau, Fred J. (1964). A Technique for Computer Detection of Spelling Errors. *Communications of the ACM*, Bd. 7, Nr. 3, S. 171–176.

DeGuire, Yves (1988). Postal Address Analysis. *Survey Methodology*, Bd. 14, Nr. 2, S. 317–325.

Dempster, A. P., Laird, N. M. und Rubin, D. B. (1977). Maximum Likelihood from Incomplete Data via the EM Algorithm. *Journal of the Royal Statistical Society, Series B*, Bd. 39, S. 1–38.

Devroye, Luc (1986). *Non-Uniform Random Variate Generation*. New York u.a.: Springer.

Elstrodt, Jürgen (1999). *Maß- und Integrationstheorie*. Berlin u.a.: Springer. 2. korr. Auflage.

Fellegi, Ivan P. (1997). Record Linkage and Public Policy - A Dynamic Evolution. In: Wendy Alvey und Bettye Jamerson, Hg., *Record Linkage Techniques - 1997. Proceedings of an International Workshop and Exposition in Arlington, Virginia*, S. 3–12.

Fellegi, Ivan P. und Sunter, Alan B. (1969). A Theory for Record Linkage. *Journal of the American Statistical Association*, Bd. 64, S. 1183–1210.

Forster, Otto (1999). *Analysis 2*. Braunschweig: vieweg. 5., durchgesehene Auflage.

Forster, Otto (2001). *Analysis 1*. Braunschweig: vieweg. 6., verbesserte Auflage.

Fortini, M., Liseo, B., Nuccitelli, A. und Scanu, M. (2000). On Bayesian Record Linkage. In: E. I. George, Hg., *Bayesian Methods with Applications to Science, Policy, and Official Statistics. Selected Papers from ISBA 2000: The Sixth World Meeting of the International Society for Bayesian Analysis*, S. 155–164.

Fürnrohr, Michael, Rimmelspacher, Birgit und von Roncador, Tilman (2002). Zusammenführung von Datenbeständen ohne numerische Identifikatoren. *Bayern in Zahlen*, Bd. 7/2002, S. 308–321.

Gadd, T. N. (1988). 'Fisching for Werds': Phonetic Retrieval of Written Text in Information Systems. *Program*, Bd. 22, Nr. 3, S. 222–237.

Gadd, T. N. (1990). PHONIX: The Algorithm. *Program*, Bd. 24, Nr. 4, S. 363–366.

GAO (2001). *Record Linkage and Privacy - Issues in Creating New Federal Research and Statistical Information*. United States General Accounting Office Report.

Gill, Leicester E. (1997). OX-LINK: The Oxford Medical Record Linkage System. In: Wendy Alvey und Bettye Jamerson, Hg., *Record Linkage Techniques - 1997. Proceedings of an International Workshop and Exposition in Arlington, Virginia*, S. 15–33.

Gill, Leicester E. (2001). *Methods for Automated Record Matching and Linking and Their use in National Statistics.* National Statistics Methodological Series No. 25. London: National Statistics.

Hall, Patrick A. V. und Dowling, Geoff R. (1980). Approximate String Matching. *Computing Surveys*, Bd. 12, Nr. 4, S. 381–402.

Hartley, H. O. (1958). Maximum Likelihood Estimation From Incomplete Data. *Biometrics*, Bd. 14, S. 174–194.

Hartley, H. O. und Hocking, R. R. (1971). The Analysis of Incomplete Data. *Biometrics*, Bd. 27, S. 783–823.

Heuser, Harro (2000). *Lehrbuch der Analysis - Teil 2.* Stuttgart u.a.: Teubner. 11. Auflage.

Horm, John (1997). Multiple Causes of Death for the National Health Interview Survey. In: Wendy Alvey und Bettye Jamerson, Hg., *Record Linkage Techniques - 1997. Proceedings of an International Workshop and Exposition in Arlington, Virginia*, S. 71–77.

Howe, G. R. und Lindsay, J. (1981). A Generalized Iterative Record Linkage Computer System for use in Medical Follow-up Studies. *Computers and Biomedical Research*, Bd. 14, S. 327–340.

Hundepool, Anco J. und Willenborg, Leon C. R. L. (1997). μ and τ-Argus: Software for Statistical Disclosure Control. In: Wendy Alvey und Bettye Jamerson, Hg., *Record Linkage Techniques - 1997. Proceedings of an International Workshop and Exposition in Arlington, Virginia*, S. 142–149.

Jaro, Matthew (1984). Record Linkage Research and the Calibration of Record Linkage Algorithms. Technical Report RR84/27, U.S. Bureau of the Census, Statistical Research Division, http://www.census.gov/srd/www/byyear.html.

Jaro, Matthew (1989). Advances in Record-Linkage Methodology as Applied to Matching the 1985 Census of Tampa, Florida. *Journal of the American Statistical Association*, Bd. 84, Nr. 406, S. 414–420.

Jaro, Matthew (1995). Probabilistic Linkage of Large Public Health Data Files. *Statistics in Medicine*, Bd. 14, S. 491–498.

Kaballo, Winfried (1997). *Einführung in die Analysis 2*. Heidelberg u.a.: Spektrum.

Kelley, Robert Patrick (1984). Blocking Consideration for Record Linkage Under Conditions of Uncertainty. In: Wendy Alvey und Beth Kilss, Hg., *Selected Papers Given at the 1984 Annual Meeting of the American Statistical Association in Philadelphia, Pennsylvania*, S. 163–166.

Kelley, Robert Patrick (1985). Advances in Record Linkage Methodology: A Method for Determining the Best Blocking Strategy. In: Beth Kilss und Wendy Alvey, Hg., *Record Linkage Techniques - 1985. Proceedings of the Workshop on Exact Matching Methodologies in Arlington, Virginia*, S. 199–211.

Kilss, Beth und Alvey, Wendy, Hg. **(1985)**. *Record Linkage Techniques - 1985. Proceedings of the Workshop on Exact Matching Methodologies in Arlington, Virginia*. http://www.fcsm.gov/working-papers/RLT_1985.html.

Kirkendall, Nancy J. (1985). Weights in Computer Matching: Applications and an Information Theoretic Point of View. In: Beth Kilss und Wendy Alvey, Hg., *Record Linkage Techniques - 1985. Proceedings of the Workshop on Exact Matching Methodologies in Arlington, Virginia*, S. 189–197.

Lange, Kenneth (1999). *Numerical Analysis for Statisticians*. New York u.a.: Springer.

Larsen, Michael D. (1997). Modelling Issues and the use of Experience in Record Linkage. In: Wendy Alvey und Bettye Jamerson, Hg., *Record Linkage Techniques - 1997. Proceedings of an International Workshop and Exposition in Arlington, Virginia*, S. 95–105.

Larsen, Michael D. und Rubin, Donald B. (2001). Iterative Automated Record Linkage Using Mixture Models. *Journal of the American Statistical Association*, Bd. 96, Nr. 453, S. 32–41.

Lauer, Thomas und Braun, Ralph (2002). Der Zensustest 2001 - Eine Zwischenbilanz aus ablauftechnischer und organisatorischer Sicht. *Baden-Württemberg in Zahlen*, Bd. 9/2002, S. 434–443.

Lindstrom, Mary J. und Bates, Douglas M. (1988). Newton-Rapson and EM Algorithms for Linear Mixed-Effects Models for Repeated-Measures

Data. *Journal of the American Statistical Association*, Bd. 83, Nr. 404, S. 1014–1022.

Liu, Chuanhai und Rubin, Donald B. (1994). The ECME Algorithm: A Simple Extension of the EM and ECM With Faster Monoton Convergence. *Biometrika*, Bd. 81, Nr. 4, S. 633–648.

McLachlan, Geoffrey und Peel, David (2000). *Finite Mixture Models*. Wiley Series in Probability and Statistics. New York: John Wiley and Sons.

McLachlan, Geoffrey J. und Krishnan, Thriyambakam (1997). *The EM Algorithm and Extensions*. Wiley Series in Probability and Statistics. New York: John Wiley and Sons.

Meng, Xiao-Li und Rubin, Donald B. (1993). Maximum Likelihood Estimation via the ECM Algorithm: A General Framework. *Biometrika*, Bd. 80, S. 267–278.

Meng, Xiao-Li und Rubin, Donald B. (1994). On the Global and Componentwise Rates of Convergence of the EM Algorithm. *Linear Algebra and its Applications*, Bd. 199, S. 413–425.

Meyberg, Kurt und Vachenauer, Peter (1995). *Höhere Mathematik 1*. Berlin u.a.: Springer. 2. Auflage.

Neiling, Mattis (1998). Data Fusion With Record Linkage. *http://www.wiwiss.fu-berlin.de/lenz/mneiling/paper/FDB98.pdf*.

Neiling, Mattis und Lenz, Hans Joachim (2000). Data Integration by Means of Object Identification in Information Systems. *http://www.wiwiss.fu-berlin.de/lenz/mneiling/paper/ECIS2000.pdf*.

Neiling, Mattis und Müller, Roland M. (2001). The Good Into the pot, the bad Into the Crop. Preselection of Record Pairs for Database Fusion. *http://www.wiwiss.fu-berlin.de/lenz/mneiling/paper/DBFusion2001.pdf*.

Newcombe, H. B., Fair, Martha E. und Lalonde, Pierre (1992). The use of Names for Linking Personal Records. *Journal of the American Statistical Association*, Bd. 87, Nr. 420, S. 1193–1208.

Newcombe, H. B., Kennedy, J. M., Axford, S. J. und James, A. P. (1959). Automatic Linkage of Vital Records. *Science*, Bd. 130, Nr. 3381, S. 954–959.

Pfeifer, Ulrich, Poersch, Thomas und Fuhr, Norbert (**1996**). Retrieval Effectiveness of Proper Name Search Methods. *Information Processing and Management*, Bd. 32, Nr. 6, S. 667–679.

Pollock, Joseph J. und Zamora, Antonio (**1984**). Automatic Spelling Correction in Scientific and Scholary Text. *Communications of the ACM*, Bd. 27, Nr. 4, S. 358–368.

Porter, Edward H. und Winkler, William E. (**1997**). Approximate String Comparison and its Effect on an Advanced Record Linkage System. Technical Report RR1997/02, U.S. Bureau of the Census, Statistical Research Division, http://www.census.gov/srd/www/byyear.html.

Postel, Hans Joachim (**1969**). Die Kölner Phonetik - Ein Verfahren zur Identifizierung von Personennamen auf der Grundlage der Gestaltanalyse. *IBM-Nachrichten*, Bd. 19, S. 925–931.

Press, W. H., Teukolsky, S. A., Vetterling, W. T. und Flannery, B. P. (**1992**). *Numerical Recipes in C - The Art of Scientific Computing*. Cambridge: Cambridge University Press. Second Edition.

Pruscha, Helmut (**2000**). *Vorlesungen über Mathematische Statistik*. Stuttgart, Leipzig, Wiesbaden: Teubner.

Röhrig, Bernhard (**1998**). *Datenbanken mit Linux*. Vaterstetten: C&L.

Rogot, Eugene, Sorlie, Paul und Johnson, Norman J. (**1986**). Probabilistic Methods in Matching Census Samples to the National Death Index. *Journal of Chronical Diseases*, Bd. 39, Nr. 1, S. 719–734.

Schaich, Eberhard (**1998**). *Schätz- und Testmethoden für Sozialwissenschaftler*. München: Vahlen. 3., verbesserte Auflage.

Schaich, Eberhard und Münnich, Ralf (**2001**). *Mathematische Statistik für Ökonomen*. München: Vahlen.

Scheuren, Fritz und Oh, H. Lock (**1985**). Fiddling Around With Nonmatches and Mismatches. In: Beth Kilss und Wendy Alvey, Hg., *Record Linkage Techniques - 1985. Proceedings of the Workshop on Exact Matching Methodologies in Arlington, Virginia*, S. 79–88.

Scheuren, Fritz und Winkler, William E. (**1993**). Regression Analysis of Data Files that are Computer Matched. *Survey Methodology*, Bd. 19, Nr. 1, S. 39–58.

Scheuren, Fritz und Winkler, William E. (**1997**). Regression Analysis of Data Files that are Computer Matched - Part 2. *Survey Methodology*, Bd. 23, Nr. 2, S. 157–165.

Seidel, Wilfried, Mosler, Karl und Alker, Manfred (**2000**). A Cautionary Note on Ratio Tests in Mixture Models. *Annals of the Institute of Statistical Mathematics*, Bd. 52, Nr. 3, S. 481–487.

Strasser, Thomas (**1997**). *C++-Programmieren mit Stil - Eine systematische Einführung*. Heidelberg: dpunkt.

Stroustrup, Bjarne (**2000**). *Die C++ Programmiersprache*. München u.a.: Addison-Wesley. 4., aktualisierte und erweiterte Auflage.

Sweeney, Latanya (**1997**). Computational Disclosure Control for Medical Microdata: The Datafly System. In: Wendy Alvey und Bettye Jamerson, Hg., *Record Linkage Techniques - 1997. Proceedings of an International Workshop and Exposition in Arlington, Virginia*, S. 442–453.

Tepping, Benjamin J. (**1968**). A Model for Optimum Linkage of Records. *Journal of the American Statistical Association*, Bd. 63, S. 1321–1332.

Thibaudeau, Yves (**1993**). The Discrimination Power of Dependency Structures in Record Linkage. *Survey Methodology*, Bd. 19, Nr. 1, S. 31–38.

Wagner, Robert A. und Fischer, Michael J. (**1974**). The String-to-String Correction Problem. *Journal of the Association for Computing Machinery*, Bd. 21, Nr. 1, S. 168–173.

Walter, Wolfgang (**1995**). *Analysis 2*. Berlin, Heidelberg, New York: Springer. 4., durchges. und erg. Auflage.

Walter, Wolfgang (**1999**). *Analysis 1*. Berlin, Heidelberg, New York: Springer. 5., korrigierte Auflage.

Winkler, W. und Scheuren, F. (**1996**). Recursive Analysis of Linked Data Files. Technical Report RR1996/08, U.S. Bureau of the Census, Statistical Research Division, http://www.census.gov/srd/www/byyear.html.

Winkler, William E. (**1985**a). Exact Matching Lists of Businesses: Blocking, Subfield Identification, and Information Theory. *Proceedings of the Section on Survey Research Methods, American Statistical Association*, S. 438–443.

Winkler, William E. (1985b**).** Preprocessing of Lists and String Comparison. In: Beth Kilss und Wendy Alvey, Hg., *Record Linkage Techniques - 1985. Proceedings of the Workshop on Exact Matching Methodologies in Arlington, Virginia*, S. 181–188.

Winkler, William E. (1989). Methods for Adjusting for Lack of Independence in an Application of the Fellegi-Sunter Model of Record Linkage. *Survey Methodology*, Bd. 15, Nr. 1, S. 101–117.

Winkler, William E. (1990). String Comparator Metrics and Enhanced Decision Rules in the Fellegi-Sunter Model of Record Linkage. *Proceedings of the Section on Survey Research Methods, American Statistical Association*, S. 354–359.

Winkler, William E. (1993). Improved Decision Rules in the Fellegi-Sunter Model of Record Linkage. Technical Report RR1993/12, U.S. Bureau of the Census, Statistical Research Division, http://www.census.gov/srd/www/byyear.html.

Winkler, William E. (1994). Advanced Methods for Record Linkage. Technical Report RR1994/05, U.S. Bureau of the Census, Statistical Research Division, http://www.census.gov/srd/www/byyear.html.

Winkler, William E. (1995). Matching and Record Linkage. In: Brenda G. Cox, David A. Binder, B. Nanjamma Chinnappa, Anders Christianson, Michael J. Colledge und Phillip S. Kott, Hg., *Business Survey Methods*, Wiley Series in Probability and Mathematical Statistics, S. 355–384. New York: John Wiley and Sons.

Winkler, William E. (1999). The State of Record Linkage and Current Research Problems. Technical Report RR1999/04, U.S. Bureau of the Census, Statistical Research Division, http://www.census.gov/srd/www/byyear.html.

Winkler, William E. (2000a**).** Frequency-Based Matching in Fellegi-Sunter Model of Record Linkage. Technical Report RR2000/06, U.S. Bureau of the Census, Statistical Research Division, http://www.census.gov/srd/www/byyear.html.

Winkler, William E. (2000b**).** Using the EM Algorithm for Weight Computation in the Fellegi-Sunter Model of Record Linkage. Technical Report RR2000/05, U.S. Bureau of the Census, Statistical Research Division, http://www.census.gov/srd/www/byyear.html.

Winkler, William E. (2001a**).** Quality of Very Large Databases. Technical Report RR2001/04, U.S. Bureau of the Census, Statistical Research Division, http://www.census.gov/srd/www/byyear.html.

Winkler, William E. (2001b**).** Record Linkage Software and Methods for Merging Administrative Lists. Technical Report RR2001/03, U.S. Bureau of the Census, Statistical Research Division, http://www.census.gov/srd/www/byyear.html.

Winkler, William E. (2002). Methods for Record Linkage and Bayesian Networks. Technical Report RR2002/05, U.S. Bureau of the Census, Statistical Research Division, http://www.census.gov/srd/www/byyear.html.

Winkler, William E. und Thibaudeau, Yves (1991). An Application of the Fellegi-Sunter Model of Record Linkage to the 1990 U.S. Decennial Census. Technical Report RR1991/01, U.S. Bureau of the Census, Statistical Research Division, http://www.census.gov/srd/www/byyear.html.

Witting, Hermann (1985). *Mathematische Statistik 1.* Stuttgart: Teubner.

Wu, C. F. Jeff (1983). On the Convergence Properties of the EM Algorithm. *Annals of Statistics,* Bd. 11, S. 95–103.

Yancey, William E. (2000). Frequency-Dependent Probability Measures for Record Linkage. Technical Report RR2000/07, U.S. Bureau of the Census, Statistical Research Division, http://www.census.gov/srd/www/byyear.html.

Yancey, William E. (2002). BigMatch: A Program for Extracting Probable Matches from a Large File for Record Linkage. Technical Report RRC2002/01, U.S. Bureau of the Census, Statistical Research Division, http://www.census.gov/srd/www/byyear.html.

Yancey, William E., Winkler, William E. und Creecy, Robert H. (2002). Disclosure Risk Assessment in Perturbative Microdata Protection. Technical Report RR2002/01, U.S. Bureau of the Census, Statistical Research Division, http://www.census.gov/srd/www/byyear.html.

Zamora, E. M., Pollock, J. J. und Zamora, Antonio (1981). The Use of Trigram Analysis for Spelling Error Detection. *Information Processing and Management,* Bd. 17, Nr. 6, S. 305–316.

Zangwill, Willard I. (1969). *Nonlinear Programming - A Unified Approach.* London u.a.: Prentice-Hall.

Zilahi, Kathy (1997). GRLS - Record Linkage. In: Wendy Alvey und Bettye Jamerson, Hg., *Record Linkage Techniques - 1997. Proceedings of an International Workshop and Exposition in Arlington, Virginia,* S. 492–493.

Peter Lang · Europäischer Verlag der Wissenschaften

Emil Larek

Lineare Systeme in der Wirtschaft

Lineare Algebra, Lineare Optimierung
2., korrigierte und ergänzte Auflage

Frankfurt am Main, Berlin, Bern, Bruxelles, New York, Oxford, Wien, 2002.
204 S., zahlr. Tab. und Graf.
ISBN 3-631-50193-5 · br. € 39.00*

Dieses Buch wendet sich gleichermaßen an Studierende und Praktiker der
Betriebs- und Volkswirtschaft, der Wirtschaftsinformatik sowie an Wirtschafts-
ingenieure in allen Studienformen. Die Inhalte orientieren sich an der Nutzung
mathematischer Sachverhalte und Methoden in den modernen Wirtschafts-
wissenschaften. In den Beispielen wird bewusst die breite Palette der praktischen
Anwendungsfälle bedient. Die zahlreichen Bilder erleichtern den Zugang zu den
mathematischen Modellen in der Wirtschaft. Der Abschnitt Übungsaufgaben
am Ende des Buches gibt dem Leser die Möglichkeit, die erlernten Kenntnisse
und Fertigkeiten zur Lösung von mathematisch ökonomischen Modellen zu
kontrollieren und zu festigen.

Aus dem Inhalt: Determinanten · Matrizen · Lineare Gleichungssysteme ·
Verflechtungsmodelle · Lineare Ungleichungssysteme · Lineare Optimierungs-
probleme

Frankfurt am Main · Berlin · Bern · Bruxelles · New York · Oxford · Wien
Auslieferung: Verlag Peter Lang AG
Moosstr. 1, CH-2542 Pieterlen
Telefax 00 41 (0) 32 / 376 17 27

*inklusive der in Deutschland gültigen Mehrwertsteuer
Preisänderungen vorbehalten
Homepage http://www.peterlang.de